教育突发事件舆论引导

理论与案例

杨艳玲　舒　刚　著

河北大学出版社
·保定·

教育突发事件舆论引导：理论与案例

出 版 人：朱文富
责任编辑：李丽华
装帧设计：杨艳霞
责任校对：耿兆飞
责任印制：常　凯

图书在版编目（CIP）数据

教育突发事件舆论引导 ：理论与案例 / 杨艳玲，舒刚著．-- 保定 ：河北大学出版社，2022.1（2024.3 重印）
ISBN 978-7-5666-2001-9

Ⅰ．①教… Ⅱ．①杨… ②舒… Ⅲ．①教育界－突发事件－舆论－研究－中国 Ⅳ．① G520 ② G219.2

中国版本图书馆 CIP 数据核字（2021）第 276740 号

出版发行：河北大学出版社
地址：河北省保定市七一东路 2666 号　邮编：071000
电话：0312-5073019　0312-5073029
邮箱：hbdxcbs818@163.com　网址：www.hbdxcbs.com
经　　销：全国新华书店
印　　刷：保定市北方胶印有限公司
幅面尺寸：170 mm × 240 mm
印　　张：17.5
字　　数：216 千字
版　　次：2022 年 1 月第 1 版
印　　次：2024 年 3 月第 3 次印刷
书　　号：ISBN 978-7-5666-2001-9
定　　价：40.00 元

内 容 提 要

与其他领域相比，教育领域的突发事件具有关注度高、影响大、容易引发危机的特点。尤其是数字时代的到来，给教育突发事件的舆论引导和舆情应对增加了挑战。本书注重理论与实践的紧密结合，分为“理论篇”和“案例篇”两大部分。其中，“理论篇”着重总结了常见教育突发事件及其传播特点，阐述了舆情与教育舆情的基本理论，提炼了通过新闻发布会开展舆论引导的策略与方法。“案例篇”则从作者在高校突发事件新闻发布会模拟演练课堂上使用的基于真实事件改编的案例中精选了 20 个代表性案例，分别以基本事实、主发布词、媒体问题、参考回答、回答策略分析“五要素结构”予以呈现，旨在通过模拟实战指导读者运用恰当的策略和方法应对媒体，引导社会舆论。本书原理阐释清晰、案例分析透彻、实务实操性强，对各级各类学校、教育行政主管部门的媒体应对和舆论引导工作具有很强的针对性和实际指导作用，也可以作为国家机关、企事业单位提升媒体公关水平和干部媒体素养的参考读本，还可以供相关领域的教学科研人员参考使用。

目　　录

理论篇

案例篇

理论篇

第一章　教育突发事件及其传播

第一节　突发事件的概念、特征及其分类

一、突发事件的概念和特征

突发事件的概念由两个关键词——“突发”和“事件”组成。“突发”是指突然发生的、猝不及防的、意料之外的。“事件”就是事情。李明强和岳晓认为，在国内我们讲突发事件，通常指在一定范围内突然发生、危及公众生命财产、社会秩序和公共安全，乃至影响到国家利益和全球稳定，需要政府立即采取应对措施加以处理的公共事件。[①] 秦启文认为，突发事件是指在某种必然因素支配下出人意料发生，给社会造成严重危害、损失或影响且需要立即处理的负面事件。[②] 朱力认为突发事件就是人们尚未认识到的在某种必然因素支配下瞬间产生的、给人们和社会造成严重危害、损失且需要立即处理的破坏性事件。[③] 综合学者们对突发事件的解释，有几个共识性的关键词，即“突发”“危害”“公众利益”“事件”。“突发事件”是指社会事件，特指“突发公共事件”，而非“突

---

① 李明强，岳晓：《透视混沌理论看突发事件预警机制的建设》，载《湖北社会科学》，2003(1)，45—47页。

② 秦启文等：《突发事件的管理与应对》，北京，新华出版社，2004，5页。

③ 朱力：《突发事件的概念、要素与类型》，载《南京社会科学》，2007(11)，81—88页。

发个人事件”，是指突然发生的、对人民生命财产安全造成危害或威胁的、给社会发展产生重大影响的事情。

突发事件具有以下四个特征：

第一，突发性。突发性是突发事件最本质的特点。突发事件的萌芽、发展也许很慢，没有人察觉，大家没有意识到，它只是一个量的慢慢积累。但是，一旦它完成了量的积累发生质变的时候，突发事件就发生了。突发事件一旦发生，就在转瞬之间以迅雷不及掩耳之势到来，超过人们的心理预期和想象，人们没有预料到，来不及反应，不知所措。突发事件给人带来的常常是为之一愣或为之一震，大脑中还处于空白状态，让人措手不及。比如，地震这一发生在自然界的突发事件，初期，地壳内部正在缓慢、逐步地积聚能量，一切正常，没有人能感受到任何异常，当地壳内部的能量积累到一定程度的，地震突然发生，巨大的能量瞬间迸发，给人类生命财产、生产生活带来巨大的危害和影响，没有人能够预测地震的时间、地点及能量。

第二，危害性。我们所研究的突发事件，是指负面属性的事件，简单说，就是突然发生的坏事，是对人、对社会有害无益的事。如果是卫星发射成功、个人中了大奖等具有正面属性、积极意义的事件，即使发生突然，也不是我们所指的突发事件。突发事件的一大重要特征就是它会给人的生命、财产及组织、社会、国家的安全与稳定带来不同程度的破坏和伤害。比如，飞机坠毁、海啸、大地震、核泄漏、火灾、恐怖袭击等。这些突然降临的突发事件的破坏性不仅使许多人丧失生命，给民众带来巨大的心理阴影和创伤，还给国家带来巨大的经济损失，甚至是很长时间难以消除的负面影响。

第三，危机性。突发事件事发突然，而且对人的生命财产、对组织和社会都具有一定程度的破坏性和杀伤力。突发事件蕴含着潜在的危机性因素，在一定的条件下，非常容易演变为危机事件，成为危机的序曲。

当然，突发事件只是可能发展为危机，并不是所有的突发事件都会转变成危机。突发事件是否会成为危机，要看两个条件：一是要看突发事件发生的原因是什么？是天灾，还是人祸？突发事件的发生原因，除了天灾，就是人祸，而人祸发生的主要原因是政府管理的漏洞、不到位或有关人员的失职。突发事件没有发生时，社会管理的某些薄弱环节不容易被大家关注到，而突发事件的发生使人们追究事件发生的原因及责任，因而使政府管理的漏洞及相关责任人浮出水面，引发社会高度关注，容易导致危机发生。二是要看政府在突发事件发生以后的处置。如果是自然界的突发事件，如地震、海啸、飓风等天灾，政府没有什么责任，这类事件是否会发展成为危机，主要看政府的处置。如果类似于天灾的突发事件发生以后，政府处置及时、信息透明、措施到位、效果良好，很快把灾难的损害降低到最低程度，突发事件就不会形成危机。当然，如果政府在处置过程中出了纰漏，处置不及时或措施不得当，没有很好地控制事态，使局面失控，就很容易导致危机的发生。如果是因为政府责任而导致的突发事件，虽然有可能成为危机事件或已经成为危机事件，但是只要政府在事件发生以后态度诚恳、坦诚道歉、积极处置、措施到位，就能够化危为机，树立政府的正面形象；相反，将是雪上加霜，带来更大的危机。

第四，新闻性。由于突发事件本身特有的突发性、负面性、公共性及新鲜刺激等特征，公众对突发事件充满好奇和关注，容易产生围观。突发事件的这些特性使其成为具有高度新闻价值的素材，是媒体寻找和追踪的对象。一方面，突发事件对个人、对社会产生不同程度的危害；另一方面，对于新闻媒体来说，突发事件又是非常好的新闻素材。突发事件越是重大、伤害越大、波及面越宽，其新闻价值就越高，就越能够受到媒体的追捧。对突发事件的报道和追踪，能够获得较高的收视率、收听率、发行量和点击率，能提升媒体的地位和影响力。从公众的角度来说，突发事件发生后，大家对其都非常关心，强烈地想知道事件发生的时间、地点、人物及伤亡情况等基本信息，关注政府的救援、处置等相关情况，这是公众知情权的体现。同时，公众需要表达他们对突发事件的观点、态度、诉求及发泄他们各种情绪的渠道。这些都需要充分发挥媒体的作用来完成。同时，突发事件的信息发布、舆情应对本身就是突发事件处置的重要组成部分。

二、突发事件的分类

关于突发事件的分类，学者们从不同角度对突发事件进行了分类。分类是用某个标准或几个标准，将具有共同特征的突发事件归为一种类型。比较具有代表性的有以下几种：

第一，自然的与人为的。这一分类是最为通常的划分方法。事实上，这种分类方法就是我们通常所说的天灾与人祸。这种分类划分的标准是突发事件的起因是由于自然界的不可抗力还是因为人为的因素所导致的。自然的突发事件包括洪水、飓风、热浪、林区大火、地震、山崩、龙卷风、火山爆发、流行病（慢性的）、沙漠化。人为的包括交通汽车碰撞、建筑失火、建筑倒塌、矿难、危险物质泄露、辐射事件、恐怖事件、战争、复杂的人道主义事件等。不过，事实上，一些看似由自然因素引发的突发事件，其背后也是有人为因素的。比如，洪水、干旱等自然灾害的发生可能与人类的活动影响了气候、地形及土壤等，造成自然环境的变化有关。因此，按照此种分类方法界定突发事件是自然的还是人为的，是看其直接诱因是自然的还是人为的因素①。

第二，特别重大、重大、较大和一般突发事件。在《国家突发公共事件总体应急预案》中，按照性质、严重程度、可控性和影响范围等因素，将各类突发事件分为四级：Ⅰ级（特别重大）、Ⅱ级（重大）、Ⅲ级（较大）和Ⅳ级（一般）。根据《生产安全事故报告和调查处理条例》（中

---

① 朱力：《突发事件的概念、要素与类型》，载《南京社会科学》，2007（11），81—88页。

华人民共和国国务院令　第493号）第3条的规定："根据生产安全事故（以下简称事故）酿成的人员伤亡或直接经济损失，事故一般分为以下等级：（一）特别重大事故，是指造成30人以上死亡，或者100人以上重伤（包括急性工业中毒，下同），或者1亿元以上直接经济损失的事故；（二）重大事故，是指造成10人以上30人以下死亡，或者50人以上100人以下重伤，或者5000万元以上1亿元以下直接经济损失的事故；（三）较大事故，是指造成3人以上10人以下死亡，或者10人以上50人以下重伤，或者1000万元以上5000万元以下直接经济损失的事故；（四）一般事故，是指造成3人以下死亡，或者10人以下重伤，或者1000万元以下直接经济损失的事故。"

根据国务院2006年颁布的《国家突发公共事件总体应急预案》的规定，突发事件是指突然发生，造成或可能造成严重社会危害，需要采取应急处置措施予以应对的自然灾害、事故灾难、公共卫生事件和社会安全事件。自然灾害主要包括水旱灾害、气象灾害、地震灾害、地质灾害、海洋灾害、生物灾害和森林草原火灾等。事故灾难主要包括工矿商贸等企业的各类安全事故、交通运输事故、公共设施和设备事故、环境污染和生态破坏事件等。公共卫生事件主要包括传染病疫情、群体性不明原因疾病、食品安全和职业危害、动物疫情，以及其他严重影响公众健康和生命安全的事件。社会安全事件主要包括恐怖袭击事件、经济安全事件和涉外突发事件等。

除了《国家突发公共事件总体应急预案》中提到的以上自然灾害类、事故灾难类、公共卫生类及社会安全类突发事件，还有一类突发事件近年来越来越频繁地发作，而且一旦发作，就给政府、社会带来严峻挑战，这类事件叫作网络突发群体事件。网络突发群体事件是在网络空间中，由特定事件引发网民积聚围观、关注、讨论和行动，通过形成网络舆论继而影响现实生活的传播事件。① 引起网络突发群体事件的原因可能是前文提到的突发事件，也可能是一个国家政策的出台，或者是一个社会事件。这些事件或者被媒体曝光，或者是被网民拍了照片或写成文字上传到微博、微信等社交媒体上，经过多次转发而引起公众的广泛集中关注，进而形成强大的社会公共舆论，起到监督政府、组织及企业的作用。网络突发群体事件既有促进社会进步、敦促政府更加高效、阳光、公正和科学决策的积极一面，同时也有发泄负面情绪和不满、传播虚假信息和谣言的消极因素。一旦政府处理不好，就会引发线下群体事件，引起更大的危机。

第二节　教育突发事件的概念、特征与分类

一、教育突发事件的概念与特征

顾名思义，教育突发事件是指发生在教育领域的突发事件。目前，关于教育领域突发事件的研究，还主要集中在高等教育领域，对高校突发事件的研究比较多，对基础教育领域突发事件的研究比较少，把教育突发事件作为一个整体的研究就更少了。研究者主要对高校突发事件的概念进行了界定。我们认为，高校突发事件作为教育突发事件的一种，与教育突发事件的内涵接近，只不过事件的发生地点在高校，所以研究学者认为高校突发事件的概念对教育突发事件概念的界定很有意义。

李婵媛认为，高校突发事件，指的是在特定时间内，以高校师生为主体的、突然发生的、短时间内迅速积聚发展且超出了人们正常心理承受能力的、造成重大伤害或重大社会影响，需要及时处理的，如不及时

---

① 隋岩，苗伟山：《中国网络群体事件的主要特征和研究框架》，载《现代传播》，2014（11），26—34页。

处理将会造成更加重大社会后果的各种事件。[①] 武超群认为，高校突发事件分为个体性突发事件和群体性突发事件，部分个体性突发事件在一定的条件下可能迅速演变为群体性突发事件。高校群体性突发事件，是指受校内外多种因素的影响，在较短时间内突然发生的，由一定数量的大学生参与并形成一定的规模，为表达某种共同的利益诉求或宣泄一种共同的情绪而临时聚集在一起，不受正常的社会规范制约并对高校、社会等产生深刻影响的集体行为。其表现形式主要有集体罢课、罢餐、起哄、上访、请愿静坐、围攻闹事、聚众斗殴、游行示威、网络暴力等多种形式，并且以此激化事态发展，加剧矛盾冲突，扩大社会影响，迅速演化为较大规模的群体性公共事件。[②] 杨涛认为，高校突发事件指的是在校园内因自然因素、人为因素或社会政治因素突然引发的，以在校师生为参与主体，不以学校管理者意志为转移的，易造成环境破坏、财产损失、人员伤亡，对学校正常的教育教学、工作学习及生活秩序造成一定冲击和影响的事件。[③]

根据2014年国务院教育督导委员会办公室印发的《教育重大突发事件专项督导暂行办法》，教育重大突发事件是指涉及教育的重大突发事件，包括影响和危害师生生命财产安全、教育教学工作正常开展的自然灾害、事故灾难、公共卫生事件、考试安全、群体性事件和学校治安、刑事案件、师德败坏等事件。这个论述是给教育重大突发事件做的界定，但并没有界定何为“重大”，对“重大”没有给出量的规定。我们认为，上述文件没有界定“教育突发事件”而直接界定“教育重大突发事件”

---

① 李婵媛：《新媒体时代高校突发事件网络舆情影响及对策》，载《改革与开放》，2015（15），58—59页。

② 武超群：《高校“群体性事件”的网络传播路径及舆论引导模式》，载《现代视听》，2013（3），18—23页。

③ 杨涛：《新媒体环境下高校突发事件网络舆情应对策略初探》，载《陕西教育（高教版）》，2014（7），6—7页、11页。

的概念是为了对教育突发事件提起高度重视，只要是影响和危害师生生命财产安全和教育教学工作正常开展的事件，就是教育重大突发事件。综合以上论述，我们认为，教育突发事件是指突然发生的、涉及教育的、危害师生生命财产安全和重大利益、影响教育教学工作正常开展的个体及公共事件。相比一般意义上的突发事件，教育突发事件主要包括三点：一是不仅指发生在校园内的，还包括发生在校园外的产生不良影响和危害的事件；二是发生的主体是教师、学生和未成年人；三是不仅指涉及教育的突发公共事件，还包括校园内一些产生不良影响和后果的个体突发事件，如学生自杀事件、发生在校园内的交通事故、杀人等刑事案件等。这也是教育突发事件区别于前文所述的一般意义上的社会突发事件的地方。

关于教育突发事件的特征，除了具备与前文提到的社会突发事件的一切特征外，还有其独有的及程度更深的特点。

第一，关注度高。有关民生的话题与事件一向是受到公众和媒体高度关注的。根据复旦大学传播与国家治理研究中心 2014 年 10 月发布的《中国网络社会心态报告（2014）》对 1800 位网络样本用户的统计分析表明，近年来关注比较多的社会议题主要有反腐、房价、收入分配、环保、户籍、医疗、食品安全、就业、教育、养老、民族、宗教等 12 项。其中，教育议题的提及率最高，排名第一，比备受关注的反腐议题更甚。教育乃民生之本，几乎家家户户都有孩子，每个孩子都要接受教育，教育是涉及千家万户的事情，几乎和每个老百姓的切身利益息息相关。因此，教育是民众最为关心的社会议题。只要是与教育有关的事情，都非常容易引发关注。而教育领域的突发事件是把教育事件和突发事件两个容易受关注的兴奋点合二为一。所以，教育突发事件比一般的社会突发事件有更高更广的社会关注度，更容易引起媒体的热炒。

第二，标准低。前文提到《国家突发公共事件总体应急预案》根据突发事件的性质、严重程度、可控性和影响范围等因素，将突发事件分为四个等级。我们列举一下重大事故的标准：重大事故，是指造成10人以上30人以下死亡或50人以上100人以下重伤或5000万元以上1亿元以下直接经济损失的事故。而《教育重大突发事件专项督导暂行办法》规定，教育重大突发事件是指涉及教育的重大突发事件，包括影响和危害师生生命财产安全、教育教学工作正常开展的自然灾害、事故灾难、公共卫生事件、考试安全、群体性事件和学校治安、刑事案件、师德败坏等事件。地震、洪涝等自然灾害，校车安全事故、校园踩踏等学校安全事件，师生食物中毒等公共卫生事件，教师严重侵害学生合法权益并在社会上造成恶劣影响的师德败坏事件等。这些事件都够得上教育重大突发事件的级别，而并没有界定量的标准。例如，2014年云南昆明市某某小学踩踏事件造成5名学生死亡，是教育重大突发事件；2018年12月26日，北京某某大学发生实验室爆炸事故，3名研究生死亡，也是教育重大突发事件；2019年1月8日，北京市某某区某某附小发生砍人事件，20多名孩子受伤，虽未发生死亡，也是教育重大突发事件，当晚就召开了新闻发布会，向社会各界通报事件有关情况；而2016年发生在北京市某某小学疑似欺凌事件，虽发生于个体之间，既没有死亡，也没有受伤，但仍然属于产生了高度舆情的教育重大突发事件。而2018年爆出的多起高校教师性侵女学生事件同样是教育重大突发事件。比起社会突发事件，界定教育重大突发事件的标准更低，范围也更广。

第三，影响大。教育突发事件的标准虽低，但是影响巨大。前文提到教育涉及千家万户，为民生之本、稳定之基。教育突发事件一旦发生，虽然直接涉及的人不一定很多，但常常会引发全社会的高度关注，产生深远的社会影响，甚至发生连锁反应，由一个单一的突发事件演变为复杂的突发事件，发生次生舆情，一旦政府及有关部门处置稍有不慎，就会带来更大的危机。2010年发生在某某大学的“我爸是李某”事件就是由一起发生在校园内的普通的醉酒驾车交通事故而引发的。教育突发事件的影响之大还表现为容易引起政府有关部门的重视，敦促政府有关部门着力解决事件背后所反映的问题。例如，2011年甘肃庆阳市特大校车安全事故的发生，直接加速了2012年国家出台和实施《校车安全管理条例》。

二、教育突发事件的分类

教育突发事件的分类比照有关突发事件的分类，即自然灾害类、事故灾难类、公共卫生类、社会安全类和网络突发群体事件。

关于自然灾害类，由于学校是人群高度密集的场所，尤其是中小学，又是未成年人高度密集的场所，未成年人自我保护意识差、能力弱，一旦发生自然灾害类突发事件，对校园的危害和影响经常大于其他场所。比如，2008年汶川地震，学校是重灾区，多所学校受灾严重；2005年发生在黑龙江省某某市的水灾给某某小学带来了灭顶之灾，洪水夺去了105个孩子的生命。

关于事故灾难类，经常发生在校园中的有火灾、建筑物事故、运动设施安全事故、交通事故、活动安全、踩踏等。例如，学校的危房倒塌造成师生伤亡；学生在校园运动时，篮球架子突然倾倒砸伤学生；等等。

关于公共卫生类，经常发生在校园中的有传染病流行、食物中毒等。例如，2003年的SARS传染病流行，距离北京人民医院最近的中央财经大学与北京交通大学都是重灾区；经常发生在幼儿园中的手足口病流行；在学校中容易传播的诺如病毒感染；媒体爆出的校园中的学生发生集体腹泻的疑似食物中毒事件；等等。

关于社会安全类，在教育领域经常发生的有校园刑事案件，如校园枪击事件、校园伤童事件、学生斗殴事件等。例如，美国是一个允许个人持枪的国家，媒体经常爆出美国发生校园枪击事件，造成死伤等严重后果。我国不允许私藏枪支，没有校园枪击事件发生。但是，校园伤童事件屡屡发生。校园内杀人、伤人、投毒等恶性刑事案件时有发生，严重威胁着师生的安全。群体事件如师生或家长因为某个特定事件而采取罢课、罢餐、游行等方式表达不满与诉求。例如，在2016年的高考“减招”事件中，江苏省一些当年参加高考的学生家长聚集在江苏省人民政府前打着“反对减招”“教育公平”等标语游行。

当前，还有一类突发事件是因为互联网的发达而产生的，叫作突发教育舆情事件，不能归入以上四大类别中，可能是因为常规的突发事件引起的，也可能是因为招生考试、师德师风、校园欺凌等事件引发的。

随着移动互联网的发展，智能手机和社交软件的日益普及，突发教育舆情事件越来越多。而突发教育舆情事件的产生是缘于线下特定事件的发生，这些特定事件有的是突发事件，有的并不是我们前文所界定的突发事件。如果是因为突发事件的发生而引起了公众的广泛关注，因而引起网络围观，这类的突发教育舆情事件通常在意料之中，是比较容易预期的。但是，有相当一部分突发教育舆情事件并非起因于突发事件，而是一件包含了公众议题的事件，以图片、文章、视频等形式通过网络社交媒体被传播出去，引起网民在网络上的自发聚集与围观并受到多次转发和评论。这时，大家对传播内容本身的真实性并不关注，大家在意的是传播内容背后与自己深层次的某些价值观相吻合。2014年，某某大学一名女教授攻击校长就餐特权的公开信在网上热传，引起网络围观，事件迎合了大家抨击官本位及社会的“仇官”心理。2015年，一组小学生为老师打伞的照片在网上被迅速转发并引起网民围观热议。照片显示该教师自己扇着扇子，一名学生在旁边努力为其撑伞。网友认为该教师行为恶劣，缺乏师风师德，被称为最霸气的女教师。最霸气的女教师在网上爆红之后，引来多家媒体进行采访，当地教委也进行了调查。调查结果称打伞学生是自愿为老师打伞。当地教育局网站称已对“被打伞教师”批评教育，涉事教师也认识到自己行为的不妥并做出了深刻的检讨。

当地教委要求各区县教育局加强师德师风的教育宣传，积极营造师生相互关爱的和谐氛围。此后，事件才渐渐平息。

为了便于学校有效处置和应对突发事件，有必要根据突发事件的诱因对突发事件做一分类。按照突发事件发生的诱因，可以分为学校管理类和非学校管理类突发事件。学校管理类突发事件是指事件发生的原因，或者是因为学校内部管理不到位，或者是因为学校相关制度不健全，或者是因为学校相关管理人员渎职。例如，因化学实验室化学药品管理不善导致的有毒化学品泄漏；因食堂工作人员违规操作导致的学生集体食物中毒；因学校消防设施不健全而导致的发生火情不能及时灭火引发人员伤亡及财产损失；因食堂饭菜质量引起的学生集体罢餐；因疏散措施不到位而导致的踩踏事件；等等。这类突发事件的共同点也是非常突出的特点是学校负有不可推卸的管理责任。

非学校管理类突发事件是指突发事件的发生并非是学校内部管理不当造成的，换言之，在非学校管理原因而发生的突发事件中，学校没有什么管理责任，或者只有工作不够细致周到、对学生的教育还需进一步加强等比较微小的责任。非学校管理类的突发事件又可以被分为以下几类：

第一，自然灾害类突发事件。例如，水旱灾害、气象灾害、地震灾害、地质灾害等。这类事件经常造成师生的人身伤害及学校的公共财产损失，导致学校停课。2008 年发生在中国南方的冰灾，致使交通中断、供水管道破裂、输电线路损坏而停水停电，大量师生员工滞留学校；还有因为地震造成的停课事件，因洪涝灾害等造成的停课事件等。

第二，政治类突发事件。如 2008 年发生的中国民众抵制家乐福事件，引发大批大学生参与的游行抗议活动。

第三，传染病流行事件。如 2003 年“非典”事件；2009 年某某大学部分参加军训的新生感染甲型 H1N1 流感导致一人死亡事件。这类事件传播快、控制难，容易引起谣言和师生的恐慌。

第四，个人心理问题导致的突发事件。如学生因为恋爱不顺、学业失败、人际关系处理不好等原因产生心理障碍而自杀轻生的事件。近年来更是发生了多起中学生因为与父母的冲突而自杀轻生的事件。

第五，社会安全事件。如盗窃、诈骗、恐怖袭击等导致师生员工生命财产受到损害的突发事件。

第六，意外伤亡事件。如没有既往病史的大学生在体育锻炼中突发疾病而猝死，或者是学校老师已经尽到告知责任，明确说明有某些病史的学生不能参加某项体育锻炼后仍然发生的意外事件；在外发生交通事故等意外伤亡事件。

应对和处置学校管理类和非学校管理类突发事件要采用不同的策略，在应对媒体传播上也有很大区别。厘清在突发事件中有多大程度是因为学校或政府有关部门的管理原因造成的，对于正确处置教育突发事件和应对新闻媒体至关重要。因此，教育突发事件的以上分类对在遇到突发情况时正确研判教育突发事件，采取及时有效的处置和应对措施，具有现实意义。

第三节　教育突发事件的媒体传播特点

一、不同媒体的传播特点

媒体是传播、交流信息的载体。相对于网络媒体，报刊、广播和电视是为人们所熟知的传统媒体。1998 年，联合国教科文组织将网络列为继报刊、广播和电视三大媒体之后的“第四媒体”。互联网自诞生之日起，就开始了一种全新的表达。它以人类先进的科技成果为载体，形成了一种崭新的文化。基于互联网和数字技术发展起来的新媒体，带给信息传播以革命式的改变，发挥着势不可当的越来越大的影响力。网络媒体与传统媒体有着显著不同的传播特点。

（一）传统媒体的传播特点

第一，受众广泛。报刊、广播和电视的发展历史非常悠久，发展到今天，其受众几乎覆盖了全球的每一个角落，从繁华的都市到偏僻的山村，无论是都市白领还是农民工，不论年龄和文化水平的高低，都可以接收到传统媒体发布的信息。时至今日，虽然科学技术突飞猛进、传播手段日新月异，传统媒体仍然拥有广泛的受众群体。

第二，原创性。传统媒体的新闻发布由新闻机构负责，每个新闻机构都有自己的专职记者负责采访、调研和撰写新闻稿。因此，传统媒体发布的信息大部分都是原创性的。据尼尔森评级数据一项名为《在线读者行为报告》的研究称，对数百万博客和社会媒体站点的分析表明，80%的链接都是美国传统媒体公司；站点内容中仅14%为原创，67%的热门新闻站点的新闻来源于传统媒体；站点人员中13%的人是收集管理员，专门收集传统媒体的新闻。多所大学的研究也表明，即便是美国最好的新媒体，其生产内容的能力也是有限的，还依赖于传统媒体。①

第三，权威性。传统媒体的信息发布是由一群专业人士进行的职业活动。这些专业人士接受过系统的新闻传播学的教育，了解新闻传播的特点和规律。他们的职业素养和专业水平决定着传统媒体信息的可靠、准确及客观。在我国，传统媒体大都国有，在很大程度上代表着政府声音，老百姓基于对政府的信任，往往更相信传统媒体发布的新闻。此外，传统媒体经过多年的发展，形成了自己的品牌，在公众眼中具有极高的权威性、公信力和影响力。如《人民日报》、《光明日报》、中央电视台、中央人民广播电台等传统媒体在大众心目中具有非常好的口碑和社会形

---

① 凌曦：《美国传统媒体应对新媒体竞争的启示——做内容提供商，实施多平台传播》，《传媒观察》，2011（3），17—19页。

象。因此，事件消息在权威性高的传统媒体一经发布，就会产生比在网络媒体中大得多的影响力，甚至可以说是非常震撼的影响力。2016 年，某外国语学校的“毒地”事件就是一个鲜明的例证。

2016 年初，某外国语学校（以下简称“某外校”）学生家长质疑一些孩子身体出现异常与所在新校区毗邻被污染地块有关，此事引发当地媒体和一些网媒的报道，当地政府也立即采取了应对措施。但是，家长对处理措施不认同，事情一直没有得到有效解决。2016 年 4 月 17 日，中央电视台新闻频道《新闻直播间》栏目播出“不该建的学校”报道之后，舆论热度直线上升，事件持续发酵，引发了政府、社会和各大媒体的高度关注，当地市委、市政府于当晚立即召开紧急会议，成立联合调查小组，迅速展开相关工作并发布了情况说明。4 月 18 日，国务院教育督导委员会办公室启动教育重大突发事件专项督导机制，由国家督学牵头赴当地进行专项督导。各大媒体对此事件高度关注，争相报道，紧密跟踪事件进展，直到 4 月 26 日官方权威性结论发布之后，事件才渐渐平息。

2016 年初，某外校事件就在一些网络媒体曝光，其中也不乏一些知名网络媒体。在当地论坛、百度贴吧、新浪微博、本地微信公众号陆续出现《远离毒地，搬迁过渡，救救某外国语学校的孩子们!》《某外国语学校周边某“毒地”航拍照片！看看真是心酸啊》等数十篇曝光帖文，总阅读量超过 11 万人次。1 月 4 日，新华网刊文《某“毒地”修复屡遭投诉　两学校深受其害》；1 月 6 日，新华网再刊文《某“毒地”修复致学生不适　家长要求搬迁过渡》；1 月 13 日，澎湃新闻刊文《某地修复“毒地”土壤或致学生过敏咳嗽，附近一中学停课》。即便如此，该事件也并未形成大的舆论热点。但是，事件一经中央电视台曝光，立即掀起了巨大的舆论高潮。

第四，舆论引导性。传统媒体的新闻要经过初审、复审、终审三个环节才能向社会发布。因此，传统媒体对信息具有过滤的功能，能够对新闻“把关”，有效引导新闻舆论的导向。在我国，传统媒体由党和政府直接领导，肩负着把握舆论导向的任务。在重大节日和重大事件上，传统媒体要按照党和政府的要求，完成宣传任务，重点突出地进行宣传报道，引导社会舆论。如 3 月份，重点报道“两会”的召开；五一前后，宣传表彰劳动模范；六一前后，宣传保护未成年人权益；七一前后宣传党的建设；八一宣传军队建设的成就；9 月 10 日前后歌颂教师，宣传教育；等等。在一些重大事件的报道中，传统媒体发挥着巨大的舆论影响力。例如，在 5·12 汶川地震的宣传报道中，传统媒体及时、准确、充分地报道抗震救灾的情况，树立了高效、负责、亲民的政府执政形象，有力地向社会传递了正能量，使流言蜚语没有土壤，成功引导了社会舆论。

第五，传播的单向性。传统媒体的传播是单向的，是一对多的单向传播，其受众只能被动地读、看和听，很难做到互动交流。个人如果想在传统媒体上表达自己的观点和看法，需要较高的门槛。一般人很难在传统媒体上发声。

第六，时效性差。由于传统媒体的新闻发布需要经过撰稿、审查等环节，报纸还需要排版、印刷、发行的环节，因此，新闻传播的速度比较慢，更新也慢。尤其是报纸，当天发生的事情只能在第二天的报纸上才能看到报道，虽然电视、广播的传播速度要比报纸快，但也受到了播出时间的限制。因此，相对于新媒体，传统媒体新闻报道的时效性要差。

（二）新媒体的传播特点

新媒体是相对于报刊、广播、电视等传统媒体的概念。1967 年，美国哥伦比亚广播电视网的戈德马克（P. Goldmark）在一份开发电子录像商品的计划中首次提出了新媒体（new media）的概念。1969 年，美国传播政策总统特别委员会主席罗斯托在向尼克松总统提交的报告书中多次使用此概念。从此，新媒体的概念在美国迅速流行起来并很快传遍世界。

新媒体将新的网络与数字技术应用于传播，使信息传播速度更快，更加个性化，更能满足当代社会人们对信息获取和交流的需要。新媒体是动态的、发展的。随着技术的进步，不断出现新的媒体形式，旧的新媒体形式就成了“传统新媒体”，如门户网站。而最新发展起来的，更加彰显使用者的自由与个性的如微博、微信、论坛、即时通信等自媒体形式就是新媒体发展的最新阶段。因此，我们也把自媒体的传播特点一并归入新媒体中一起分析。

第一，多样性。新媒体的传播方式使大众不仅可以接受信息，还可以自由地通过博客、微博、微信、论坛等新媒体形式发布信息、发表评论、宣泄情绪等。只要会电脑、手机的基本操作，能上网，不需要任何准入标准，每一个人都可以零门槛进入，成为信息的生产者和传播者。不管是正面的、负面的、积极的、消极的、温和的、偏激的，任何信息、观点都可以自由地、不加过滤地、真实地、原生态地表达出来。人们可以随时把自己看到的新闻事件用手机拍下来，制作成长短视频上传到各种社交平台；可以在自己的微博、博客上发表自己的文章；可以通过跟帖的方式发表评论；可以上传、下载、转发任何文字、图片及多媒体信息。总之，新媒体的传播方式使普通公众可以自由地向全世界提供和分享信息。

第二，互动性。传统媒体的传播是单向线性的，传播者和受众很难形成双向互动。而新媒体的传播是双向甚至多向的。新媒体传播方式可以实现点对面、点对点、面对面的网状交流。传播者和受众在新媒体的平台上，一改传统媒体传播中传播者居高临下、我说你听的状态，信息的传播者不再居于中心的位置，传播者和接受者可以随时互换角色。新媒体为所有参与者提供了平等的对话交流的空间，每个人都能在网上就某一主题发起讨论或参与某一话题的讨论。

第三，即时性。新媒体的信息传播不需要像传统媒体那样受到编辑、审查、排版、印刷、发行、剪辑、播出时间等条件的限制，能够不受时间、空间、地域的限制，随时随地以最快的速度实时的、动态地、滚动地向全世界传播信息。新闻事件一旦发生，现场目击者可以立即拍照、录像并加上文字说明上传到网络，并且跟随事件的进展实时播报，全世界的人都可以立即接收到这些信息，相当于现场直播。其信息发布和传播的便利性和快捷性是传统媒体根本无法相提并论的。大量的新闻事件的首次发布都是公众通过新媒体的平台发布的。

在 2005 年发生的举世震惊的伦敦地铁爆炸案中，拍摄第一张现场照片的不是专业的新闻记者，而是身处爆炸现场的市民亚当·斯塔西（Adam Stacey）。他迅速把用手机拍摄的照片发送给经营博客网站的朋友，这张照片成为当时网络点击率最高的图片。美国纽约《时代》及《华盛顿邮报》等主流媒体都刊发了这张照片。

2009 年 2 月 9 日，央视大楼发生火灾，仅半小时后就有网民将手机拍摄的火灾照片上传到网络，有的网民还上传了火灾视频，速度之快令传统媒体望尘莫及。

2011 年 7·23 动车事故中，网络 ID 为“袁小芫”的微博网友是 D301 次列车上的乘客，事故发生 4 分钟后她发出了第一条微博，比国内媒体在互联网上的第一条关于“列车脱轨”报道早了两个多小时。23 日当晚，身在事故现场的一些微博用户不断更新关于现场的种种图片、文字信息，短时间内，甬温线特别重大铁路交通事故迅速以图文并茂的全透明方式在全国民众面前得到展现。以新浪微博为例，截至 7 月 24 日 12 时，已有 3286883 条关于这起事件的博文，网民从事故现场、寻人、遇难名单、献血现场等多角度展示这次突发事件。

当前，移动互联网的迅猛发展和加速普及愈加提升了突发事件传播的速度。2021 年 2 月 3 日，中国互联网络信息中心（CNNIC）在京发布第 47 次《中国互联网络发展状况统计报告》。《报告》显示，截至 2020

年12月，我国网民规模达9.89亿人，较2020年3月增长8540万人，互联网普及率达70.4%。①

2020年7月7日，高考当天，安徽歙县遭遇50年一遇的强降雨，暴雨导致歙县县城内涝，大量考生无法按时到达考场。7月7日早9点以前，网民就开始对降雨、洪涝、路况、考生乘船赴考等情况进行直播报道并一直持续关注，直到高考延期并顺利结束后一段时间，大量网民还一直通过自媒体及时报道考试相关情况。

第四，虚拟性。网络是一个虚拟的空间，与现实世界完全不同。在网络上，我们可以看到实实在在的信息，但是不知道信息发布者的庐山真面目。这为信息的发布者提供了有充足安全感的空间。每一个人都可以在网上把自己藏起来，没有任何顾忌地发表言论、表达不满和宣泄情绪。网络的虚拟性如同一把双刃剑。一方面，网民获得了最大的自由度，可以毫无禁忌地畅所欲言，发表自己的真实想法，表达民意；另一方面，没有了身份暴露的担心，会使网民对网络自由进行滥用，一些人可能会不负责任地发表偏激的意见，没有经过认真调查就发布歪曲的甚至是虚假的信息。同时，也给了一些怀有某种目的的人在网络上歪曲民意、误导公众的机会。

第五，不可靠性。正是由于网络的虚拟性、信息发布者的匿名性及网络信息发布的低门槛性等特性，使借助新媒体平台发布的信息良莠不齐、真伪共存，给了谣言和虚假信息滋生和传播的土壤。

2014年3月8日，马航客机失联的当天晚上，许多人都在微博及微信朋友圈看到了这则消息：〔越南通讯社3月8日19时32分快讯〕马来西亚航空公司飞往北京的MH370航班在失联17个小时后，在北纬065515、东经1033443海域被正在执行搜救任务的菲律宾海事船发现。

---

① 中国互联网络信息中心：《中国互联网络发展状况统计报告》，2021-02-08，http://field.10jqka.com.cn/20210208/c626907200.shtml，2021-02-12。

飞机被发现时，机身破损较严重，但未解体……少部分乘客和机组人员聚集在飞机尾部机舱，另有数十位携带水上救生器械的乘客漂浮在周围约1平方千米范围内的海面等待救援。后经查证，这是一个名为“巴蒂斯图塔先生”在天涯上杜撰的假消息。这则假消息甚至迷惑了官方微博，一些传统媒体的官方微博也转发了这条消息。

屠呦呦登上诺贝尔奖领奖台后，再次刷屏社交网络，多次“被致辞”。被疯狂转发的是她在瑞典卡罗林斯卡医学院的“诺奖致辞”。譬如，一篇流传甚广的“致辞”题为“感谢青蒿，感谢四个人”。在近2000字的“致辞”里，作者用极富文学性的语言，以第一人称讲述了屠呦呦的生平，用一连串的排比句描述了屠呦呦的品格，而且声情并茂地感谢了四个人——屠呦呦的父亲、重视中医的毛泽东、遇到困境时给她启发的“葛洪先生”，还有“一群数以百万的非洲人”。此文章的阅读量达到了10万——这是微信公众号所能显示的阅读量的上限。另一段屠呦呦领取诺贝尔奖后的发言同样也在社交网络上蔓延——“……用人情做出来的朋友只是暂时的，用人格吸引来的朋友才是长久的。所以，丰富自己比取悦他人更有力量”，满满的“心灵鸡汤”。然而，这两个版本的所谓“致辞”经媒体考证均为伪造。①

类似在微信朋友圈疯传的信息有很多被证明是虚假的或是谣言。很多转发这些消息的网民并不去思考和证实其真伪，只要符合自己的价值观，顺应了自己内心深处的信念，抑或是正好满足了自己发泄情绪、表达同情的需求，就不加思考地转发。因为他们根本也不需要为此承担什么责任，而转发这些信息也几乎没有任何成本，只需花几秒钟的时间动动手指就好。

---

① 张盖伦，罗朝淑：《屠呦呦“被致辞”两个版本所谓“致辞”系伪造》，载《科技日报》，2015-12-14。

二、互联网时代教育突发事件的传播特点

学校是培养人才、传播知识的场所，而高校还具有生产高端知识、为经济社会发展服务的功能。校园是大量知识分子、青年学生和未成年人聚集的地方。同时，教育涉及千家万户，教育领域发生突发事件往往会牵扯到千万个家庭，相比社会一般突发事件，具有更加突出和鲜明的特点。

（一）传播主体的特殊性

在新媒体时代，发生新闻事件的传播主体，既有传统媒体中的新闻记者，又有掌握着新媒体的“草根百姓”。在教育突发事件的传播中，教师、学生和家长是重要的“草根百姓”传播主体。相对于普通网民，教师、学生和家长这个群体有其特殊的特点。首先，教师、高校学生及大量的学生家长文化水平较高，关心政治、经济、文化、军事等社会发展的方方面面，有抱负，社会责任感强，有自己独立的思想和看法。教育突发事件发生在这一群体自己身上或身边，与师生的切身利益密切相关，如教育的热点问题、考试招生制度改革、教育教学改革、后勤服务、师生生命财产的安全等。因此，教育突发事件通常会引发师生家长的高度关注，参与信息传播和事件评论的主观意愿也更强烈。其次，传播主体非常庞大。教育是重要的民生工程，涉及千家万户，一旦教育突发事件发生，常常立即引发社会的高度关注。触及社会热点、敏感话题，不仅学校师生和家长传播和关注，也吸引着社会各界的眼球。因此，相比一般突发事件，教育突发事件的传播主体更加庞大，舆论主体涉及面更广，也更加多元化。再次，传播主体中青年学生多。在教育突发事件中，有相当一部分是高教类突发事件。而高教类突发事件的传播主体青年学生年轻、有热情、有活力、自我意识强，同时，世界观、人生观和价值观尚未形成，缺乏社会经验，思想不成熟，遇事容易冲动，可能会被社会上别有用心之人煽动，发布和传播虚假信息，诱发高校负面舆情。

（二）传播载体以新媒体为主

在新媒体时代，教育突发事件的传播往往首先是从网络开始的。这是教育突发事件传播最为突出的特点。这与网络信息技术尤其是移动互联网的迅猛发展、移动网民的急速增长有直接的关系。

根据中国互联网络信息中心发布第47次《中国互联网络发展状况统计报告》，从年龄结构上看，新增网民中，20岁以下网民占比较该群体在网民整体中的占比高17.1个百分点；从网民职业看，学生群体占比最高，为21%。在校大学生是使用网络最为活跃的群体。

教育突发事件舆情传播到一定阶段，以党报、国家电视台、通讯社为代表的“主流媒体舆论场”和学校师生、社会民众利用新媒体传播形成的“民间舆论场”交互作用。[①] 两个舆论场同时关注同样的内容，只不过看问题的角度、使用的话语体系不同。“主流媒体舆论场”多为正面报道，弘扬主旋律，激发正能量；“民间舆论场”的表达更为个性化、草根化，更接地气，体现了普通民众的真实想法。在两个舆论场的强大传播作用下，越来越多的人关注和参与事件的舆情传播，有关事件的进展、处理、评论、意见、民众情绪等相关信息被放大、集中，形成巨大的舆论声势。

（三）传播速度快、范围广

在互联网时代，突发事件的传播往往首先从网络开始。微博、微信、手机QQ等即时通信方式及抖音、快手等短视频传播平台日益广泛地使用；移动互联网不断提速，新媒体传播手段和5G时代的到来，使突发事件发生后在很短的时间内网上就会出现文字或视频，继而接着可能被多家网站转载，24个小时左右网上跟帖就会达到高潮，形成热点。[②]

---

① 两个“舆论场”的概念最早由新华社原总编辑南振中提出。

② 人民网舆情检测室：《如何应对网络舆情——网络舆情分析师手册》，11页，北京，新华出版社，2011。

教育突发事件发生时，在事发现场的教师、学生及家长能在第一时间将相关事件的文字、照片或视频上传到网络并获得快速转发，在网络上迅速蔓延，引发大范围的社会关注和讨论。教育突发事件发生时，因为学校领导事发时不一定在现场，事件基本情况汇总上报需要时间，往往学校领导还不知道学校发生了什么，事发现场的图片和视频就已经传到了网上。同时，只要有互联网覆盖的地方，公众都可以轻而易举获得消息，这给事件的处置和引导带来了困难。

（四）传播素材丰富

当前，智能手机技术高速发展，迅速更新迭代，使手机的拍照功能和录像功能日益强大，尤其是清晰度，几乎媲美专业的相机。同时，网络视频平台迅猛发展，网络视频用户激增。据第 47 次《中国互联网络发展状况统计报告》显示，截至 2020 年 12 月，我国网络视频用户规模达 9.27 亿人，较 2020 年 3 月增长 7633 万人，占网民整体的 93.7%。其中，短视频用户规模为 8.73 亿人，较 2020 年 3 月增长 1.00 亿人，占网民整体的 88.3%。[①] 据《2020 中国网络视听发展研究报告》显示，短视频成了仅次于即时通信的第二人网络应用，近九成网民使用短视频。

这些技术手段的运用和庞大的用户数量使网络信息传播的可视化内容更加直观、生动。不仅如此，用户想看图片中的任何一个部位，都可以在保持高清晰度的情况下点开放大。也正因如此，因为一张图片而发生突发舆情的事件也越来越多。

区别于以往的时代，互联网时代特有的传播特点使发生突发教育舆情事件的概率大大增加。这不仅仅是因为传播手段的便利及传播群体的庞大，更因为传播者对传播内容的负面化、框选化及放大化的解读。一件稀松平常的事情可能因为网友采用上述方式的解读而迅速演化为舆情事件。

---

① 网信办网站：《CNNIC 发布第 47 次〈中国互联网络发展状况统计报告〉》：2021-02-03，http://www.gov.cn/xinwen/2021-02/03/content_5584518.htm，2021-02-14。

第二章　教育突发事件的舆情

第一节　舆情与网络舆情

一、舆情的内涵

“舆情”一词最早见于公元897年唐昭宗的一封诏书中：“朕采于群议，询彼舆情，有冀小康，遂登大用。”在此诏书中，“舆情”与“群议”相对应，指来自普通民众的看法。《全唐诗》中南唐诗人李中的《献乔侍郎》也出现了类似的用法，“格论思名士，舆情渴直臣”。诗中盛赞了乔侍郎的认识高超和敢为民言，其中“舆情”便是指老百姓的情绪和意见。追根溯源，“舆”从车义，指轿夫或驾车之人，引申为社会等级较低的群体。因此，古代“舆情”一词在字面意义上可以解读为舆人之情，即社会普通百姓的情绪和看法。现代意义上的“舆情”概念也大致可理解为“群众的意见和态度”。

近年来，随着互联网技术突飞猛进的发展，由于突发性公共事件引发的舆情事件不断增多，对舆情理论的研究渐成显学之势，学者们对现代意义的舆情理论进行了积极探索，形成了一系列研究成果。如天津社会科学院舆情研究所的王来华教授较早对“舆情”概念进行了界定。他将舆情视为一种社会政治态度，认为“舆情是在一定的社会空间内，围绕中介性社会事项的发生、发展和变化，作为主体的民众对作为客体的国家管理者产生和持有的社会政治态度”①，揭示了舆情主客体之间的利益关系，同时指明了舆情本质是社会民众的社会政治态度表达。

随着舆情理论研究的不断推进，舆情的内涵和外延都在不断拓展。如张克生认为，舆情是“民众在认知、情感和意志基础上，对社会客观情况和国家决策产生的主观社会政治态度”②，认为舆情不仅仅体现为民众的主观意愿，同样也是社会问题的客观反映，即社情民意。中共中央宣传部舆情信息局将舆情界定为“社会各阶层民众对社会存在和发展所持有的情绪、态度、看法、意见和行为倾向”。刘毅则从个人心理和社会心态两方面界定舆情，认为舆情是“由个人及各种社会群体构成的公众，在一定的历史阶段和社会空间内，对自己关心或与自身利益紧密相关的各种公共事务所持有的多种情绪、意愿、态度和意见交错的总和”③。这一界定较为完整地交代了舆情主体、舆情客体及舆情的主要构成要素，具有一定的代表性。曾润喜对舆情客体和表现形态进行了延伸，强调了舆情主体在舆情演变过程中表现的行为倾向，认为“舆情是由于各种事件的刺激而产生的通过某一载体传播的人们对于该事件的所有认知、态度、情感和行为倾向的集合”④。

当然，随着学界对舆情研究的不断深入，也形成了不少跨学科的研究成果，学者们基于不同视角开展的舆情理论研究体现了舆情内涵的复杂性和实践领域的重要性。总体而言，学者们对舆情理论进行了积极的探索，为舆情传播与治理奠定了坚实的理论基础。综合学者们研究成果，我们认为，舆情是社会民众在一定的历史阶段和社会空间内，对自己关注的或直接关乎自己切身利益的各种社会事件、社会问题和社会现象所

① 王来华：《舆情研究概论》，32页，天津，天津社会科学出版社，2003。
② 张克生：《国家决策：机制与舆情》，17页，天津，天津社会科学学院出版社，2004。
③ 刘毅：《网络舆情研究概论》，51页，天津人民出版社，2007。
④ 曾润喜：《网络舆情信息资源共享研究》，载《情报杂志》，2009（9），187—191页。

持有的不同情绪、态度、观点和意见表达的总和。一般来说，舆情主要通过特定传播媒介或载体进行扩散和传播，其社会影响与传播范围、传播对象和传播话题社会关注度密切相关。

二、舆情与舆论、民意的关系

（一）舆情与舆论的关系

要准确理解舆情的含义，有必要对与之相近的“舆论”“民意”概念予以区分。“舆论”一词自古以来就与政治结下不解之缘，其产生的社会影响力直接关系到一个政权的稳定。在现代国家，社会舆论走向往往对国家政治、军事、经济、文化、社会、生态等方面的安全产生着重要影响，负面舆论可能给社会带来恐慌，成为社会不安定的根源之一。

1762 年，法国启蒙思想家卢梭在其出版的《社会契约论》中首次将“公众”和“意见”两个词组合在一起，创造了“Opinion Publique”（公众意见）一词，国内一般译为“公意”，即全体人民的意志。他把意见从个人思想拓展为社会公众的集体思想，提出公共舆论就是人们心中的法律。① 此后，许多学者开始使用“公众舆论”讨论政治现象，并且经常与“公共意愿”“公共精神”“公共德性”等词语联系在一起。

德国政治学者伊丽莎白·诺尔-诺依曼（Elisabeth Noelle-Neumann）将舆论比作“我们的社会皮肤”，认为它既是个人感知社会“意见气候”的变化、调整自己的环境适应行为的“皮肤”，又是作为容器的“皮肤”，起着维持社会整合的重要作用，防止由于意见过度分歧而引起社会的不稳定。② 她所提出的“沉默的螺旋”理论不仅是大众传播领域而且是政治学领域的重要理论假设，具有宏观和微观层面的解释力。它建立在人的社会从众心理和趋同行为的分析基础之上，表明舆论的形成并不一定是

---

① ［法］卢梭：《社会契约论》，70 页，北京，商务印书馆，1980。

② Noelle-Neumann E.，*The Spiral of Silence*：*Public Opinion-Our Social Skin*（Chicago：University of Chicago，1984）5.

社会公众“理性讨论”的结果，也可能是“意见环境”的外在压力作用于人们惧怕孤立的心理，迫使“劣势意见”群体对“优势意见”采取趋同行为的产物。

在舆论理论研究中，西方学者普遍的一种惯例是试图将“舆论”一词的含义定义为重要的特定公众群体的意见，这些群体主要特指那些“社会上最见多识广的、最智慧的且最有道德的人们”。现实中，精英群体发出的声音和态度确实有更多的机会在社会上传播，影响普通大众的机会更多，但这并不代表社会普通民众表达的观点和呼声应被忽略。社会精英人士与普通大众的意见不可能绝对隔离开来。在现实舆论形成过程中，“大众和精英的意见形成了复杂的互动，相互影响，而多数舆论恰恰来自普通大众，并且在大众中形成声势”①，这种情况在互联网时代表现得尤为明显。在互联网背景下，社会精英人士的意见在某种程度上充当了意见领袖的角色。正如罗坤瑾认为，“舆论是一定范围内由少数意见领袖发挥主导作用，多数人针对现实社会及社会中的各种现象、问题，以言语、情感、行为等方式表达出来的大体一致的信念和态度”②，突出强调了意见领袖在舆论传播过程中的重要作用。

舆论和舆情在内涵上接近，但也存在一定的区别，对两者不能等同视之。王来华等对舆情与舆论概念的区别与联系进行了详细的分析。③ 综合来看，舆情和舆论的紧密联系体现在两者都属于人类特有的精神现象，所涉客体都为人们社会生活中的内容，都与多数人的共同意见、意愿密切相关，而且舆论都是在与此相对应的舆情的基础上形成的。但是，两者的区别也在多个方面有所体现：

---

① 刘建明，纪忠慧，王莉丽：《舆论学基础》，26页，北京，中国传媒大学出版社，2009。

② 罗坤瑾：《从虚拟幻象到现实图景：网络舆论与公共领域得构建》，18页，北京，中国社会科学出版社，2012。

③ 王来华，林竹，毕宏音：《对舆情、民意和舆论三概念异同的初步辨析》，载《新视野》，2004（5），64—66页。

第一，两者主体不同。舆情主体是广大民众，而舆论主体既可以是民众，也可以是新闻媒体，还可以是官方，并且由此而形成不同的舆论场阈。

第二，两者性质不同。舆情是一种客观存在，无所谓真伪，但舆论存在真假的可能。舆情对应的是客观存在的民意，是社会集体意识的一种反映，而一部分舆论有时候可以与民意无关，甚至成为利益集团随意粉饰、捏造的对象，存在被压制、被制造甚至被误导的可能。

第三，两者传播形态不同。舆情可能表现为公开表达的意见，有时则仅仅表现为某种不公开的态度或情绪倾向，不需要得到多数人认同便已然形成；而舆论一般是经过公开表达的，是外显的意见，能为外界明确感知。在传播形态上舆情不如舆论清晰易辨，构成舆情者并不一定就构成舆论。因此，舆情更需要被敏锐地捕捉与追踪才能及时察觉。

第四，两者发生逻辑有先后。舆情是形成舆论的基础，舆情在一定范围内表现明显的传播形态并达到一定的强度才有可能形成舆论。也就是说，舆论需要舆情的支撑，由舆情发展而来。在发生逻辑上，在严格意义上的舆论形成之前，就已经构成或存在一定的舆情。舆情在意见领袖或外界环境的影响下，产生聚集并表现为相对的一致性和持续性，当舆情表现为明显的传播形态并对相关事态进程及社会发展形成影响时，舆情就转化为社会舆论。

第五，两者侧重点不同。舆情强调“不同情绪、态度、观点和意见表达的总和”，属于客观存在形态的范畴；舆论则重在“论”，强调的是人们对普遍关心的某一社会问题所持有的“共同意见”，属于人们行为活动的范畴。舆情是零散的、非体系的，在意见的趋同程度上，舆情远没有舆论统一和集中。

（二）舆情与民意的关系

民意是指民众共同的意见和意愿，是民众意识、意志、意愿等的统称。作为社会公众对关系人民根本利益的问题所表达的一致意见，民意是基于社会公共道德、普遍法则、公共利益的社会整体知觉。舆情和民意关系密切，因为两者的内核本质上是统一的。从相同点上说，两者反映的都是社会公众的态度与意见。民意是舆情的基础，有什么样的民意就会表现什么样的舆情；舆情是民意的一种表现形态，无论舆情是公开的意见，还是不公开的情绪，生发的基础都是民意。①

舆情与民意的区别主要表现在以下几个方面：

第一，两者的发展阶段不同。作为舆情生发的基础，民意是属于社会心理的一个范畴。民意还只是一种心理状态，是一种社会心理事实，但舆情则已经上升到意见或态度层面。

第二，两者的呈现方式不同。舆情可以是显性的、公开表达的意见，也可以是隐性的、未公开表达出来的情绪；而民意则是内隐的，在外界环境不利时，则会悄悄隐藏起来。

第三，两者的外延范围不同。民意的范围较广，其中有部分民意表现为舆论，同时也只有部分正确的舆论代表民意。民意中的一部分意见经过公开表达后，有时可以直接表现为舆论；民意中未经公开表达的一部分意见，如果以情绪的方式表现出来，则不能构成舆论，而是成为舆情的一种形式。舆情在一定条件下可以转变为社会舆论，当社会舆论是正确的舆论并能代表广大人民的心声与意志、对社会的发展有积极影响时，这种舆论就成为民意。当外界环境允许时，民意也可以从最初表现为舆情进而分化组合，发展壮大，形成代表某种民意的舆论。② 同民意相比，舆情与舆论都有理性与非理性之分，舆情、舆论都不能完全代表民意。只有客观反映民众心声的正确舆论与舆情，才能说是代表了民意或反映了民意。民意一般都是真实存在的，无所谓正确与否。可以说，民

① 邹军：《虚拟世界的民间表达》，9页，博士学位论文，上海，复旦大学，2008。

② 余秀才：《网络舆论：起因、流变与引导》，8—15页，北京，中国社会科学出版社，2012。

意真正代表了广大人民的呼声。

三、网络舆情的内涵及其时代特征

（一）网络舆情的内涵界定

随着网络逐渐影响改变着社会大众的生活方式和交际模式，其成为“第四媒体”的传播功能已经被社会公众广泛接受，网络正在极大地改变着我们的生活，也在改变着我们对于生活的认识。社会公众热衷于利用新媒体技术和智能终端在微博、微信、抖音、小红书等各类网络平台上谈论社会事务，表达个人观点，抒发个人情感。快速迭代发展的互联网技术在很大程度上改变和拓展了人们参与政治生活，表达观点、态度和情绪的渠道和方式。

曼纽尔·卡斯特在《网络社会的崛起》中指出，以互联网为代表的信息技术革命是个重大历史事件，它导致了经济、社会与文化等物资基础的不连续模式。在互联网时代，信息搜索处理技术的推广普及应用将社会大众的现实生活与网络虚拟生活深度关联起来。各个地域、不同阶层、不同领域的突发性事件借助于互联网信息传播平台，都有可能被无限放大，从而形成错综复杂的网络舆情浪潮。

网络舆情作为舆情的一种新的表现形态，是舆情与现代信息传播技术相结合的产物，在社会民意表达、公民政治参与、公共政策评价、社会群体整合和社会组织动员等方面，其传播和发展走向正成为一扇窗口，成为观测社情民意的“晴雨表”。

正因如此，关于网络舆情基础理论研究引起传播学、政治学、公共管理学、社会学、教育学等不同学科学者的高度重视，相关研究成果逐步深化和拓展。

关于网络舆情的内涵，学者们主要从狭义和广义两个层面予以阐述。

狭义上，王来华认为，“网络舆情是网络使用者或俗称网民的社会政治态度”[①]。广义上，刘毅认为，“网络舆情是通过互联网表达和传播的各种不同情绪、态度和意见交错的总和”[②]。姜胜洪认为“网络舆情是社会舆情在互联网上的一种特殊反映，是民众对国家经济、政治、文化和社会发展趋势及人们普遍关注的社会热点难点问题在网上的集中反映”[③]。曾润喜对网络舆情的客体和表现形式进行了扩充，认为网络舆情是“由于各种事件的刺激而产生的通过互联网传播的人们对于该事件的所有认知、态度、情感和行为倾向的集合”[④]，把网络舆情的对象拓展到除公共事件之外的能引起大量网民围观的纯私人事务，表现形式除了某种社会政治态度之外，还涵盖了网民各种情绪、通过网络表达的各种意见，甚至是某种可能的行为倾向等。这些界定充分拓展了网络舆情的外延。

网络舆情归根到底是现实社会和网络社会中种种问题和现象在网络空间的影射，某种特定的现实问题和社会诉求是爆发网络舆情的根源。也就是说，网络舆情可能源于现实社会发生的某种突发性事件，也可能源于网络空间的特定话题和现象讨论，还有一种情况，就是现实中并没受到广泛关注的某一事件经由网络爆料，继而又在现实社会中引起轰动，并且由现实生活和虚拟世界的各种力量共同助推，从而爆发大规模网络舆情。正如曼纽尔·卡斯特指出的，以互联网为代表的信息技术革命的变迁核心，是信息处理与沟通的技术。网络信息沟通技术赋予网络舆情最重要的价值取向，即去中心化的话语表达。新媒体技术改变着舆论生态，重塑着公共生活，社会个体拥有了前所未有的信息传播话语权。这正是网络舆情传播的社会价值所在。

---

① 王来华：《论网络舆情与舆论的转换及其影响》，载《天津社会科学》，2008（4），66—69页。

② 刘毅：《网络舆情研究概论》，55页，天津，天津人民出版社，2007。

③ 姜胜洪：《网络舆情的内涵及主要特点》，载《媒体与传播》，2010（3），151—152页。

④ 曾润喜：《网络舆情信息资源共享研究》，载《情报杂志》，2009（9），187—191页。

综上，我们认为，网络舆情是指网民针对现实社会和虚拟社会中的社会问题、社会现象或话题，通过互联网表达和传播的有一定倾向性和影响力的各种情绪、态度、观点和意见表达的总和。网络舆情既可以由现实中存在的社会问题或现象（包括公共事务、价值观念、意识形态等）引发，也可能由网络空间中的特定话题生发聚集而成。网络舆情的主体就是借助互联网平台对社会事务或社会现象发表意见和看法的网民；网络舆情的客体是代表民众和国家利益行使社会管理权力并履行职责的国家管理者；网络舆情的本体是网络舆情的内容本身，即广大网民表达的情绪、态度、观点和意见表达的总和及其表现。

（二）网络舆情的时代特征

随着移动互联网技术的日趋成熟，网络舆情较其他舆情传播媒介而言具有巨大的传播优势，借助于网络论坛、微博、博客、微信、抖音等多种层出不穷的信息传播工具，网络舆情的热点信息瞬息万变，舆情扩散速度和产生的社会影响力与传统媒体相比不可同日而语。由于网络舆情的触发点越来越低，并且在涉及社会民生、公共利益、基层权益等众多热点领域的网络舆情存在泛政治化趋势，加上网络空间西方价值理念和社会思潮的传播和渗透，进一步增加了网络舆情传播与引导的不确定性和复杂性，尤其是加大了负面网络舆情治理的难度。因此，有必要把握网络舆情的本质特征和内在属性，为科学引导网络舆情提供依据。

1. 网络舆情的复杂性

在传统媒体时代，公权力往往可以通过信息“把关人”实现信息传播的社会监控，但在网络时代，尤其是在移动互联网技术普及应用带来的网络新兴传播媒介出现以后，信息传播不再完全按照公权力所设想的渠道和路线传播，要想对网络空间海量信息及由此可能形成的网络舆情进行全时段全方位的监测和控制几乎是不可能实现的。微信朋友圈、抖音短视频等新型网络传播方式的出现，极大地改变了信息的呈现方式和传播速度。广大网民可以随时随地将自身关注的社会事项及不同意见通过网络平台发布和扩散出去，时空的限制对网络信息传输已经不构成任何障碍。从舆情主体来看，任何一位网络使用者都可能成为网络舆情的制造者和传播者，人人都有的“麦克风”时代早已经到来，这使网络舆情的复杂性愈加凸显。从舆情激发因素来看，不再局限于公共领域的中介性社会事项，一些私人事务也逐渐进入公共领域，出现“被公共化”的倾向，社会个体的利益诉求经由网络传播而被放大和渲染后，往往也能引发突发事件网络舆情，私人领域和公共领域的界限逐渐被打破，出现公共领域私人化、私人领域公共化的趋向。公共领域与私人领域的融合，在一定程度上忽视了网络舆情的公共性，容易流于媚俗，同时也增加了网络舆情的复杂性。从网络舆情的内容来看，包罗万象，既有积极健康的言论和情绪表达，也有庸俗化和灰色的言论和情绪表达，各种文化类型、思想意识、价值观念、生活准则、道德规范都可以在网络空间找到立足之地。除了内容繁杂之外，更为重要的是，网络舆情话题容易向政治性话题偏移，社会民生事件、经济领域特定事件出现政治化倾向的概率也不断上升。无论是私人问题还是公共话题，一旦涉及特权、腐败、“富二代”、食品安全、环保等敏感词，很容易引起网民关注并迅速形成网络舆情热点。网络信息传播渠道的多元化，在“围观也是一种力量”的网络实践中，频繁出现局部问题全局化、一般问题政治化趋向，当网民习惯性地把社会经济生活等其他领域中的利益冲突和矛盾都与政治问题相联系并予以过度解读时，将不可避免地出现泛政治化的思维倾向，加剧网络舆情及其治理的复杂程度。

2. 网络舆情的突发性

网络舆情的生成通常围绕某一社会公共事件或话题展开，并且沿着若干级差从无序向有序逐渐递进。当一个吸引广大网民关注的社会热点事件或话题出现时，网民可以通过在知名论坛发帖、跟帖、微博转发、微信朋友圈分享等方式进行观点的交锋和意见的表达。特别是与社会政治生活中重大热点问题相关的话题，其敏感性和暧昧性的结合可以在短时间内激起公众的兴趣与关注。在信息传播过程中，随着各种渠道的意见频繁互动，不同网民群体的多种利益诉求和消极情绪在短时间内以各种基于网络的多种传播平台迅速传递，极易导致网络舆情的突然爆发。随着移动互联网应用技术的快速普及，以及智能化终端设备功能的不断完善，手机网民规模和网络参与程度的快速提升，也在客观上使网络舆情的突发性特征更加突出。因为在网络环境下，时间节点是影响网络舆情传播的重要因素，网民在获取热点事件的第一时间就可以在网上发表言论、表达情绪、交流想法，手机网民的快速增长和年轻网民的大规模参与对网络舆情的热度起着显著的催化作用。

3. 网络舆情的非理性

网民借助网络虚拟身份对某一热点事件畅所欲言，由此产生的网络舆情从发酵、升温到大规模扩散，可能在很短的时间内便可完成。虽然网络世界向来不缺少理性的声音，但考虑到网民结构复杂，网民素质参差不齐，受各种客观因素的影响，一些网民难免把互联网作为发泄情绪的场所，从而容易出现偏激的缺乏深入理性思考的情绪表达，使网络舆情具有明显的非理性色彩。特别是对社会现状和自身处境不满的网民，网络身份的虚拟性使他们摆脱了现实社会中进行意见表达和发泄情绪的种种顾虑，当爆发社会热点舆情事件时，这些网民相对来说也有着更为强烈的跟风传播的冲动，在不良情绪左右下的言论难免主观臆断。如果缺少较强的自律意识，网民在参与讨论时往往更容易采取偏激的态度，甚至使用侮辱、谩骂的语言词汇实现个人的情感宣泄，导致大量负面情绪在网络弥漫。一般而言，在非理性的情绪引导下，弱势群体在网络中很容易得到支持，而现实社会中的强势群体则处于相对的弱势，很容易受到网络情绪的挤压。因此，网络舆情的作用有时在网络空间逐渐被放大，抱着把事情闹大才会有更多人关注的心理，网络情绪化言论很容易得到网民的响应，具有很强的煽动性和破坏性，从而威胁社会稳定。另外，针对网络空间蔓延的一些非理性情绪，有关政府部门在网络舆情治理的过程中也很难做到把理性思维放在首位，这也从侧面更加激发了网络社会对抗心理，更进一步加剧了网络舆情的非理性特质。

4. 网络舆情的多元互动性

网络舆情的发展过程是广大网民与国家管理者之间不断进行着社会政治态度的互动过程。在这种互动过程中，网络舆情的多元化主体涉及各行各业的社会民众，也代表了不同群体、不同阶层的利益关切。同时，网络舆情主体的态度和情绪倾向也表现为多元性，有正面的，也有负面的，有主导性的，也有盲从的。网络舆情主体身份边界的模糊，打破了人际交往的空间场域。信息传播技术变革及其由此派生的多元互动工具，网络舆情传播线上线下相互联动，也为网络社会营造了全新的生活图式，给网络舆情的多元化发展带来了新的空间。“人人都是通讯社”的时代已然来临，规模庞大的中国网民早已不再满足于仅从主流媒体获取资讯，他们已经成为信息的创造者和传播者。当网民对某一社会公共事件发表意见或跟帖评论时，常常会激发其他网民的参与互动讨论，网民之间经常形成各方观点互动场面，赞成方的观点和反对方的观点同时出现，相互探讨、争论甚至出现意见交锋，从而倾向于形成一个网民积极互动的场域。这种网民之间观点和情绪的频繁互动和碰撞，使广大网民的各种观点和意见能够快速深入地激发出来，并且以一种比较直观的形态呈现出来，如文本、图片、漫画、短视频等，从而使讨论更加广泛和深入，多种形态的意见表达也更进一步凸显了网络舆情的交互性特征。

5. 网络舆情的群体极化

在网络空间，网民在匿名状态下更容易摆脱现实生活中角色关系的依赖和束缚，个人对待问题的情绪和态度可能在瞬间激发和表露出来，从而形成个性化的态度表达。同时，由于网络世界的包容性，各种不同观点和态度都能轻易地找到支持者，并且在特定群体间形成共鸣。正如勒庞所言，“当网民聚集成群时，他们的感情和思想全都转到同一个方向，他们自觉的个性消失了，形成了一种集体心理”①。当个人在群体中的自我同一性意识下降，自我评价和控制水平也随之降低，较容易失去通常的个体感，产生群体同一感的心理现象，这种现象在群体破坏性行为中表现得最为典型。这就是勒庞所说的“去个性化”现象。在勒庞看来，无论构成一个群体的成员是谁，也不论他们的智力、性格、生活方式是否相同，单单是他们变成一个群体这个事实便使其获得一种群体心理。美国当代法哲学家凯斯·桑斯坦也有类似的看法，他提出了“群体极化”这一概念，即“团体成员一开始即有某些偏向，在商议后，人们朝偏向的方向继续移动，最后形成极端的观点”。实践证明，网络舆情传播高峰期的“群体极化”倾向比较突出。

网络技术的兴起带来了大众媒体的新变革，使传统受众发生了变化。网络公众不再是单纯接受信息的“受众”，而是具有了一定的信息选择权、主导权甚至是发布权的传播主体。作为网络舆情的主体，广大网民的社会角色并不是固定不变的，他们既可能是网络舆情的“受众”，也可能是网络舆情的制造者或是同时扮演两者的角色。他们从被动走向主动，并且拥有了更广泛的话语使用权和信息生产权。为获得其他网友的关注度，实现“粉丝”追捧的快感或网络空间的自我价值实现，网民自觉的个性很容易消失，自我的评价水平有可能降低，从而发表一些非自身真实意愿的言论。因为在网络空间中，偏激的言论反而更容易引起其他网友的关注和评论，信息发布者在受到发表类似言论的网友的鼓励后，获得融入某一特定网络群体的内心体验，从而形成了一种集体心理。正如

① ［法］古斯塔夫·勒庞：《乌合之众——大众心里研究》，冯克利译，3页，北京，中央编译出版社，2004。

勒庞所言，当这种集体心理是消极情绪时，其社会破坏性是尤其显著的。而这正是当前网络舆情治理的难点所在，在这种群体心理已经形成的情况下，为避免不良信息甚至网络谣言的传播而误导公众，使事态升级而产生更大的负面影响，需要启动一种快速而高效的引导机制，化解这种具有破坏性的群体心理，从而把消极影响降到最低限度，实现网络舆情的有效引导。正是由于网络舆情所具有的以上这些特征，我们必须对社会突发事件有着清醒的认识和预判。

第二节 教育突发事件舆情传播

一、教育突发事件舆情的主要类型

在网络空间，与人们生活息息相关的教育、医疗、住房、安全等议题往往成为网络舆情热点议题。其中，教育议题作为社会民生的重中之重，最能引发网民关注和热议。因此，围绕教育问题形成的网络舆情成为整个社会舆情的重要组成部分。随着我国教育领域改革不断深入，社会公众对教育舆情传播始终保持着较高的关注度。

舆情研究的重要组成部分——教育舆情研究，是对舆情基础理论的拓展和细化。把教育舆情上升为二级层面的舆情概念加以研究，标志着舆情研究进入概念细分的新阶段，开启这一领域的学理研究，对整个舆情研究具有开创性意义。[①] 可以说，教育舆情研究正在开启舆情理论研究的新场域。场域理论认为，人的每一个行动均被行动所发生的场域所影响，而场域并非单指物理环境而言，也包括他人的行为及与此相连的许多因素。这对教育舆情研究具有启发意义，舆情主客体之间的互动，以

---

① 李昌祖，杨延圣：《教育舆情的概念解析》，载《浙江工业大学学报（社科版）》，2014(3)，241—246页。

及主客体与其他环境要素的互动，就构成了舆情场域。

就教育舆情的本质而言，它是公众对教育问题的情绪、态度表达和行为倾向，是公众对教育权益的诉求，包含着各种社会利益群体对教育问题的复杂心态。[①] 教育舆情通常由特定的传播媒介或载体进行扩散和传播，并且因社会关注度的急剧增加而呈现传播放大效应。随着社会大众对优质教育的追求，新媒体传播环境下的教育舆情热点事件将成为人们持续关注的焦点。在社会转型期和当前教育领域综合改革大背景下，互联网技术的迭代式发展、信息传播环境的急剧变化及社会各界对教育产品和服务的多元化诉求等各种因素相互影响，形成了一个不断交织的教育舆情外部生态环境，推动着教育舆情传播及其治理研究的进一步深化。

梳理近年来发生的突发教育舆情事件，主要有以下六种类型：

（一）意识形态类

意识形态是针对一个国家占主导地位的思想和政治意识而言的，关乎国家政治安全与社会稳定，关乎民族精神状态。当代中国社会的主导意识形态是以马克思主义为指导的意识形态，巩固马克思主义在意识形态领域的指导地位，是确保意识形态安全的根本要求。习近平总书记在系列重要讲话中突出强调要高度重视意识形态工作，强调“意识形态工作是党的一项极端重要的工作”。宣传思想工作就是要不断巩固马克思主义在意识形态领域的指导地位，学会运用马克思主义立场、观点、方法观察和解决问题。在教育领域，民族宗教问题、教材问题、师生不当言论等较容易引发意识形态类突发舆情事件。在少数民族学生占有一定比例的高校，对少数民族学生的教育、管理及在处理少数民族与汉族学生关系中，如处理不当，则容易激化矛盾，爆发突发事件，从而影响党的少数民族宗教政策的稳定性。尤其是在互联网传播环境下，获取宗教信

---

① 刘振琍，刘毅：《热高校教育舆情研究论略：热点、问题与展望》，载《理论与现代化》，2014（2）87—91 页。

息的渠道不仅多元，而且隐蔽，宗教文化在大学生群体扩散更便捷，学生信教人数增长更快。西方国家利用先进的信息传播技术输入其价值观和宗教文化，各种意识形态的渗透力不断增强，极易给辨别能力差的学生带来负面的引导，可能会引发线下线上的群体事件，给学校的安全稳定带来负面影响。

另外，中小学教材问题也容易引发许多关注和争议。2017 年，小学语文教材入选篇目因存在意识形态渗透的问题而引发舆情风波。有教育界人士和学生家长质疑，小学语文课本存在“西化”问题，宣传国外正面人物形象的故事偏多，存在“崇洋”倾向。还有人指出，小学语文教材存在“去意识形态化”、泛宗教化、去思想化等问题。2020 年初，教育部出台了《中小学教材管理办法》，明确中小学教材必须体现党和国家意志，坚持马克思主义指导地位，体现马克思主义中国化要求，体现中国和中华民族风格，体现党和国家对教育的基本要求，体现国家和民族基本价值观，体现人类文化知识积累和创新成果。思想政治（道德与法治）、语文、历史课程教材，以及其他意识形态属性较强的教材和涉及国家主权、安全、民族、宗教等内容的教材，实行国家统一编写、统一审核、统一使用。至此，有关教材的各种争议才渐渐平息。除此之外，高校师生不当言论也容易引发的教育舆情，在信息传播多元化环境下值得重点关注。

（二）校园安全类

校园安全事件是大中小学校发生概率较高的突发事件，这类事件引发负面网络舆情的概率较高，也容易引发社会高度关注，如校园刑事案件、校园踩踏事件、校园交通事故等。还有校园建筑物发生火灾、实验室爆炸事件等也不时发生，引发全社会持续高度关注，给学校管理和形象带来较大负面影响。2010 年，发生在福建南平市的郑某某在一所小学门口持刀伤童至 8 名小学生死亡的事件曝出后，各地不断曝出校园伤童事件。几乎每个校园伤童事件被曝出后，有关校园安全的问题就会被再次传播一番。2014 年，某大学发生学生宿舍投毒案，不仅引发全社会的高度关注和热议，还被网友扒出 1992 年另外一所大学发生的至今没有“破案”的宿舍投毒案。2019 年 1 月，北京市某小学发生 20 名小学生被锤伤的恶性事件，校园安全问题再次被舆论推向风口浪尖。2021 年 6 月，某大学二级学院党委书记在工作岗位上遇害身亡。这类校园安全类事件性质恶劣、传播快、影响大，引发全民关注，极易通过网络传播后形成教育舆情突发事件。

（三）科研管理类

涉及科研管理类的舆情主要发生在高等教育机构，是高等教育领域舆情的聚焦点，是教育危机事件高发的领域。科研管理类舆情主要涉及学术不端、科研造假和科研经费管理失范等。近几年，曝出高校、科研院所等学术机构的科研人员学术造假的事件屡见不鲜，其中不乏学术界的知名学者、领军人物。被曝学术造假者的头衔越大、知名度越高，舆情热度越高，传播影响越大，被炒作得越严重，造成的社会影响越坏。此类事件迅速发酵传播后，除了引发大家对舆情事件当事人学术水平的质疑外，还对其所在高校或研究机构的形象和科研管理水平造成负面影响。

（四）师生关系类

近年来，师生关系类尤其是高校师德负面舆情层出不穷，在教育舆情突发事件中占比较高。连续曝光的多起高校教师性骚扰学生事件，由于“高校教授”“女学生”“性骚扰”等关键敏感词较容易吸引网民眼球，网络传播热度较高，从而引发全民关注，网民甚至利用“网络人肉”曝光事件细节和更多敏感信息，推动舆情事件不断发酵，对高校教师师德师风建设造成持续困扰。此类舆情事件与学术造假类教育舆情的共同点是涉事教师名气越大、头衔越多，传播速度越快、范围越广，受媒体、网民、公众的关注度越高，影响也极其恶劣。以 2018 年为例，美国某华裔女学者在网上实名举报国内某知名高校博士生导师、长江学者陈某某，称其在读博期间被该导师性骚扰并提供了相关细节。事件一经曝光，迅速在网上传播并引发热议。对此，校方迅速回应舆情，通过官方微博发布调查结果，认定性侵属实，撤销该教师行政职务，取消其研究生导师资格及教师职务和教师资格。随后，教育部决定撤销陈某某“长江学者”称号。由于处置及时、措施到位，该舆情的热度很快下降。但此类事件不管最后处置如何，都对高校教师群体形象造成不可挽回的负面影响。

（五）招生考试类

教育招生考试涉及教育公平，关系千家万户考生和家庭的利益，招生考试政策调整及在考试前、考试中、考试后等关键时间节点所发生敏感事件都特别容易引发教育舆情。招生考试类事件甚至被记者们称为“新闻富矿”。每年在高考前后、研究生招生考试、小升初、中考等考试季，总有各种考试舆情发生。招生考试类的舆情事件类型多种多样，应该说，即便没有突发事件，也会引发全社会高度关注。每年一到中考、高考、研究生入学考、小升初及幼升小等招生考试季，就有媒体报道当年报考的考生数量、招生数量、录取率、考生的复习准备情况等。在这种情况下，任何与考试相关的突发事件都极易被放大传播和持续炒作。如考试组织方工作失误、考生准考证丢失、考生赴考路上遇到交通事故、考场上的违规作弊、考题的难度、考试期间的天气情况、公布分数及录取分数线后学生、家长等的反应等，都有可能造成舆情热议，稍微不慎，就会爆发教育舆情，应该加大专业力量重点做好舆情监测和预警。2020 年高考期间，媒体曝出了陈某某、王某某、苟某等高考冒名顶替事件，引发网友对高考招生腐败的质疑。考试期间，媒体又曝光了河南一考生在考场上撕毁他人答题卡的事件，引发舆情。安徽歙县因为高考第一天突降暴雨，城区被大水围困，大量考生无法按时到达考场，有关部门迅速采取了高考延期、启用备用考卷等措施，各大媒体对这一事件持续关注跟踪报道。在这一过程中，政府及时采取果断有效措施，既保证考生生命安全，又要护送考生安全准时到达考场顺利参加高考，取得舆论一致好评。高考结束后，考生向武警官兵鞠躬致谢等场面，各大媒体都进行了图文并茂的及时报道，网友也纷纷热议转发，并且为政府部门的系列决策和保障及学生的感恩行为点赞，一场考试突发事件因为政府部门的处置及时和媒体正面宣传而化“危”为“机”。

（六）教育政策类

教育政策关乎千家万户学生和家长的切身利益，因此，教育政策的出台极易引发社会高度关注和争议。在基础教育阶段，幼升小、小升初的教育政策导致“学区房”概念出现，一个小区对应一所学校，只要能买到名校对应的学区房，就可以入读名校，即便是过道房、地下室都会引起疯抢，“学区房”房价也成为社会关注焦点。北京市西城区曾曝出“70 年前老破小房子单价近 23 万元”“半地下室学区房卖出 1050 万天价”等新闻。“学区房”的舆情一直高烧不退，不断地被媒体热炒，跟教育政策的出台直接相关。

2020 年 4 月 30 日，北京市西城区出台新政，宣布实行“多校划片”入学和“六年一学位”。根据新规，自 2020 年 7 月 31 日后，西城区购房并取得房屋产权证书的家庭适龄子女申请入小学时，不再对应登记入学划片学校，全部以多校划片方式在学区或相邻学区内入学。而自 2020 年起，西城区将对适龄儿童入学登记地址及就读学校实施记录，自该房产地址用于登记入学之年起，原则上六年内只提供一个登记入学学位（符合国家生育政策的除外）。据新浪舆情通平台统计，2020 年 4 月 30 日至 5 月 7 日，相关政策信息量达 4.1 万条。从信息走势图上看，在北京市西城区发布义务教育阶段入学新政当天即引发了部分网民的关注，当日信息量在 3000 条以上。随后在 5 月 5 日，一则“北京城六区通过明确‘六年一学位'，实施'多校划片'等措施，给学区房降温"的消息再次将事件关注度提升，微博话题"北京多项措施降温学区房"的阅读量超过 1500 万人次。而相关信息在 5 月 6 日达到统计时段内最高峰，当日产生 1.3 万条，"北京家长拼抢学区房""北京上千万元学区房每天成交 10 套"等话题使相关信息量升至顶峰。[①] 涉及学生家长重大切身利益的教育政策往往会引发舆论热议，甚至直接爆发教育舆情事件。2016 年，江苏、湖北发生高考减招事件，事件急速蔓延，全国 14 个省市都不同程度地发生了高考减招舆情，个别省份甚至发生了线上线下联动的群体性事件。

二、教育突发事件舆情的引爆点

教育领域突发事件发生后，开始只有现场的及参与处理事件的人掌握信息。如果事件没有发生重大人员伤亡和财产损失且处理及时、措施得力，就能很好地维护师生员工的利益。在这种情况下，即便网络上有相关事件信息传播，也并不会引发师生和网民的过多关注，不满情绪发泄及过多的负面评论也不会在师生中大范围传播。事件相关新闻及评论等很快被网络中的海量信息淹没，突发事件迅速平息，不会引起社会和媒体的广泛关注。一般而言，较为容易引发教育舆情突发事件一般具备以下几个特点：

（一）突发事件本身影响重大

一些重大伤亡事件、食物中毒等教育突发事件会大概率引发教育舆情危机，此类案例不胜枚举。2011 年 11 月 16 日，甘肃庆阳市某幼儿园一严重超载的校车与一辆大货车迎面相撞，造成 21 人死亡（其中幼儿 19 人）、43 人受伤的重大伤亡事件，引发社会各界对事件的高度关注，以及对校车安全问题的热烈讨论。这一事件引发舆情的传播力和影响力远远超越我们的想象。2014 年 9 月 26 日，云南昆明市某小学发生一起踩踏

---

① 新浪舆情通：《北京教改新政发布，"学区房"能否降温引争议》，2020-05-08，https://baijiahao.baidu.com/s?id=1666102779316937947&wfr=spider&for=pc，2021-02-24。

事故，造成学生6人死亡、26人受伤，其中2人重伤。经查明，导致事故的原因是由于学生在下楼过程中，由于靠墙的其中一块海绵垫平倒于一楼过道，造成通道不畅，先期下楼的学生在通过海绵垫时发生跌倒，后续下楼的大量学生情况不明，继续向前拥挤造成相互叠加挤压，导致学生严重伤亡。2014年9月27日，有关政府对外通报，该小学踩踏事件原因初步查明，五名官员停职检查，两名官员被免职。① 虽然有关部门对事件处置及时、措施到位，但是，由于所涉事件关系到未成年人健康与安全，社会舆论反应非常强烈。

（二）与师生利益息息相关

一些新的教育政策，如新的考试招生政策的出台、重大教学改革、师生在校吃住行等生活服务方面的政策调整、学校建设与改革发展等会首先引起师生及家长的高度关注和讨论。如果是校内政策，则会迅速在校内传播，这些涉及利益调整的政策安排非常容易引起公众和媒体广泛而持续的关注并具有强大的传播力，极易引起负面舆情事件。其中，招生考试是引发负面舆情的重灾区。原因毋庸置疑，招生考试政策与千家万户的考生利益息息相关，涉及千万个家庭的重大利益。2016年4月，教育部、国家发展改革委印发《关于做好2016年普通高等教育招生计划编制和管理工作的通知》，要求高等教育资源丰富、2016年升学压力较小的上海、江苏、浙江、福建等12个省（市），将向中西部10个省区调剂共16万生源计划。其中，湖北调出最多，达4万，江苏其次，达3.8万。② 此招生计划一出台，立即在湖北、江苏等地考生及家长中间引起轩然大波。事件迅速发酵，大量考生家长到当地有关政府部门表达诉求，有的地方发生了考生家长线上线下联动的群体性事件，质疑自身利益受

---

① 百度百科：《9·26昆明市盘龙区明通小学踩踏事件》，2014-09-26，https://baike.baidu.com/item/9·26昆明市盘龙区明通小学踩踏事件，2021-03-10。

② 搜狐新闻：《湖北江苏教育厅昨晚回应高考减招 家长仍集体陈情》，2016-05-14，https://www.sohu.com/a/75367569_189441，2021-03-10。

到严重损害。多省教育厅明确表态，称录取比例不会降低。江苏省教育厅明确表态，不存在“减招”问题。湖北省教育厅表示，招生做到四个“不低于”。即便如此，风波也并没有马上停息，大量考生家长仍然继续通过网络表达意见。

有关教育政策类舆情风波给我们的启示：一是政策出台之前要做充分调研，广泛征求各方意见，按照规范程序制定发布。二是政策文本出台之前一定要做好文字把关工作，确保政策文本简洁、清晰、易理解，尤其要避免产生歧义。三是要做好舆情风险研判。政策出台前要重点根据政策文件中所涉及的重大利益调整、敏感问题等事先对可能出现的舆情风险做好研判并提前准备好预案。四是政策出台时一定要有配套的政策权威解释，要与媒体合作，做好政策的宣传和解释工作，可以以召开新闻发布会、接受记者采访、在官方微博开辟专栏回答群众提问等方式开展。五是政策出台之后要随时监测舆情，及时发现舆情苗头，遇有风吹草动要及时处置。

（三）事件涉及敏感话题

事实上，相比其他突发事件，教育领域的突发事件本身就是敏感话题。如果教育领域的突发事件又包含了其他的敏感元素或热点话题，如“官二代”“富二代”、高校腐败、学术造假、师德师风、环境污染、校园安全、教育公平、性骚扰等敏感关键词，就更容易成为媒体捕捉的对象和记者高度关注的新闻点。因为对这类事件的报道相对容易提高新闻的关注度，扩大新闻的影响，制造新闻的轰动效应。2014 年 11 月，一则“某大学招生就业处处长蔡某某因招生腐败被查”的微博在网上流传。微博称，某大学招生就业处处长蔡某某持假护照，欲赴加拿大被截，其因招生问题涉案数亿元。微博中还爆料，学校前相关领导也被牵涉案中。此微博被大量转发，引起舆论普遍关注。但随后，该条微博被删除。在各大媒体的热切关注之下，也引起了公众对自主招生腐败的质疑之声，如何把高校自主招生的权力关进牢笼，使其向良性方向发展，避免招生腐败，成为社会高度关注的话题。这起招生腐败案涉及教育公平、官员腐败、招生黑幕等敏感话题，比起其他的同级别官员腐败案件，有更强的传播力和影响力，一时间引发了各界对教育腐败、高考自主招生、社会公平等问题的热炒，给涉案官员所在的大学及整个教育界的形象都带来了非常不利的影响。

（四）学校处置不当

有些突发事件是自然灾害，如地震、水灾、泥石流等，这些突发事件的发生是天灾，政府及学校管理者没有管理责任。还有一些教育突发事件的发生并不在学校的管理范围内，如 2014 年 12 月 31 日，在跨年夜里，大量市民涌入上海外滩庆祝新年的到来，人群过于拥挤而发生踩踏事故，事发地不在学校，不过事件中的伤亡人员中有不少在校大学生，这类事件学校没有管理责任或管理责任较小。这些自然灾害类的突发事件，以及不在学校管理范围内的突发事件，事件的起因学校没有什么责任，容易发生负面舆情的关键点在于校方的处置是否科学合理。如自然灾害突发事件中灾情上报延迟、现场抢救不及时、刻意隐瞒事实真相等都足以引发负面舆情，甚至一些微小的疏忽大意都可能引爆舆情。2015 年 1 月 2 日，在上海外滩踩踏事故发生两天以后，某大学某学院在官网发布题为“上海节日踩踏惨剧不幸证明我院对节日管理无比正确”的文章。该学院曾在 2014 年 12 月 24 日晚组织学生看中华传统文化宣传片，禁止学生外出过平安夜。文章一出，引发众多网友质疑，立即将该学院推向舆论的风口浪尖。网友观点呈现两极分化，支持者认为，该学院的管理非常正确，这才是负责的学校。也有反对者认为，该校发布此文是在用别人的不幸炫耀自己的英明，显得幸灾乐祸。这所学院的发帖引发许多网友的不满与质疑，越来越多的网友在网上发帖、跟帖、转发，发表分析、评论及发泄负面情绪，事件迅速扩散、持续发酵，迅速形成负面舆情。显然，学院这一微博发文考虑不周，对后果没有准确清晰预判。这一事件提醒我们，学校在任何公众媒体发出的声音都要经过深思熟虑，尤其要做舆情研判。

三、教育突发事件舆情传播的社会影响

随着互联网技术的不断发展和完善，网络社会的存在已经不再局限于技术范畴，其带来的政治、经济、社会、文化范畴的意义已经成为理解现代社会特征的重要价值指向。教育舆情也已经成为政治、经济、社会、文化等各类影响因素互动和交锋的重要后果。尤其是教育突发事件网络舆情传播对社会稳定的影响不容小觑。对社会稳定和教育政策有序运行而言，教育突发事件舆情是一把“双刃剑”。一方面，教育舆情发挥的正面积极效应可以有效促进教育政策实施，维护社会稳定；另一方面，教育舆情传播带来的负面消极效应也对教育政策、公序良俗和社会稳定的维护形成巨大的挑战。

（一）教育舆情传播带来的积极影响

在新媒体语境下，由于新媒体传播的巨大优势，人们发表意见和表达诉求的成本更低、方式更快捷、表达意愿也更为强烈，推动了人际传播和大众传播的相互联结与转换，这从根本上改变了教育舆情的形成和传播机制。这种新的教育舆情传播机制和格局对维护意识形态安全有着积极的作用。

第一，通过对教育系统正面典型的热点教育舆情呈现和传播，有利于积累社会正能量，提升公众对主流意识形态的情感认同。

第二，通过强化议程设置，利用新媒体传播优势及时引导社会舆论走向，树立教育正面形象，有助于大力弘扬社会主义核心价值观。

第三，教育具有公共事业属性，教育舆情在推动教育议程、解释教育政策、聚焦教育难点问题、凝聚社会广泛共识等方面发挥着积极的政治动员作用，在客观上促进了公众对主流意识形态的制度性认同。

第四，通过教育舆情的有效治理，可以充分吸纳社会民意，及时回应社会关切，推进教育热点难点问题的科学处置和教育舆论的正确引导，有助于提升教育决策科学化水平，增进主流意识形态的凝聚力。①

第五，教育突发事件舆情传播可有效推动完善相关政策法规。教育突发事件的发生、媒体对突发事件的追踪报道、对事件细节的放大，以及社会公众对突发事件的分析与反思、网民的呼声等，这些由突发事件的传播而产生的强大的舆论声势使政府管理部门不得不反思政策制定和实施的薄弱环节并积极采取改革措施，出台更加强有力的政策文件，以从源头上防止或遏制类似事件的再次发生。如 2014 年 9 月教育部出台的《关于建立健全高校师德建设长效机制的意见》之后，2018 年又连续曝出多起高校教师性侵女学生事件，将社会对师德师风问题的讨论、高校师生交往的界限等问题再次推向新的高度。2019 年 11 月，教育部等七部委印发《关于加强和改进新时代师德师风建设的意见》的通知，政府部门对加强师德师风建设的重视程度达到前所未有的高度。

（二）教育舆情传播带来的消极影响

在网络时代，传统的新闻舆论场正在发生着一场历史性变革，网络信息的生产和传播方式对传统媒体信息传播模式产生了极大的冲击。越来越多的网民通过移动互联网和自媒体了解教育热点新闻，网络自媒体在对教育热点事件的报道和信息传播过程中甚至在某种程度上起到了议程设置的主导者作用。随着社会结构和利益格局的不断变化，人们对教育、医疗、住房等民生诉求越来越强烈，人们的价值观念也呈现多元化特征，教育突发事件网络舆情的传播尤其是负面教育舆情的传播、不同社会思潮的冲击使主流意识形态的吸引力和价值凝聚力有不断弱化的风险，并且对国家意识形态安全造成了新的挑战。同时，负面教育舆情传

---

① 舒刚：《新媒体语境下教育舆情治理与意识形态安全》，载《中国高等教育》，2019（2），44—46 页。

播直接影响着我国教育领域的社会舆论走向，对教师群体、学校的整体形象，甚至教育政策的实施推进都可能造成消极的负面影响。

第一，教育舆情泛政治化倾向对主流意识形态的凝聚力造成一定程度消解。在“围观也是一种力量”的网络传播实践中，网民对教育舆情的泛政治化解读成为推动舆情扩散的催化剂，将舆情热点归因于教育体制问题而过度解读或随意贴上政治意识形态标签，从而导致局部问题全局化、一般问题政治化趋向，舆论扩散的广度、强度成倍增加。

第二，教育舆情价值多元化倾向对主流意识形态的话语权整合提出更高要求。教育舆情所涉议题丰富，既涵盖教育体制机制改革、加快教育现代化等宏观问题，也涉及学校治理、师生权益保护、教学管理等微观问题，不同群体思想观念和教育利益诉求相互交织，教育舆情不断呈现价值多元化倾向。这给教育系统的新闻舆论工作带来新挑战，对主流意识形态话语权整合提出了新要求。[①]

第三，群体性突发教育舆情事件也容易引发示范效应。有研究发现，在高校的校园论坛上转载外网舆情信息是一种普遍现象，面对一些社会热点信息，大学生跟帖踊跃，一天的跟帖数可以达到数万条。[②] 高校群体性事件发生后，一些事件发展相关信息在大学生中间的传播，不仅会对事件的发展趋势产生巨大的影响，大大增加控制事态发展的难度，而且极易引发示范效应，造成系列同类群体事件的发生。如在2008年的抵制家乐福事件、2010年的钓鱼岛事件等群体事件中，青年学生都是类似群体事件的主要参与者。

第四，教育突发事件舆情可能引发次生舆情事件。一些教育突发事件发生的背后，校方往往或多或少负有一些管理的责任。突发事件的发

---

① 舒刚：《新媒体语境下教育舆情治理与意识形态安全》，载《中国高等教育》，2019（2），44—46页。

② 邓燕：《论网络舆情对高校群体性事件的影响》，载《重庆邮电大学学报：社会科学版》，2009，21（3），123—126页、141页。

生如同一个导火索，会引燃师生对学校相关管理方面存在的问题和漏洞的不满情绪，一旦师生认为校方处理突发事件的态度不积极主动、措施不得力、方式不合理，网络舆情的传播就会使不满情绪迅速蔓延，从而可能导致次生群体性突发事件。

第三节　教育突发事件舆情引导

移动互联网技术的日益发展，使网络空间成为意识形态竞争的主战场，由教育突发事件网络舆情激发的非正式动员和“集体行动”对社会稳定形成了一定的挑战。面对教育领域意识形态斗争的复杂状况，必须深刻认识新时代意识形态工作面临的新挑战，牢牢把握信息化条件下教育舆情治理工作主导权，通过推动教育舆情治理转型，不断提升社会主义主流意识形态的网络引领力、感召力和凝聚力，从而有力地维护我国意识形态安全，巩固教育综合改革发展良好生态。

第一，把马克思主义新闻观贯穿于教育舆情治理实践，不断增强社会主义意识形态的思想引领力。教育舆情是反映教育系统意识形态工作的“风向标”，不断提升主流意识形态在网络空间的思想引领力，是强化党对意识形态工作领导的内在要求。在新媒体环境下，信息传播渠道多元，各种意识形态通过网络社群交互传播，不同社会思潮、价值观念之间的冲突呈现多发性、隐蔽性和渗透性特点，竞争也愈趋激烈。因此，要结合新形势下教育舆情传播的复杂性和舆情引导的艰巨性，把马克思主义新闻观贯穿于互联网教育舆情治理实践，坚持以人民为中心，紧密围绕新媒体时代教育舆情治理工作的职责和使命，净化教育领域舆论传播氛围。同时，要积极加强党的舆论引导能力，及时发出权威声音，提高引导力，旗帜鲜明反对和抵制各种错误观点，发挥网络对立德树人的正向作用，引导师生正确认识世界和中国发展大势，不断强化党对教育舆情治理的领导力。

第二，遵循科学的教育舆情治理理念，大力提升社会主义意识形态的精神感召力。近年来，教育领域热点问题一直备受社会各界关注，教育舆情事件频发不断。事实上，教育舆情并无对错之分，其大规模爆发和传播反映了人们对各级各类教育的需求与优质教育资源稀缺之间的矛盾。教育舆情治理良好效果的取得，必须遵循科学的治理理念，着力强化网络空间治理的法治思维。要始终将法治思维作为教育舆情治理的根本遵循，力戒维稳思维和运动式治理，全面提升教育舆情治理的法治化、科学化水平，及时回应解决群众的现实诉求，不断增强主流意识形态的说服力和感召力。

第三，完善教育舆情的合作治理结构，着力强化教育舆论引导力。教育是国之大计，也是重要民生，在经济社会发展中起着基础性、先导性作用。在教育突发事件舆情治理实践中，必须不断完善治理结构，构建政府部门、社会组织、志愿组织、网民四位一体的治理格局，权威专家、志愿组织、“网络意见领袖”等都在网络谣言净化、消减群体非理性情绪等方面发挥了不可或缺的作用。除重视政府部门治理主体的重要作用外，要培育和遵循互联网思维，着力注重发挥社会力量的治理优势。同时，要不断强化以人为本的价值关怀，着力解决一批教育改革发展中的重大问题和群众反映突出的热点难点问题，不断提升教育领域的舆论引导力和话语权。

第四，推进主流媒体的网络话语体系创新。话语是一种潜在的规范和制约机制，它承载了强烈的意识形态符号，对话语的关注，归根结底是对话语权的关注，也就是对“话语”的传播力、控制力和影响力的关注。在移动互联网时代，微博、微信朋友圈、论坛、短视频等网络空间造就了多种表现形态的自媒体传播平台。在新的传播平台上，各种相互隔离的话语渠道被逐渐打通，话语权不再是被政府和传统主流媒体所垄断的稀缺资源，也没有任何一种政治力量能够垄断话语传播资源。随着传统话语体系面临来自民间网络话语体系前所未有的冲击和消解，主流媒体的话语体系必须不断创新。这就需要采取社会大众喜闻乐见愿意接受的传播形式，逐渐摒弃那种居高临下的说教风格，只有这样才能不断增强主流媒体在教育舆情引导中的说服力和感染力。一种可行的尝试是在内容传播和话语表达体系中适当地嵌入社交动力，促进时政、教育政策解读、教育体制改革等严肃内容以新面貌示人，通过唤起网民对正能量教育信息、教育舆论的积极关注和参与，不断营造教育领域的正面舆论氛围，从而增进社会公众对教育综合改革发展的共识。

第五，培育大数据思维，积极推进教育舆情治理能力现代化。在新媒体时代，要将大数据思维嵌入教育舆情治理之中，加强以教育大数据支撑的教育信息化建设，这不仅是信息时代社会发展的要求，也是维护意识形态安全的战略需要。面对新媒体时代教育舆情传播格局带来的风险和挑战，除了从教育舆情治理的思维变革、结构完善、话语创新等诸方面加以改进外，还必须积极培育大数据思维，利用大数据技术平台推动教育舆情治理能力提升。首先，积极培养大数据技术人才，充分利用大数据工具及时抓取舆情信息，不断强化舆情信息挖掘、解读和分析研判能力，为教育舆情引导工作由监测向预测转型提供技术保障。其次，通过舆情数据整合加工，准确认知网络舆论场中的情绪指数，及时提供预警和引导方案，从而强化“议程设置”的引导功能。最后，在畅通大数据舆情监测的同时，要顺应教育舆情传播规律，主动将舆情应对纳入政策议程，在合适的时机形成可操作性的政策回应，不断构建教育舆情长效化治理机制，为努力推进教育现代化、办好人民满意的教育营造良好的舆论氛围。[①]

第六，掌握教育舆情引导黄金法则，及时主动回应社会关切。在新媒体时代，无论是社会突发事件还是教育突发事件，一旦发生，抱着“家丑不可外扬”的思想，希望封锁舆情事件关键信息、进行内部处理、关起门来解决问题等几乎是不可能的。舆情事件很快会被网民通过网络排外大规模传播，事件传播得越广泛，公众的关注度就越高，事件利益相关方和广大网民对了解事实真相、事件的发展过程和希望妥善处理突发事件的诉求就越强烈。有关政府管理部门和领导对舆情事件的态度、反应、一言一行都会受到公众的注意、监督及批评、质疑和评论。这给政府及相关部门处置事件带来了压力，提出了更高的要求。一方面，政府相关部门必须在突发事件发生的第一时间掌握事件的真实情况，对事件可能发展的态势、影响做出判断，采取有效措施处理事件并对未来可能发生的事件做好预案；另一方面，要充分把握网络时代新媒体传播的规律和特点，及时跟踪舆情传播，掌握舆情走向，了解公众诉求，充分利用各种媒介，及时、主动、准确、全面、滚动式地公开信息，满足社会公众的知情权，安抚公众情绪，消除谣言滋生的土壤，以免在突发事件发生后错失占据舆论主导的机会，造成难以挽回的局面。因此，教育突发事件发生时，认真负责的调查、及时主动的公开，是对突发事件最好的应对。

---

① 舒刚：《新媒体语境下教育舆情治理与意识形态安全》，载《中国高等教育》，2019（2），44—46页。

第三章　新闻发言人制度与教育信息公开

中国特色社会主义制度下的新闻发言人制度建立在我国改革开放不断发展的基础上，是改革开放以来，中国在全球化背景下走向世界、接轨世界的重要窗口。回溯我国新闻发言人制度，其在完善的过程之中，逐步与我国社会主义现代化建设相适应。在新闻网络媒介日益重要的今天，新闻发言人制度为我国建立公平合理的世界政治经济秩序，为争取适宜的国际发展空间，为中国特色社会主义现代化建设发挥重要作用。尤其是民众广泛关注的教育突发事件，在应对时，尤其需要借鉴新闻发言人制度，做到信息公开和舆论引导，从而有效处置突发事件。时下，及时准确地向公众公开事件信息，既是国家有关法律法规的要求，也是政府及相关部门负责任的重要表现，对公众了解事件真相、避免误信谣传、安抚公众情绪、稳定人心都具有重要意义。公众和媒体不仅会关注教育突发事件本身，更会持续关注事件的处置及信息的披露。

第一节　我国的新闻发言人制度

中国特色社会主义现代化发展涵括了经济、政治、文化、社会、生态文明等方面在内的全面发展过程，其中的任何一个方面都不可或缺，也代表不了中国现代化的整体。随着现代化日益趋于纵深发展，民主政治成为社会发展的一项既基本又重要的内容。在推进国家治理体系和治理能力现代化的进程之中，政府需要采取必要的改革措施，扩大人民的政治参与度，提升人民的创造性，激发广大人民群众的积极性和创造性，从而满足人的全面发展。在民主政治推进过程之中，首先需要满足的就是人民的知情权，促进社会协调有序发展，提升社会运行效率。

与欧洲发达国家及美国、日本等国家相比，我国的新闻发言人制度的建立健全要晚得多，但新时代以来得到了迅速发展。随着国民素质的提升和网络社会的发展，广大人民群众接收的讯息相对过往提速增效，人民群众日益关注法律法规赋予的公民知情权，新闻舆论需要积极正确引导，以树立中国共产党和各级政府机关的良好形象，改变过往我国国际舆论的被动与无奈局面。近年来，我国从上到下的各级政府机关机构高度重视新闻发布工作完善。进入新时代，随着经济、政治、社会、文化、生态文明建设的发展，我国的新闻发言人制度进入了全面改进和稳步提高的新阶段，向海内外展现了我国的良好形象，为国内各级、国外各国媒体提供了权威性、可信度的咨询。

回溯历史，我国早在新中国成立前、抗日战争和解放战争期间，中国共产党在取得全国性胜利之前，就已有了尝试新闻发布的经历。但新中国成立之初，由于国内国际形势过于复杂混乱，新闻发言人制度的发展受到很大的阻力，发展过程时断时续，因而很难形成一种定期、规范、有效的常规机制。改革开放以来，随着思想的解放、咨询的发展，自20世纪80年代以来，我国新闻发言人制度日趋规范化、标准化、定期化，得以不断完善。总结我国新闻发言人制度的发展历程，简要可以分为五个阶段：

一、起步阶段

新闻发布制度是在世界近代化过程中出现的，我国的新闻发言人制度同欧美国家一样，亦受到战争的影响。早在新中国成立之前、抗日战争后期和解放战争时期，我国就曾出现了新闻发言人，中国共产党正是在此时期开始了新闻发言人的实践。①

抗战时期，由于记者到抗日根据地采访受到严重限制，中国共产党举行新闻发布会的主要机构是驻重庆办事处，举办规模相对较小，举办次数也相对较少。但是，中国共产党对新闻发布会的宣传作用相当重视，一直密切关注国民党政府的新闻发布会，并且对其破坏团结、不利抗战的言论做出了针锋相对的斗争。1943 年 7 月 11 日，毛泽东为新华社撰写电讯，揭露国民党新闻检查机关无理扣留中共中央“七七宣言”②；1945 年 3 月 8 日，毛泽东还为新华社撰写评论《新华社记者评王世杰谈话》，揭露了国民党中宣部在外国新闻发布会上发布不利于抗战、不利于团结、不利于进步的言论。

抗战胜利后，在国共两党和谈期间，中共代表周恩来多次举行记者招待会，宣布中共对国内局势的主张，揭露国民党假和谈、真内战的阴谋，争取舆论支持。1945 年 12 月 18 日，周恩来在重庆举行第一次记者招待会，声明解决关系中华民族前途的诸多问题，首先要解决的是停止内战问题。1946 年 7 月，著名爱国人士李公朴和闻一多相继被国民党特务暗杀，周恩来立即在南京召开记者招待会，发表书面声明指出中国最严重最紧迫的两个问题：一是内战，二是暗杀。1946 年，毛泽东到重庆谈判时曾两次接受记者采访，就时局问题答记者问。此后，中国共产党经常以新闻发言人的身份利用报纸和通讯社发表时评。1946 年 11 月 16 日，周恩来在南京举行记者招待会，揭露国民党撕毁政协决议，单方面召开“国民大会”，关闭和谈之门，宣布中共代表团即将撤回延安。1948 年 1 月 1 日，中国国民党革命委员会宣告同国民党反动派决裂，中共新

---

① 蒋晓丽：《党委新闻发言人理论与实务》，19 页，成都，四川人民出版社，2010。

② 毛泽东：《中共“七七”宣言在重庆被扣》，摘自《毛泽东新闻工作文选》，230 页，北京，新华出版社，1983。

闻发言人在报纸上发表评论，给予高度评价。1949 年 1 月 21 日，中共发言人发表评南京行政院关于要求虚假停战的决议，25 日中共发言人就和谈问题发表谈话，28 日又发表了敦促国民党反动政府逮捕日本侵华军总司令冈村宁次的谈话。1949 年 4 月 30 日，中国人民解放军总部新闻发言人声明，抗议英国军舰在长江肆意炮击我军的暴行。在解放战争年代，中国共产党利用新闻发布会对时局发表谈话，维护了中国人民的利益，表达了我党我军的严正立场。① 在此时期，我党的新闻发言人实践为中国革命取得最终胜利起到了十分重要的宣传作用。

二、停滞阶段

新中国成立后，在 20 世纪 50 年代到 20 世纪 80 年代较长的一段历史时期内，我国很少再采用新闻发言人这种形式发布新闻。由于帝国主义的封锁，国内的外国记者数量甚少，加上党报体制的单一化，期间只举行过少数几次记者招待会，较有影响的有 1954 年日内瓦会议期间，中国代表团曾举行新闻发布会接待国外记者；1965 年 9 月 29 日，外交部部长陈毅在人民大会堂举行过一次记者招待会，谴责美、苏超级大国对我国实行军事包围的霸权主义政策，300 多名中外记者进行了采访。在“文化大革命”期间，我国的政治和经济生活陷入了非正常状态，没有再举行过新闻发布会。直到十一届三中全会后，新闻发布工作才逐渐被提上政府的工作日程。虽然这一时期我国曾就重大事件举行过几次记者招待会，但严格地说，新闻发言人的发展基本处于停滞状态。

三、确立阶段

20 世纪 80 年代以后，随着我国改革开放的深入、政治民主化的加强，新闻发言人制度得以逐步确立。1980 年 9 月 29 日，就五届人大常委会第 16 次会议决定成立特别检查团审判林彪、江青反革命集团主犯的问题举行了中外新闻发布会，介绍决定内容并回答记者提问，轰动一时。

---

① 蒋晓丽：《党委新闻发言人理论与实务》，20 页，成都，四川人民出版社，2010。

同年，我国政府召开了又一次影响较大的中外新闻发布会，就1979年11月25日“渤海二号”石油钻井船翻沉事故向国内外公众公布事故调查情况和处理结果。这是我国政府首次对突发事件进行新闻发布。以上两次新闻发布会的举行，成为改革开放后我国新闻发布制度的工作起点。

1982年3月26日，时任外交部新闻司司长的钱其琛就中苏关系发布消息，这是新中国成立以来外交部首次以新闻发言人形式举行的新闻发布会。① 由于当时没有专门进行新闻发布的场地，受邀的七八十位记者就站在外交部主楼的门厅处，围绕在钱其琛周围。从此，外交部的新闻发布会形成惯例，每周举行，并且有了专门的新闻发布厅。1983年3月1日，外交部第一任新闻发言人、外交部新闻司司长齐怀远亮相中外记者招待会。此后，外交部经常通过新闻发布会介绍我国对国际问题的立场，宣布重要外事活动，发布新闻背景资料并回答记者问题。②

1983年4月23日，中国记协向中外记者介绍国务院各部委和人民团体的新闻发言人，正式宣布我国建立新闻发言人制度。③ 这是在当时改革开放的形势下，为了满足对外宣传的需要而建立起来的。1983年下半年，国家统计局外经贸部、国台办等部门的新闻发言人逐渐走到台前。此后的20年，我国新闻发言人制度在对外宣传上为向世人展示中国的良好形象、让世界充分了解中国做出了突出贡献。此间，新闻发言人制度的大致发展脉络：1983年6月，“两会”新闻发言人制度建立。1987年，中宣部、中央对外宣传小组等部门联合发出《改进新闻报道若干问题的意见》，就国务院新闻发言人制度做出规范。1988年，中共中央办公厅转发《新闻改革座谈会纪要》，对我国新闻发布工作的制度化和健全新闻发言人制度等问题提出了若干积极建议。从1995年6月起，外交部记者

---

① 蒋晓丽：《党委新闻发言人理论与实务》，21页，成都，四川人民出版社，2010。

② 刘建明：《新闻发布概论》，8页，北京，清华大学出版社，2006。

③ 中国社会科学院新闻研究所：《中国新闻年鉴1984》，482页，北京，光明日报出版社，1984。

招待会由每周一次增加到每周两次，定期于每周二、四举行。1999 年 2 月 9 日，最高人民法院院长肖扬表示，各级法院要逐步建立新闻发言人制度，定期向社会公布法院审判活动情况，自觉接受新闻舆论的监督。[①] 2000 年 9 月 5 日，国务院台湾事务办公室举行首次新闻发布会，正式建立涉台事务新闻发布制度。

四、发展阶段

最初建立新闻发言人制度的主要目的是为了加强同外国驻京记者或临时来访记者的联系，主动阐明我国的立场、方针和政策，以对外宣传为主。在刚刚开始的实践中，我国的新闻发言人制度基本局限在中央一级人民政府。直到 2003 年“非典”事件爆发，使我国政府机构充分认识到“新闻发布对于稳定社会的意义，更加注重完善新闻发言人制度，使新闻发布会逐渐成为权威信息的来源、公众关注的热点和媒体报道的焦点”[②]。自此，各级地方政府纷纷推出新闻发言人，我国的新闻发言人制度开始了迅速发展，“非典”事件成为我国新闻发言人制度走向信息公开透明的重要里程碑。

2002 年 12 月 22 日，广东地区发现第一例“非典”病人。2003 年 2 月，在广州市的新闻发布会上，官方确认广东有 SARS 病例 305 起，认为疫情已经得到有效控制。直到 4 月 3 日，在国务院新闻办召开的新闻发布会上，原卫生部部长张文康还声称“在我国工作、生活、旅游都是安全的”。4 月 12 日，北京市原市长孟学农宣称病情已得到有效控制，完全没有担心的必要。4 月 20 日，两人因失职被撤职。直到此时，SARS 信息才被完全公开，每天举行“非典”新闻发布会，由政府高官担任新闻发言人通报疫情，我国媒体开始全面报道，有效地减少了不必要的恐慌。此次事件被称为“突发性公共卫生事件”，抗击“非典”胜利的重要

① 蒋晓丽：《党委新闻发言人理论与实务》，22 页，成都，四川人民出版社，2010。

② 丁海宴，赵鸿燕：《新闻发言人与媒体》，17 页，北京，中国传媒大学出版社，2009。

原因之一正是及时召开新闻发布会，通过媒体与民众进行广泛的社会沟通，增强民众抗击“非典”的信心，树立了我国政府的公信力，为政府工作赢得了更多理解和支持。

2003 年 7 月 22 日，我国司法系统中的重要部门——最高人民检察院正式启动新闻发言人制度，召开首次新闻发布会，标志着我国司法体制也积极参与到媒体、受众的信息互动中来。①

继 2003 年抗击“非典”之后，在短短不到一年的时间里，北京、上海、广州、四川、重庆、深圳等地纷纷出台信息公开条例，对新闻发言人的职责定位做出了相应规定，受到媒体和公众的广泛关注。2004 年 12 月 28 日，国务院新闻办公室主任赵启正对中外媒体表示，在 31 个省、自治区、直辖市中，23 个已经建立了新闻发布会制度，20 个设立了省级政府新闻发言人。2004 年，国务院新闻办举行了 60 场新闻发布会，2005 年增加到 68 场，并且都是现场直播。据不完全统计，截至 2005 年底，国务院各部门和省级人民政府共举办新闻发布会 1020 场。

党中央各部门也设立了新闻发言人，中组部副部长于 2005 年 7 月第一次走进国务院新闻办组织的新闻发布会进行新闻发布活动。由于中国共产党的特殊执政地位，自新中国成立以来，政府新闻发言人在很大程度上代行了中国共产党新闻发言人的职能，所以广义的政府信息公开必然包括我党的党务信息公开。党务信息公开和各级政府新闻发布制度的建立是经济全球化和我国社会发展的需要，我国的新闻发言人制度正在向着专业化、规范化、准则化、体系化发展。

五、成熟阶段

近年来，随着我国政治民主化进程的加快，以及公众知情权、表达权、监督权、参与意识的增强，我国的新闻发言人制度逐步趋于完善，

---

① 蒋晓丽：《党委新闻发言人理论与实务》，23 页，成都，四川人民出版社，2010。

建立健全了三个层次[①]的新闻发布体系，进入了一个全新阶段。

2008 年 5 月 12 日汶川特大地震灾害的新闻发布活动，标志着我国新闻发言人制度进入成熟发展的轨道。在本次抗震救灾中，四川不仅成为抗震救灾的火热战场，还成为党和政府舆论引导、危机信息传播的重要阵地。中共四川省委和省政府组织了一系列新闻发布活动，为及时高效传播灾区信息、有序引导救灾行动、遏制谣言流传、稳定团结人心起到了关键性作用，为地方党委政府有针对性地规模化、系列化和定制化完成信息发布做出了良好的示范。[②]

在 5 月 13 日 14 点四川省政府组织的第一次新闻发布会上，中共四川省委宣传部常务副部长侯雄飞便宣布将于每天下午 5 时定期组织汶川特大地震灾害新闻发布会。截至 6 月 27 日，此类新闻发布会共进行了 32 次，具有参与单位众多、新闻发言人身份权威、信息容量大等特点，在一个小时左右的时间内高效地发布和回答了大量相关信息和问题。“首先，对于外界普遍关心的地震受损情况和伤亡人数，做到了主动提供不回避，在每天的新闻发布会伊始积极地向新闻媒体公布最新各项数据；其次，对记者所提问题绝大多数都能够直面回答，如尸体处理、水污染、水库安全等敏感问题，新闻发言人和相关领域负责人都给予了相应的解释和阐述；再次，能够根据救灾需要和民众关心的话题，主动地组织对口单位官员提供信息、接受提问，使新闻发布会带有主题性和针对性。”[③]此次抗震救灾新闻发布活动以公开迅速的姿态塑造了良好的政府形象，用合理的议程设置获取了舆论引导的主动权，激发了人民抗震救灾的热

---

① 我国新闻发布制度的三个层次指国务院新闻办、国务院各部门和省级政府的新闻发布和发言人制度。

② 张玉川，吴建：《汶川地震中四川省政府新闻发布分析——兼论我国新闻发言人制度步入第三个发展阶段》，载《西南民族大学学报》，2008，29（11），189—192 页。

③ 张玉川，吴建：《汶川地震中四川省政府新闻发布分析——兼论我国新闻发言人制度步入第三个发展阶段》，载《西南民族大学学报》，2008，29（11），189—192 页。

情，新闻发言人制度彰显了越来越重要的地位和作用。

2009 年 9 月 18 日，中国共产党十七届四中全会通过的《中共中央关于加强和改进新形势下党的建设若干重大问题的决定》（简称《决定》）中提出："推进党务公开，健全党内情况通报制度，及时公布党内信息，畅通党内信息上下互通渠道。建立党委新闻发言人制度，办好党报党刊和党建网站。"《决定》提出建立党委新闻发言人制度，具有重大历史意义，不但意味着我党执政理念的新突破，更标志着我国新闻发言人的制度创新和质的飞跃。① 我国新闻发言人已经具有了系统而完善的从党到政、从上至下的长效机制，成为中国民主政治建设的一个重要里程碑。

到 2010 年底，党中央 13 个部门、31 个省、自治区、直辖市及新疆生产建设兵团的党委发言人基本就位，并且开始了新闻发布活动。随后，大多数省会城市和计划单列市也设立了党委新闻发言人。2011 年 2 月，全国首次党委新闻发言人培训班在北京举办。至此，各级政府、各级党委及央企新闻发言人的岗位布局基本完成，新闻发言人制度体系已经成型。2010 年被称为中国的"微博元年"。从 2011 年起，在宣传管理部门的要求与敦促下，各级党政机关和领导干部纷纷开通微博，利用这一新媒体手段进行信息发布。

六、新时代阶段

党和国家领导人习近平总书记非常重视新闻舆论工作。2013 年 8 月 19 日至 20 日在北京召开全国宣传思想工作会议，中共中央总书记、国家主席、中央军委主席习近平出席会议并发表重要讲话。他强调，宣传思想工作一定要把围绕中心、服务大局作为基本职责，胸怀大局、把握大势、着眼大事，找准工作切入点和着力点，做到因势而谋、应势而动、顺势而为。牢牢把握正确舆论导向，把体现党的主张与反映人民心声统

---

① 蒋晓丽：《党委新闻发言人理论与实务》，25 页，成都，四川人民出版社，2010。

一起来，凝聚促进改革发展、维护社会稳定的正能量。[①] 2016 年 2 月 19 日，习近平在北京主持召开党的新闻舆论工作座谈会并发表重要讲话，讲话中强调，党的新闻舆论工作是党的一项重要工作，是治国理政、定国安邦的大事，要适应国内外形势发展，从党的工作全局出发把握定位，坚持党的领导，坚持正确政治方向，坚持以人民为中心的工作导向，尊重新闻传播规律，创新方法手段，切实提高党的新闻舆论传播力、引导力、影响力、公信力。[②] 同年 11 月 7 日，习近平会见中国记协第九届理事会全体代表和中国新闻奖、长江韬奋奖获奖者代表并发表重要讲话强调，做好党的新闻舆论工作，营造良好舆论环境，是治国理政、定国安邦的大事。党中央高度重视新闻舆论工作，对做好党的新闻舆论工作提出了明确要求："大家要抓好落实，把中央主要媒体和各级媒体越办越好，为党和人民做出更大贡献，做党和人民信赖的新闻工作者。"[③] 2018 年 9 月 26 日，习近平总书记致信祝贺中央电视台建台暨新中国电视事业诞生 60 周年时强调，希望中央广播电视总台和全国广大电视工作者深入学习贯彻新时代中国特色社会主义思想和党的十九大精神，增强"四个意识"，坚定"四个自信"，坚持党的领导，坚持以人民为中心，忠实履行职责使命，统筹广播与电视、内宣和外宣、传统媒体和新兴媒体，加强国际传播能力建设，锐意改革创新，壮大主流舆论，努力打造具有强大引领力、传播力、影响力的国际一流新型主流媒体，奋力开创工作新局面，为实现"两个一百年"奋斗目标、实现中华民族伟大复兴的中国梦做出新的更大贡献![④] 2020 年 10 月 30 日上午举行首场中共中央新闻

---

① 习近平:《胸怀大局把握大势着眼大事，努力把宣传思想工作做得更好》，《人民日报》，2013-08-21 (1)。

② 习近平:《坚持正确方向创新方法手段，提高新闻舆论传播力引导力》，《人民日报》，2016-02-20 (1)。

③ 习近平:《做党和人民信赖的新闻工作者》，《人民日报》，2016-11-08 (1)。

④ 习近平:《锐意改革创新，壮大主流舆论，努力打造具有强大引领力传播力影响力的国际一流新型主流媒体》，《人民日报》，2018-09-27 (1)。

发布会，介绍和解读中共十九届五中全会精神。中央宣传部副部长、国务院新闻办公室主任徐麟表示，建立中共中央新闻发布制度，是在中国特色社会主义进入新时代的历史条件下，适应形势发展和时代要求，坚持和加强党的全面领导、提高党的治国理政能力的重要制度安排和制度创新。

七、我国新闻发言人制度的作用

在新闻发布制度建设全面推进的几十年间，伴随着改革开放的进程，新闻发布在促进政务公开、优化国家治理方面发挥了重要作用，具体表现在以下几个方面：

第一，新闻发布制度的建立保障了公民的知情权，而知情权是公民实现参与权、表达权和监督权的重要前提；党和政府近年提出的“以公开为常态、不公开为例外”的要求，进一步拓展了公民知情权的制度空间。

第二，新闻发布制度为政府与公众的沟通及公众意见参与搭建了有效的平台。政府信息是公共信息的重要组成部分，政府权威信息发布为公众全面了解社会现实、准确判断问题及理性行动提供了条件，也使公众参与公共事务及社会治理成为可能。

第三，新闻发布制度可以确保政府机构在面对重大突发性事件时迅速应对，不失声、不缺位。这有助于公众及时了解事实真相，减少各种猜测、臆断及谣言和小道消息的传播，有利于安抚民心、稳定局势。

第四，新闻发布是舆论引导的一个重要手段。它既可以对应性地释疑解惑，消除事件本身的不确定性，也可以通过主动设置议题实现对社会舆论的引导，使公众关切聚焦到如何解决问题的现实考量上来，放大正能量，减少不利因素。

第五，新闻发布制度的建立在很大程度上改变了以往政府部门对信息公开的消极态度和“封”“堵”“截”的传统做法，大大提高了政府信息传播的时效性和行政效率。这有利于树立各级政府在公众心目中的良好形象。

第六，随着中国日益走向世界，政府新闻发布向外国记者开放的程度越来越大，经由这一渠道传播出去的中国信息也越来越多。可以说，新闻发布已经成为世界各国了解中国社会的一个重要窗口。

第二节　突发事件信息公开相关规定

突发事件发生后，公民有对突发事件的知情权，这是公民的基本权利。保障公民的知情权，是社会法治水平的体现。政府有责任和义务向社会公开信息，这既是政府的职责所在，也是处置突发事件的重要组成部分。在我国突发事件应对机制的法律法规、条例、规定、意见等各类文件中，都有关于突发事件信息公开的规定。

一、《突发事件应对法》的相关规定

为了预防和减少突发事件的发生，控制、减轻和消除突发事件引起的严重社会危害，规范突发事件应对活动，保护人民生命财产安全，维护国家安全、公共安全、环境安全和社会秩序，2007 年 8 月 30 日，经第十届全国人大常委会第 29 次会议讨论通过、11 月 1 日开始施行的专业性法律《中华人民共和国突发事件应对法》出台。其中，关于突发事件信息公开和舆论引导的内容如下："新闻媒体应当无偿开展突发事件预防与应急、自救与互救的知识的公益宣传。"（第二十九条）"有关单位和人员报送、报告突发事件信息，应当作到及时、客观、真实，不得迟报、谎报、瞒报、漏报。"（第三十九条）"及时向社会发布有关采取特定措施避免或者减轻危害的建议、劝告。"（第四十五条）"履行统一领导职责或者组织处置突发事件的人民政府，应当按照有关规定统一、准确、及时发

布有关突发事件时态发展和应急处置工作的信息。”（第五十三条）“任何单位和个人不得编造、传播有关突发事件事态发展或者应急处置工作的虚假信息。”（第五十四条）“履行统一领导职责的人民政府应当及时查明突发事件的发生经过和原因，总结突发事件应急处置工作的经验教训，制定改进措施，并向上一级人民政府提出报告。”（第六十二条）这些规定对突发事件信息公开的细节做出了明确约束，为信息公开和舆论引导相关工作做出了有益指导。

二、国家关于政府信息公开的法规、规章和其他规范性文件

为了保障公民、法人和其他组织依法获取政府信息，提高政府工作的透明度，建设法治政府，充分发挥政府信息对人民群众生产、生活和经济社会活动的服务作用，2007 年 1 月 17 日国务院常务会议通过、2008 年 5 月 1 日起实施的《中华人民共和国政府信息公开条例》（以下简称《条例》），对政府及有关部门信息公开的范围做出了规定。2019 年，国务院对《条例》进行了修订，增加了政府应该主动公开的信息范围。

《条例》中有关突发事件信息公开的规定：“第六条　行政机关应当及时、准确地公开政府信息。行政机关发现影响或者可能影响社会稳定、扰乱社会和经济管理秩序的虚假或者不完整信息的，应当发布准确的政府信息予以澄清。”“第二十条　行政机关应当依照本条例第十九条的规定，主动公开本行政机关的下列政府信息：……（十二）突发公共事件的应急预案、预警信息及应对情况。”“第二十三条　行政机关应当建立健全政府信息发布机制，将主动公开的政府信息通过政府公报、政府网站或者其他互联网政务媒体、新闻发布会以及报刊、广播、电视等途径予以公开。”

2010 年 9 月 1 日教育部颁布实施的《高等学校信息公开条例》关于高校信息公开的内容中包括自然灾害等突发事件的应急处理预案、处置情况，涉及学校的重大事件的调查和处理情况。

2016 年全年有三个关于政务公开工作的文件印发，被称作政务公开文件的集中发布年。2016 年 2 月，中共中央办公厅、国务院办公厅印发《关于全面推进政务公开工作的意见》；2016 年 8 月，国务院办公厅印发《关于在政务公开工作中进一步做好政务舆情回应的通知》（国办发〔2016〕61 号，简称“61 号文”）；2016 年 11 月，国务院办公厅印发《〈关于全面推进政务公开工作的意见〉实施细则的通知》（国办发〔2016〕80 号）。这三个文件都有关于突发事件信息公开与舆论引导的内容。其中，中共中央办公厅、国务院办公厅印发《关于全面推进政务公开工作的意见》第十三条规定：“回应社会关切。建立健全政务舆情收集、研判、处置和回应机制，加强重大政务舆情回应督办工作，开展效果评估。对涉及本地区本部门的重要政务舆情、媒体关切、突发事件等热点问题，要按程序及时发布权威信息，讲清事实真相、政策措施以及处置结果等，认真回应关切。依法依规明确回应主体，落实责任，确保在应对重大突发事件及社会热点事件时不失声、不缺位。”国务院办公厅印发的“61 号文”是针对互联网时代政务舆情回应工作中存在的一些地方和部门仍存在工作理念不适应、工作机制不完善、舆情回应不到位、回应效果不理想等问题发布的文件。“61 号文”专门对政务舆情工作回应工作的责任、重点舆情的标准、回应的实效等问题工作提出了详细的意见和要求，是我们做好突发事件信息发布和舆论引导的纲领性文件。文件中关于重点舆情的回应标准包括对政府及其部门重大政策措施存在误解误读的、涉及公众切身利益且产生较大影响的、涉及民生领域严重冲击社会道德底线的、涉及突发事件处置和自然灾害应对的、上级政府要求下级政府主动回应的政务舆情等。舆情监测过程中，如发现严重危害社会秩序和国家利益的造谣传谣行为，相关部门在及时回应的同时，应将有关情况和线索移交公安机关、网络监管部门依法依规进行查处。对于信息发布和舆情回应的时间要求是涉及特别重大、重大突发事件的政务舆情，要快速反应、及时发声，最迟应在24小时内举行新闻发布会，对其他政务舆情应在48小时内予以回应，并且根据工作进展情况，持续发布权威信息。此外，“61号文”还对政务舆情的回应责任、回应的部门和人员、回应的形式及监督检查和业务培训、激励约束机制提出了明确的指导性意见。国办2016年11月发布的《〈关于全面推进政务公开工作的意见〉实施细则的通知》中也包含了“61号文”的主要内容。

为贯彻落实以上三个文件，2017年4月10日，结合教育工作的实际，教育部办公厅印发了《教育部办公厅关于全面推进政务公开工作的实施意见》，对突发教育舆情事件的信息公开提出积极回应社会关切的意见，认真落实《国务院办公厅关于在政务公开工作中进一步做好政务舆情回应的通知》（国办发〔2016〕61号）的要求，建立健全政务舆情收集、研判、处置和回应机制，全面监测舆情，加强研判处置，提升回应效果。特别重大、重大突发事件的政务舆情，要在5小时内发布权威信息，在24小时内举行新闻发布会，表明态度观点，通报进展情况，说清政策举措，引导正确社会舆论。

2015年8月2日教育部颁布实施的《中共教育部党组关于进一步加强教育新闻发布工作的实施意见》，对突发事件的信息发布做了如下规定：

（1）积极回应热点难点。要及时发现、密切关注本地本校的热点难点问题，有针对性地发布信息、澄清事实、解疑释惑、凝聚共识。对于社会关注度高、师生普遍关心的问题，要敢于面对，主动发声，避免拖延搪塞。

（2）及时应对突发事件。要把突发事件新闻发布纳入应急工作机制。事件发生后，要第一时间对外发布，说明情况，表明态度，并且采取多种形式持续发布后续进展和调查处理结果。

（3）灵活运用发布形式。要加强策划，按照新闻传播规律选择时间节点，组织发布内容，明确实施步骤。要综合运用新闻发布会、吹风会、集体采访、网络访谈、答记者问等多种形式，通过数据、图解、案例等喜闻乐见的方式，扩大发布范围，提升传播效果。

三、国家关于突发公共事件的应急预案

为提高政府保障公共安全和处置突发公共事件的能力，最大限度地预防和减少突发公共事件及其造成的损害，保障公众的生命财产安全，维护国家安全和社会稳定，促进经济社会全面、协调、可持续发展，2005 年 1 月 26 日，国务院第 79 次常务会议通过了《国家突发公共事件总体应急预案》(简称《总体应急预案》)，2006 年 1 月 8 日发布并实施，国家各个部委、各级政府都制订了各自应对突发公共事件的预案，各个专项领域也都制订了应对预案。

《总体应急预案》对信息公开和舆论引导的相关规定如下：

(1) 特别重大或重大突发公共事件发生后，各地区、各部门要立即报告，最迟不得超过 4 小时，同时通报有关地区和部门。

(2) 应急处置过程中，要及时续报有关情况。突发公共事件的信息发布应当及时、准确、客观、全面。事件发生的第一时间要向社会发布简要信息，随后发布初步核实情况、政府应对措施和公众防范措施等，并且根据事件处置情况做好后续发布工作。

(3) 信息发布形式主要包括授权发布、散发新闻稿、组织报道、接受记者采访、举行新闻发布会等。

教育部按照《国务院有关部门和单位制定和修改突发公共事件应急预案框架指南》要求，在总结多年来教育系统在加强教育管理维护学校安全稳定工作及应对各类突发事件经验的基础上，广泛调研，充分听取中央和国家有关部门及各地教育行政部门和高校的领导干部、专家和工作人员的意见，并且注重吸收和借鉴国外应急管理的经验，制定了《教育系统突发公共事件应急预案》，于 2005 年 1 月 26 日经国务院常务会议

审议通过，2005年10月15日正式报国务院备案，并且向各地教育行政部门和高校印发实施。

《教育系统突发公共事件应急预案》除了包括国务院统一要求的自然灾害、事故灾难、突发公共卫生事件、突发社会安全事件的应急预案框架外，还根据教育系统的特点，补充了网络与信息安全和考试安全应急预案，形成了六大类突发公共事件的应急处置工作预案体系。《教育系统突发公共事件应急预案》也有关于信息发布的规定，例如，《教育系统事故灾难类突发公共事件应急预案》有关信息发布的总体规定：信息发布要全面、客观、准确、及时。重大信息发布应当按照有关程序履行审批手续。在此基础上，对重大事件信息发布的规定：会同省级宣传部门做好新闻报道和新闻管理工作，掌控网络信息，按照主管部门的要求，及时、准确地发布统一口径的消息；对特别重大事件信息发布的规定：严格控制事件报道的审批，加强网络和手机短信管理，有力引导舆论，把握主动权。《教育系统公共卫生类突发公共事件应急预案》有关信息发布的规定：根据《突发公共卫生事件应急条例》，全国突发公共卫生事件的信息由国务院卫生行政部门负责向社会发布；省、自治区、直辖市人民政府卫生行政部门经国务院卫生行政部门授权向社会发布本行政区域内突发公共卫生事件的信息。各级教育行政部门不得自行向社会发布突发公共卫生事件的信息。《教育系统自然灾害类突发公共事件应急预案》有关信息发布的规定：严格按照党中央、国务院的有关规定执行。要区分不同情况，把握信息发布和舆论的主动权。信息发布要全面、客观、准确、及时（涉密信息按照有关法规和规定要求执行）。信息发布执行新闻发言人制度，新闻发布工作由教育部应急处置工作组具体负责并由教育部统一发布。必要时，请国务院新闻办组织协调。

地方教育系统的信息发布按照地方政府规定的信息发布制度执行。各高校也都参照国家及教育部的规定制订了突发公共事件应急预案，也都对如何进行信息发布做出了相关规定。

第三节 教育新闻宣传与舆论引导的有关规定

为深入贯彻落实中央关于加强新闻发布和舆论引导工作的部署要求，进一步加强教育新闻发布工作，积极营造教育事业科学发展的良好舆论环境，2015年8月18日，教育部发布《中共教育部党组关于进一步加强教育新闻发布工作的实施意见》（教党〔2015〕24号）。一是要把握工作基本原则，坚持正确导向，坚持公开透明，坚持尊重规律，坚持协同推进；二是要明确内容丰富形式，切实加强正面宣传，主动做好政策发布，积极回应热点难点，及时应对突发事件，灵活运用发布形式；三是要建好用好媒体平台，善待善用媒体，大力推进政务新媒体建设，充分发挥教育媒体作用；四是要切实加强队伍建设，选好用好新闻发言人，明确机构配齐队伍，推动培训常态化，整合专家师生力量；五是建立健全工作机制，落实责任机制，完善舆情处置机制，建立监督考核机制，强化协同推进机制。各地各高校也根据该实施意见，结合实际制定了具体落实方案。

为深入贯彻习近平新时代中国特色社会主义思想和党的十九大精神，根据《教育部关于加快建设高水平本科教育全面提高人才培养能力的意见》，2018年10月8日，教育部、中共中央宣传部发布《关于提高高校新闻传播人才培养能力，实施卓越新闻传播人才教育培养计划2.0的意见》（教高〔2018〕7号），指出要以习近平总书记关于新闻舆论工作的重要论述为指导，深入贯彻落实《中共中央关于加强和改进党的新闻舆论工作的意见》，加强和改进高等学校新闻传播专业建设，建设中国特色、世界水平的一流新闻传播专业。其中，改革任务和重点举措：一是开创马克思主义新闻观教育新局面，习近平总书记关于新闻舆论工作的重要论述是马克思主义新闻观的新发展，是新时代高等学校新闻传播教育改革发展的根本遵循和行动指南；二是打造新闻传播人才德育新模式，强化思想引领和价值塑造，构建思想政治教育、职业道德教育、专业知识教育“三位一体”新闻传播育人体系；三是迈向一流新闻传播专业新目标，主动适应信息社会深刻发展和媒体融合深度发展趋势；四是推动部校共建新闻学院新发展，进一步深化部校共建新闻学院工作，在教师队伍专业能力、理论体系构建能力、重点任务统筹能力和强化工作保障能力上下功夫，打造新闻传播协同育人“先锋队”和“示范区”；五是开辟高校与新闻单位互聘新领域，总结推广互聘交流“千人计划”经验，构建学界业界优势互补、理论实践深度融合的长效机制，加大力度、拓宽广度、发掘深度，深入开展新一轮互聘；六是构建国际新闻传播人才培养新范式，主动服务国家对外开放战略和“一带一路”倡议，培养新时代国际新闻传播“预备队”和“后备军”；七是迈上高等新闻传播教育质量新台阶，紧贴新闻传播专业学生成长成才需要，紧扣全媒化复合型专家型新闻传播人才培养目标，紧跟信息技术新发展和业界格局新变化，开展全方位全过程新闻传播教育质量文化建设。

2020年12月16日至17日，2021教育政务新媒体年会在海南大学举行。全国教育政务新媒体代表齐聚海南，发布《2020教育政务融媒体海口宣言》，总结回顾一年来教育政务新媒体传播的经验做法，探讨下一步教育新闻舆论工作的发展方向，共话教育融媒体发展之路。会议提出，要深入学习贯彻习近平总书记关于媒体融合发展的重要讲话精神和党的十九届五中全会精神，不断壮大主流思想舆论，弘扬爱国主义正能量；要始终明确教育政务新媒体的初心和使命，将教育新闻舆论工作与落实立德树人根本任务相结合；要继续推进教育政务新媒体融合发展，牢牢把握5G、大数据、AI等技术广泛应用的历史机遇，使技术研究成果应用于传播实践。会议形成四点共识：要抢占互联网舆论阵地，充分发挥教育融媒育人功能；要加强优质内容建设，提升教育新闻舆论“四力”；要紧跟先进技术发展趋势，让技术为教育融媒赋能；要深化体制机制改革，推动教育融媒纵深发展。

总之，教育领域发生突发事件时，要按照有关法律法规的要求，主动、及时、充分、连续地向社会发布权威信息，保障公众的知情权，占领舆论制高点，不给谣言滋生的土壤，避免在突发事件还未处置完毕时又出现新的传播危机。

第四章　教育突发事件的信息发布

教育突发事件的信息发布需要遵循一些基本原则，才能保证正向的舆论引导效果。应该说，教育突发事件信息发布原则和处置原则在一些方面是一致的。例如，以人为本、依法依规既是教育突发事件信息发布的基本原则，也是处置的基本原则。而诚恳表态和准确客观的原则是展现一个负责任的政府、为政府赢得民心、树立政府公信力必须遵守的。本章我们将重点说明以上基本原则及为了遵循这些原则需要做到的十个“不要”。

第一节　信息发布的主要原则

无论以何种形式进行教育突发事件的信息发布，都要遵循以下四个基本原则：

一、以人为本

随着社会的进步，公众越来越重视对人的关怀。在突发事件新闻发布中，要时刻牢记突出以人为本的理念。特别是在更多涉及未成年人的教育突发事件的处置与信息发布中，更要注意体现以人为本。

第一，生命至上。人最宝贵的是生命，在突发事件中，对人的生命的关注要永远放在第一位，要手中做着救人的事，脚步朝着救人的方向走，口中大声喊着“救人”。在新闻发布中，要不惜浓墨重彩多介绍和描述为了抢救生命所采取的措施、伤者的情况、救治的情况，以及死伤者家属的状况、安抚和安置的情况等。措辞上可以使用如“不惜一切代价”“全力抢救”“调集全市（省）最好的专家”等能够体现政府竭尽全力救人的态度和行动的词汇。

第二，公共利益至上。突发事件新闻发布中，要始终把老百姓的、多数人的、公共的利益摆在优先的地位。在突发事件的处置中，领导确实发挥着非常重要的作用。在传统的新闻报道中，对领导的报道总是非常显眼。这种“唯上”的报道原则不仅不利于树立政府的正面形象和公信力，反而会招致公众的不满，产生次生舆情，不利于事件的处置和解决。所以，在突发事件的新闻发布中，发言人不能“唯上”，要心里装着老百姓，关心关注大多数人，尤其是社会弱势群体的利益，才能赢得公众的掌声与赞誉。

第三，人道主义。在一些事件的处置中，即使学校没有责任，我们也要牢记人道主义的原则，给遇难者及伤者家属给予充分的关爱和抚慰。比如，学生在外发生交通事故等突发意外，作为学校，要发扬人道主义精神，给家属送去精神安慰和物质抚恤。

2019 年 1 月 8 日上午，北京市某某区某小学发生伤童事件，20 多名学生受伤，一度造成家长的恐慌，社会高度关注，影响非常恶劣。当日晚 8 时，北京市某某区就该事件召开新闻发布会，通报事件有关情况。在这场发布会中，发言人花了大量时间回应了公众最为关注的问题，即受伤学生的救治情况、犯罪嫌疑人的情况、事件发生的过程、善后处置、下一步为加强校园安全的措施等。而在介绍受伤学生的救治情况时，发言人对介绍内容的顺序也做了非常精心的安排。发言人最先通报给大家的是所有受伤孩子已及时送往医院接受救治，没有生命危险，没有死亡，所有伤童家长都已到达医院陪护孩子。接下来，参与救治伤童的两家医院的两位主要领导详细介绍了伤童救治的具体情况。以下是有关发布会的实录：

发言人：首先给大家介绍一下学生救治的情况。目前两家医院正在全力救治受伤的学生，学生的家长已经到医院参与陪护。受伤的学生都没有生命危险。请大家放心。

截至目前，20 名受伤的孩子当中，4 名急需手术的孩子，已经安排了手术，其中 3 名手术已经结束，手术也非常顺利。孩子们已经返回病房。还有 1 名孩子正在手术当中。

其他的孩子们都在医院收住，或者进行留院观察。同时，我们和医疗部门进行联系，也请了心理专家，对受伤的孩子进行心理关怀。

儿童医院党委书记：各位新闻界的朋友们，今天上午 11：40 左右，北京儿童医院接到了北京卫生健康委应急办公室的紧急通知，有数名受伤儿童需要到北京儿童医院紧急救治。北京儿童医院立即启动了紧急预案，开通绿色通道，同时组织专家团队等待患儿到来。患儿到来后，经过专家团队的认真仔细的排查，将 5 名受伤儿童收治入院，6 名儿童给予留观。其中，6 名儿童颅板轻微凹陷性骨折，五位是头皮外伤。经过下午的北京市专家集体会诊，目前患儿生命体征平稳，没有危险。我们正在密切观察患儿的病情。同时北京市健康委和北京市有关领导部门组织的北京市相关的专家进行集体会诊、会商，目前患儿病情平稳。同时我们也希望，记者朋友们尽量不要到医院去打扰他们，使我们受伤的儿童能够尽快地在心理上有所康复。今天下午北京市又组织了北京儿童医院、北京安定医院、天坛医院的心理专家对我们受伤的儿童进行心理安抚，目前整个工作都在有序地进行。我们医院会用全市最优质的医疗资源来救治这些儿童。

宣武医院党委副书记：1 月 8 日 11：40，首都医科大学宣武医院门诊部负责人接到了北京市应急办的来电，通知宣师一附小有多名小学生受伤，目前在去往我院的路上，要求宣武医院立即做好救治的准备。接到通知后，我们医院立即报告了主管院长，同时启动了医院突发群体伤救治应急预案。急诊的创伤团队人员，包括我们的急诊科、神经外科、神经内科，以及安保人员等立刻到急诊外科集结，同时开通了急诊抢救手术的绿色通道。我们安保人员迅速做好人员疏散，确保绿道通畅。同时，在院的主要领导也第一时间到救治现场组织抢救，要求我们医务人员要全力以赴，不计代价。急诊科在第一时间开通了绿色通道，疏导现场，同时开辟了专门的抢救区域。11：50，急救车同时将9名受伤学生送达医院，年龄是在7—8岁，其中男学生7名，女学生2名。医院立刻按照应急预案流程启动抢救，目前受伤学生的救治情况如下：9名受伤学生的生命体征都是平稳的，其中5名受伤学生收入重症监护室，经CT等辅助检查，四名学生提示颅骨凹陷性骨折，需要手术治疗。目前，其中3名学生的手术已经完成，手术过程非常顺利，术中和术后受伤学生的生命体征都非常平稳，另外1名学生的手术正在进行当中，手术过程中学生的生命体征也是平稳的。还有4名受伤学生在急诊进行了清创缝合包扎，目前这4名学生的生命体征也是平稳的，情况稳定，继续在医院急诊留观。我们医护人员会进一步观察学生的病情变化。宣武医院会尽一切力量，组织最强的救治团队，全程地救治学生。同时，我们也会对学生给予相应的心理疏导，为每位受伤学生安排了两名医务人员陪同，缓解他们的紧张情绪。以上是宣武医院对受伤学生情况的一个通报。①

这场新闻发布会将“生命至上、公众利益至上”的原则发挥得淋漓尽

① 环球网：《北京××附小学生受伤害事件新闻发布会全文实录》，2019-01-08，https://baijiahao.baidu.com/s?id=1622104414132284139&wfr=spider&for=pc，2021-02-08。

致。首先，发布会把对伤童的救治情况摆在最重要的位置，花了大量篇幅进行介绍；其次，两所参与救治医院负责人在详细介绍伤童救治情况时，不仅非常翔实、具体，而且使用了“紧急预案”“绿色通道”“最优质的医疗资源”“立即”“第一时间”“全力以赴”“不计代价”“尽一切力量”“最强的救治团队”“全程”等词汇，完美地体现了政府对受伤学生生命安全的重视和努力。当然，新闻发布的成功来源于政府对事件的处置非常到位，做得好才能说得好。在互联网时代，只做不说等于没做，做不好却说得好是撒谎，只有做得好，才能说得好。在这起突发伤童事件中，政府处置救治措施非常及时到位，不仅在出事的第一时间把伤童送到医院，而且参与救治的医院全部是在儿科及神经外科、精神科方面全国顶级的三甲医院。发言人用精准到位的语言把政府的所作所为全面客观立体地呈现给公众，为树立政府形象和增强公信力起到了强大的正向作用，成功引导了社会舆论。非常值得一提的是，发言人自始至终都没有提到任何组织救援处置的政府官员的名字。

2013 年 7 月 12 日，湖南商人曾某某因巨额非法集资罪被执行死刑。当天晚上，其女儿发微博称，其父已经被执行死刑，但是家属没有接到通知，连最后一面也没见到，也没有遗言。该微博迅速在网上传播，引发网友热议，大家质疑法院不通知家属的行为是否合情合法。14 日，长沙市中级人民法院在其官方微博回应称“法律没有明文规定，对犯人执行死刑时，犯人必须跟亲人见面”。这一回复引发了网友更大的愤慨，激起了网民对死刑犯的同情。大家纷纷指责回复太过“冰冷”，太过“冷血”。还有网友拿出中国古代“善待”死刑犯的例子批评这一做法。长沙中院的这次失误的“微发布”导致了本来可以不发生的一场危机事件。我们分析这场危机发生的根本原因是没有给死刑犯及其家属人道主人的关怀和帮助，引发了大家对死刑犯和家属这一弱势群体的同情。

我们在处理突发事件及进行有关信息发布时，一定要本着人道主义的原则，让公众感受到政府和学校有温度的关怀和抚恤。

二、客观准确

突发事件发生以后，公众高度关注，迫切想知道事件发生的时间地点、人员伤亡、财产损失等基本事实。此时又是突发事件的各种信息集中出现、集中传播的时期。政府必须抓住突发事件发生的第一时间，及时、准确、客观地为公众提供权威可靠的信息。这是树立政府权威而有公信力的良好形象的机会，是正向舆论引导的最佳时机，可以很好地防止谣言滋生和传播扩散。当然，在政府内部，不同部门的工作职责、工作方式不同，所掌握信息的口径也会有不一致的地方。如果不同的部门都去发布突发事件的有关信息，势必会出现相互矛盾、前后不一致的情况，极易造成公众接受信息混乱、无所适从、分不清谣言与真相，从而产生次生舆情的严重后果。所以，有关政府部门要建立统一协调、运转良好的机制。突发事件发生以后，立即启动统一的信息发布协调机制，收集汇总核实各方面的信息，统一口径、统一信息源，由固定的部门及人员去发布，没有信息发布任务的个人和部门，不能随意发布、随意接受记者采访。同时，各个处置、救援的部门在信息发布前要及时沟通，统一口径，做到发布出去的信息准确、一致、权威。

2005 年 5 月 3 日 20 时许，驾驶桑塔纳轿车的刘某某与驾驶丰田吉普车的北京民警李某某等人在太原市因车辆被挡发生争执。刘某某心存不满，纠集张某等 6 人将李某某拦截并殴打致死。这就是当前轰动全国的“太原警察打死北京警察”案。

案件侦破后，太原市公安局新闻发言人表示，本案是“个人修养不够和一时的激情犯罪导致了好警察打死另一个好警察的悲剧”。媒体从刘某某的领导、同事的口中得知，刘某某是一位“年轻、业务素质相当好”的“好警察”。不过，事隔不久，太原市公安部门的口径就发生了 180°大转弯。5 月中旬，太原市公安局新闻发言人说，该案件是“个别民警特权思想恶性膨胀的结果，是一起由特权思想演变成的犯罪案件”。案件开庭前，太原市公安局新闻发言人又向媒体表示，刘某某“没有授过警衔，根本不是警察”①。在这起案件的信息发布中，官方的口径发生了三次变化，从“好警察的激情犯罪”到“坏警察的特权犯罪”，再到“假警察犯罪”，这样的发布根本无法让公众信服。

三、依法依规

国家法律法规是所有公民都必须遵守的准则。依法依规不仅是我们处置突发事件的根本依据，同时，在突发事件信息发布的时候，强调依据国家有关法律法规、部门条例等也是我们一定要遵循的原则。依法依规处置和发布突发事件彰显了各级政府部门、学校等机构的权威性、严谨性和公信力。在一些学校和教育机构，由于法律意识淡薄、法律知识不足等在处置突发事件时没有做到依法依规的情况时有发生。

2016 年 3 月 26 日晚，四川某大学学生滕某因琐事不满芦某某，二人发生口角并产生肢体冲突。3 月 28 日零时许，滕某持刀将芦某某杀害后自首。经鉴定，滕某患有抑郁症，对该违法行为评定为部分刑事责任能力。滕某杀害芦某某后，给芦某某的亲属造成一定的经济损失，芦某某的亲属也同时向法院提起附带民事诉讼，法院一并进行了判决。法院一审以故意杀人罪判处滕某死刑，缓期二年执行，剥夺政治权利终身；赔偿芦某某亲属的经济损失为 83212.5 元。②

2018 年 3 月 17 日，家属对校方提起民事诉讼。芦某某的家属认为，该大学将精神病患者招录为大学生，存在审核把关不严的过错责任；滕某与芦某某因琐事长期关系不和，校方疏于管理，未及时发现学生间的安全隐患，而且在发现后不及时调换宿舍，进行隔离处理，而在滕某将菜刀带进

① 毛飞：《“好警察”，“坏警察”还是“假警察”》，2005-08-24，http://star.news.sohu.com/20050824/n240290759.shtml，2020-01-15。

② http://www.xinhuanet.com/2017-09/06/c_1121615965.htm。检索时间：2018 年 12 月 23 日。

学校和学习室时，校方未发现和及时处理，存在严重安全管理过失；此外，在心理教育方面，校方未对患有精神病的学生进行及时安全教育、管理和心理疏导，存在过错。据此，芦某某家属要求该大学赔偿死亡赔偿金、精神损害抚慰金、丧葬费等费用共计 428461.85 元。但是，涉事大学提起了反诉。校方提出，事发后曾垫付家属方殡仪馆及交通食宿等 65395.65 元，“是基于当时事故发生的特殊情况，出于人道主义垫付的，反诉人对此笔费用享有追偿权”①。

我们认为，校方提出对芦某某家属的反诉违背了依法依规的原则。死者芦某某的死是被告滕某造成的，所以因芦某某死亡而发生的费用责任在滕某。因此，校方如果想追讨这部分钱应该让滕某来赔偿。而校方却提出反诉，要求死者家属来赔偿这一系列费用显然是不合理的。其次，校方的反诉也与前文提到的人道主义的原则相悖。死者家属失去了孩子，学校应该尽力安慰抚恤，却向悲痛至极的死者家属追讨钱财。如此冷血，引发舆论关注、带来负面舆情也是必然的。

此外，我们还要了解什么是法律、法规、部门规章、条例等规定，其效力和约束的范围是怎样的，等等。需要特别指出的是，下位的法律法规及政策性文件等一定不能与上位法律的规定相冲突。例如，宪法是国家的根本大法，其下位的法律规定必须符合和服从宪法的规定。值得注意的是，学校有关学生的管理规定也一定不能与上位的法律相冲突。以往，一些高校的学生管理规定有不允许学生结婚等类似的规定，这是与上位的《民法典》中有关结婚年龄（男不得早于二十二周岁，女不得早于二十周岁）的规定相悖的。因此，我们在制定教育部门规章、校内制度时，一定要注意符合国家上位法律的规定。

---

① https://baijiahao.baidu.com/s?id=1596139712736164922&wfr=spider&for=pc。检索时间:2018 年 12 月 23 日。

四、诚恳表态

发言人诚恳表达应有的态度，是突发事件处置中是否能够赢得民心的关键一环。面对媒体和公众，发言人应该代表政府表达高度负责、坦诚开放、同情安慰、竭尽全力等态度，以赢得公众的支持。

2017年12月，已进入供暖期20余天，由于供暖改造工程尚未完工，河北多所乡村小学仍未供暖，因为天气寒冷，有老师带着学生去操场跑步取暖，甚至一些学生出现冻伤情况。媒体对此事进行了报道，引来各方批评与质疑。对于北方村小"跑步取暖"舆情，12月6日，教育部新闻发言人续梅进行了回应：

> 发言人：这两天我们也注意到了相关的报道，一些媒体报道北方的一些学校到冬天了学校的供暖问题还没有解决。（表达了高度关注的态度）看到这样的报道，我们确实非常心疼这些孩子们，也非常着急。（表达了感同身受、将心比心的态度）这也从一个侧面暴露了地方政府在工作层面还是存在问题。（表达了坦诚开放的态度）

这是整个回应的前半部分，都在诚恳表态。

对于有受伤及死亡师生的突发事件，进行信息发布时一定要表达惋惜、悲痛、难过及对家属的慰问。

2020年10月13日，某大学一研究生自杀身亡。14日，学校发布简短的情况通报：

> 10月13日早7时左右，我校化工学院一名研究生被发现在实验室身亡。经公安部门初步调查，排除他杀，具体情况正在进一步调查中。事件发生后，学校立即成立工作专班，全力配合公安机关和家属处理相关事宜。家长失去孩子，学校失去学生，我们深感惋惜并沉痛

哀悼！

这则通报的最后一句话就是在表达同情和惋惜的态度。

而对于高校学术不端事件，我们应该表达的态度是“零容忍”。

2019年1月31日，翟某某晒出北京大学光华管理学院的博士后录用通知书。2019年2月8日，翟某某在直播中回答网友问题时，表示自己并不知道“知网”是什么，随后引发网友热议。有人认为，翟某某作为博士学历，并且已经被北京大学光华管理学院录为博士后，此时说不知道“知网”很不合逻辑，并且表示“知网”没有收录翟某某博士论文。网友质疑，翟某某发表两篇文章的期刊《广电时评》和《综艺报》都不是国家认可的学术期刊，而且其中一篇文章的文字复制比达到39.4%，涉嫌抄袭。翟某某博士学历为“非定向（全日制）”博士学历，要求脱产全日制学习，然而在翟某某读博期间频繁演戏、代言、参加活动。自2014年入学到2018年毕业，读博期间，翟某某至少主演了11部戏，参演了7部戏，参加录制了17个综艺，并且有24个代言。

2019年2月15日，教育部新闻发言人续梅回应翟某某学术不端事件时也表达了作为教育主管部门应有的态度。

发言人：在这里想重申的是，教育部对于学术不端行为一贯的鲜明态度，就是零容忍。绝对不能允许出现这种无视学术规矩、破坏学术规范、损害教育公平的行为。对于这些行为，我们坚决发现一起、核实一起、查处一起，绝不姑息。我们相信有关方面会非常认真严肃地进行后续的核查工作，依法依规做出处理，也会第一时间向社会公布相关的处理情况。

突发事件信息发布的标准格式里，政府诚恳表态应该成为其中的标配。

第二节 信息发布“十不要”

为了把上节提到的四个基本原则做到位，在具体的信息发布中，要注意做到以下十个“不要”，这样才能有效避免因为信息发布而产生次生舆情。

一、不要与记者、公众对立

发言人发布信息时，要坚持公众利益至上的原则，从人民的利益出发，从师生的利益出发，让媒体和公众时刻感受到我们的政府、我们的学校始终是和老百姓、和师生在一起的。

2014 年 5 月，北京大学启动“燕京学堂”高端国学项目，这个项目计划选址在北京大学校园内核心区具有象征意义的静园草坪六院。项目公布后，尤其是静园草坪六院如高级会所一般的装修效果图曝出后，很快引发了师生的不满与质疑。事件引发了大家对燕京学堂办学的科学性、教育公平等问题的种种争议，迅速发酵成为热点舆情。最终，校方决定燕京学堂选址退出静园草坪，静园草坪及周围的六院保持原貌。一些媒体报道北大校方在师生校友的强大压力下后退妥协，学生和校友取得了胜利。记者就此事采访了时任北京大学新闻发言人蒋朗朗。蒋朗朗在回应中坚决不同意“让步”这个词。在他看来，做出这个决定，最主要的原因是尊重师生的意见，学校并不是迫于谁的压力，而是“在决策过程中，大家有意见，就听取大家的意见。从来没有说‘让步’，‘让步’就把学校和师生摆在对立的格局，这个决定最主要的原因就是充分尊重大家的意见”。①

应该说，发言人的这个回答是把师生和校方当成了同一利益共同体。

① 新浪网：《燕京学堂宿舍告别静园　北大否认“让步”》，2014-07-27，http://news.sina.com.cn/c/zg/lrs/2014-07-27/1828115.html，2017-03-05。

其传递出来的信息是校方和师生的目标是一致的，都是希望把北京大学建设得越来越好，至于建设中间发生意见分歧很正常，学校充分发扬北大民主的传统，充分征求和尊重大家的意见……可以看出，发言人并没有顺着媒体的逻辑把学校和师生对立起来，还顺带对学校的民主精神做了宣传，树立了学校的正面形象。

而另一则案例由于发言人的不当用语而导致了负面舆情。2005 年 6 月 10 日，黑龙江省宁安市沙兰镇突降二百年一遇的特大暴雨，引发特大山洪，造成 117 人（其中小学生 105 人）死亡的严重后果。当地发言人在通报善后处置工作进展时说："截至昨晚 8 时，共有 86 名遇难者家属签订了火化协议，其中 16 人火化完毕。这标志着安抚善后工作取得了决定性胜利。"用"决定性胜利"一词，明显把政府与遇难者家属摆在了对立面上，难道事件的善后处置工作顺利就是政府胜利了而遇难者家属失败了？这种说话方式无论如何不能让遇难者家属接受。

二、不要轻易批评和贬损

批评媒体、记者、政府部门、兄弟学校，以及贬损家长、学生、老百姓的话要慎重说。即便媒体、记者做了不该做的事，也要先沟通，不要上来就批评。一旦说了批评的话，不仅容易伤害感情，很多时候并不利于事件的解决，有时还会产生负面舆情。

2015 年 12 月，江苏常州某学校北侧两个被化工厂污染的地块在修复的过程中散发异味，给学校师生健康带来影响。学生家长多次以各种方式要求政府解决，政府也在采取各种措施解决并不断与学生家长沟通，但一直未能达成一致。2016 年 4 月 17 日，中央电视台新闻频道《新闻直播间》栏目播出"不该建的学校"对此事进行了报道之后，该校"毒地事件"舆情迅速升温。常州市委、市政府于当晚立即召开紧急会议，成立联合调查小组，迅速展开相关工作并发布了情况说明。2016 年 4 月 18 日，国务院教育督导委员会办公室已启动教育重大突发事件专项督导机制，由国家督学牵头赴当地进行专项督导。其间，本来是受害者的学校发了一封公开信，公开信中批评央视新闻“存在一些‘硬伤’，包括引用的数据、观点，甚至镜头语言，都带有强烈的导向性。看似客观的调查，实际上也是记者主观加工的结果”等。这些批评媒体的文字迅速给媒体爆了新的“料”。“某某毒地事件，一场学校与媒体之间的‘对峙’”“受害的学校为何要跟媒体杠?”等报道为事件的舆情热度再添一把干柴。对央视的批评不仅没有给学校带来任何好处，反而引发了更严重的危机。

三、不要随意许愿

为了赢得公众的信任与支持，以及表达诚意，政府、学校有时会答应能够在一定时间、一定范围内做到一些事情。需要注意的是，在向公众许愿之前，一定要认真评估，确定肯定可以百分之百地做到，才可以承诺，否则就会适得其反，搬了石头砸了自己的脚，陷入被动局面，引发公众质疑，甚至使政府陷入“塔西佗陷阱”中。比如，如果有记者问“你们将对遇难者家属如何赔偿?”，在我们没有最终的方案前，就不能随意许愿，诸如“我们会给遇难者家属一个满意的赔偿”等类似的话都不能说。

四、不要推测

对于还没有发生的事情，发言人不要推测可能会怎么样，因为既然是推测，就会有很强的不确定性，一旦说出去，媒体就会把并不准确的信息传播出去，会给政府的公信力带来负面影响。发言人也不要对记者提出的“如果……，将会……”的问题进行回答。对这类问题，如果按照记者的思路去回答，也同样是主观臆测。所以，对于不准确、不确定的信息，一定不能在任何官方发布信息中体现出来。

2003年“非典”疫情期间，中央电视台记者采访时任北京市市长的王岐山。采访中，记者问了多个希望王岐山预测“非典”未来发展可能情况的问题，王岐山巧妙作答，没有给出任何推测的不确定的信息。

记者：预期是多少？（预期感染“非典”的人数会达到多少人？）

王岐山：我现在不想做这种赌博式的预期回答，不想回答。因为什么？确实我不想预期，现在起码向市民做这种预期是要严肃而负责任的。我没有相当把握的时候，我不会讲这种话。

记者：那我能不能这样预期，十天之后一定降下去？

王岐山：我相信十天之后，起码我们可以讨论这个问题。

记者：有人很形象地将北京今年的春天比作一个戴口罩的春天，夏天也快要来了，这口罩还会延续吗？

王岐山：我不是说咱们现在不做那种猜测吗？

记者：但是我们很想知道。

王岐山：那你就且听下回分解吧！

在教育领域，记者同样也会问到请发言人推测的如下问题：

如果学生上街游行，你们怎么办？

如果重症伤者出现意外，你们怎么办？

如果事件的调查结果是你是事件的主要责任人，你会引咎辞职吗？

这几个问题的参考回答见第六章。

五、不要谈个人意见

发言人在面对媒体发布信息及回答记者提问时，代表的是政府、组织，而不是发言人个人，发言人表态就是政府表态。所以，发言人不能谈个人观点，不能说“我个人认为……”“我私下里认为……”“谈点个人观点……”等类似的话。在称呼上最好用“我们”，而不是“我”。

六、不要说谎

不说谎是对一个人最基本的道德要求，对于政府也是这样。在任何情况下，发言人都不要说谎，不管什么样的谎言，不管是出于什么目的，只要是谎言，包括所谓“善意的”谎言都不能说。一句谎言需要十句甚至更多的谎言才能圆过来，而且谎言随时都可能被揭穿。如果一个政府说谎，那么其最基本的诚信都不存在，政府就会像喊“狼来了”的孩子，无论政府的出发点有多好，做了多少实事，无论多么为老百姓着想、多么正确，政府在老百姓心中都只会留下撒谎的形象。

当然，不说谎并不意味着发言人什么都可以说，如国家秘密不能说，容易引发次生舆情的话不能说……不说不意味着撒谎，我们可以用其他方式表达。我们要遵循的大原则是“真话选择说、假话不能说”。

七、不要自证有功

突发事件发生以后，救援处置及善后工作紧急、烦琐、复杂，有关领导组织、安排、布置各项是必需的，突发事件的现场都会有领导指挥处置救援。需要特别提醒的是，进行突发事件新闻发布时，一定要牢记“不唯上”的原则，不把处理突发事件的现场当作官员的秀场，官员不在事故处置现场炫耀政绩。救灾场合不是展现领导如何英明伟大的地点，否则会招来公众的强烈质疑和不满，容易引发次生舆情。

2015 年 1 月，哈尔滨一仓库发生火灾，在救灾过程中，有 3 名年轻的消防员牺牲。在《哈尔滨日报》上发表的报道该火灾的长达 500 多字官方通报中，有超过 278 个字都在讲述各级领导如何重视、如何领导救援，并且按照领导的级别一一提到了领导的名字：

> 火灾发生后，黑龙江省委、省政府和哈尔滨市委、市政府高度重视。省委书记王某某赴现场指挥；省长陆某做出批示，要求省直有关部门迅速调动力量进行救援救治，迅速查明被埋有关消防人员情况，迅速查明火灾原因；省委常委、哈尔滨市委书记陈某某第一时间对救援工作做出部署；省委常委、省委秘书长李某某和省政府秘书长李某某到现场组织灭火、救援、救治；哈尔滨市委副书记、市长宋某某，市委常委、常务副市长聂某某，市委常委、宣传部长

张某某，副市长任某某等领导现场指挥灭火、救援、救治工作；省委办公厅、省政府办公厅、省安监局、省公安厅、省卫计委、省公安消防总队等部门的负责人现场协助指挥。①

如此大的篇幅报道领导，却只字不提牺牲的消防员的名字。消息发出后，引发公众的强烈不满，有网友调侃“在各级领导的正确领导下，3 名消防员牺牲”，社会影响非常不好。

八、不要说“无可奉告”

前文我们提到了新闻发布的原则之一是要“诚恳表态”，不说“无可奉告”就是诚恳表态的具体体现。另外，类似的表达，如“不知道”“不清楚”的话也不能说，这代表发言人对事件的情况不熟悉、不关心等。虽然发言人不可能对每个部门的工作及事件的所有情况都了如指掌，但是面对公众时，发言人代表政府说话，代表政府的形象，说话时一定要慎重。我们可以用其他的让公众听起来负责任的话表达“无可奉告”的意思：

“我不是回答这个问题的最佳人选……”

“截至目前，我们还没有得到有关这方面的信息……”

“目前，我们工作的重点是救人，还没有来得及考虑你所说的问题，但后面的工作一定会涉及……”

“这个问题我们会与有关部门共同研究确定方案”……

九、不要情绪化

人在有情绪的时候容易说出不合适的话。所以，我们不要带着情绪接受记者采访、出席发布会，也不要带着情绪接待学生及学生家长。一旦说了不该说的话，就会被媒体拿去炒作放大，产生次生舆情。

2014 年，某大学一女教授写给校长的一封信在网上热传。她指责学

① 《哈尔滨日报》：《哈尔滨库房火灾致 3 名消防员牺牲　王宪魁赴现场指挥》，2015-01-03，http://news.youth.cn/gn/201501/t20150103_6379643.htm，2016-08-07。

校教工自助食堂常常无菜可吃，而校长出现时服务员马上端出丰盛菜肴。该女教授质疑："这是校长餐厅还是教工餐厅？怎么吃顿饭还吃出了阶级差别?"信中还说："理性地说，教工餐厅这样的做法可能并非你（校长）的本意，但（校长）错在心安理得地接受了下属的溜须拍马和侵犯教工权益的做法，对校长负有不可推卸的领导责任。""教工餐厅的这件事本是小事一桩，不足挂齿，但由此反映了某大学官本位的严重程度和对老师人格尊严的践踏。"为此，记者采访了该大学的校长，校长回应：女教师公开信提到的信息不实，是对其所在大学和他本人的"诽谤"，他感到非常生气。同时，他还表示，学校接到对该教师学术不端的举报，学校正在对此事进行调查。校长因为这个回应而迅速成了网红。媒体以"某大学女教授炮轰校长、校长称是诽谤很生气"为题报道此事，大量网媒转载这条消息。更有网友把用该大学校长与女教授的照片做成二者 PK 的漫画。一些网络段子手还把当年该大学发生的其他负面事件联系起来写了恶搞的段子传到网上，给涉事大学带来了极其负面的影响。

十、不要说"我们没责任"

在一些突发事件中，或是因为不可抗力，或是因为学校处置措施非常及时到位，学校基本没有责任。虽然如此，学校也不能自我表扬，说"工作做得很到位、没有漏洞、没有责任"之类的话。事实上，管理水平的提高，永远在路上，没有完成时，只有进行时。如果要说没责任，也不能自己说，应该由第三方去说，由媒体去说，我们政府和学校客观说自己采取了哪些措施、收到了什么样的效果就可以了。

第五章　教育突发事件的新闻发布

教育突发事件的信息发布形式有散发新闻稿、接受记者采访、召开新闻发布会及在“三微一端”（微博、微信、微视频、客户端）等网络平台和社交平台上发布信息等。其中，召开新闻发布会是教育突发事件信息发布的重要形式，也是舆论引导的重要方式。2016 年，国务院办公厅发布“61 号文”，对政务舆情回应的实效做出了明确要求：“特别重大、重大突发事件的政务舆情，要快速反应、及时发声，最迟应在 24 小时内举行新闻发布会。”本章将针对教育突发事件新闻发布会的准备与召开进行说明。

第一节　教育突发事件新闻发布会的准备

在进行教育突发事件的信息发布前，我们首先要确定信息发布的形式，决定是否有必要召开新闻发布会，明确召开新闻发布会的目的，确定召开新闻发布会的最佳时间。

一、召开的必要性

相对于其他信息发布形式来说，新闻发布会影响更大、传播范围更广。换言之，以新闻发布会的形式进行突发事件的信息发布，能够更加迅速地让更多的人知道事件的情况、处置及善后等相关情况。当然，这也意味着“家丑”迅速广泛地外扬，可能会有损自己所在单位的形象和声誉，这种破坏和影响也许需要很长时间才能修复。因此，教育突发事件发生以后，采取何种形式进行信息发布，是否要通知媒体，是否要大张旗鼓地召开新闻发布会，这个分寸是需要具体问题具体分析的。不是所有的突发事件都要接受记者采访，都要邀请媒体来参加新闻发布会，有些突发事件的信息发布，在自己学校的网站或利用官方“三微一端”等平台进行一个情况的说明或通报就行了，有些突发事件则需要及时以召开新闻发布会及其他传播效果好的信息发布形式尽快传递有关信息。如何判断某个突发事件是否有必要召开新闻发布会并不是完全按照突发事件的严重程度来判断的。当然，对于重大、特别重大的突发事件，如重大伤亡事件、重大自然灾害、重大疫情等，我们要按照 2016 年国务院办公厅发布的 61 号文，在事件发生后 24 小时内举行新闻发布会。

这里特别强调的是一些看似鸡毛蒜皮的小事，某些芝麻绿豆一般的事件，或是由于最初的隐瞒，或是由于某些有关事件爆料网络文章的出现及疯狂转载，或是由于事件的某些方面被敏锐的媒体捕捉到了很好的新闻素材，因而很快发展成为重大网络舆情事件，引来高度的社会关注和媒体的炒作。这样的事件起初是非常容易被忽视的，一旦演变成危机事件，常常让学校、政府等有关部门措手不及。

2016 年北京某小学疑似欺凌事件就是因小事发展为危机事件的例子。

2016 年 11 月 24 日，北京市海淀区某小学，两个同班同学将厕所的垃圾筐扣在了明明（化名）的头上。明明的父母认定此事为“欺凌”，向学校提出“处理惩戒施暴孩子”“让施暴者的家长道歉”“对方承担相应的治疗费用”等诉求。但是，学校认为只是学生之间开了“过分的玩笑”，并没有满足明明家长的诉求。12 月 8 日，明明的母亲写了一篇《每对母子都是生死之交，我要陪他向校园霸凌说 NO!》的文章。这篇文章引爆微信朋友圈，引起舆论高度关注。2016 年 12 月 8 日至 2016 年 12 月

13 日，短短几天事件，事件持续发酵，事发学校、海淀区教委、北京市教委等多方回应事件，各方专家亦从不同角度发表对此事的观点、看法，媒体大量报道关于“北京某小学校园欺凌事件”。一时间，事件引发了全社会对校园欺凌事件的热议。当年，该小学欺凌事件成为 2016 年广受关注的教育舆情。

事实上，在很多人看来，在这起事件中，最初的情况只是孩子之间的打闹。而在成年人的眼里，未成年的男孩在学校打打闹闹是每天都会多次发生的稀松平常的事情。这个事件看似是件小事，但是，因为明明母亲的一篇文章在朋友圈的广泛传播，引发网友的强烈关注，事件广泛传播和持续发酵。2016 年 12 月 8 日至 2016 年 12 月 13 日，媒体关于“北京某小学欺凌事件”的新闻报道约 4760 篇，报道的主要媒体为中国新闻网、《新京报》、人民网、未来网、中国网等媒体。2016 年 12 月 8 日至 2016 年 12 月 13 日，网民关于“北京某小学校园欺凌事件”的言论约 11.31 万条。①

对于这些达不到重大级别的一般性事件，有些连突发事件都算不上，判断这些事件是否有必要召开新闻发布会的标准是看这些事件是否有可能演变为危机事件。一般来说，相对于其他领域的突发事件，发生在教育行业的事情是与生俱来的引人注目。发生在校园中的突发事件，或者是与教育、学生、未成年人有关联的突发事件，更容易吸引公众的眼球，具有更高的新闻价值，而媒体也深谙这一规律，重点捕捉教育突发事件中的一些特征，或者是寻找普通突发事件中的教育、学生、未成年人等元素加以放大报道。

判断是否需要召开新闻发布会，还可以参照本书第二章第二节“教育突发事件舆情传播”所述：一是突发事件本身非常重大；二是与师生

① 鹰眼舆情观察室：《北京中关村二小校园欺凌事件》2016-12-15，https://www.eefung.com/hot-report/20161215093308-41211，2020-05-02。

利益息息相关；三是包含敏感元素；四是处理过程有纰漏。具备以上特点之一的事件容易引起网络围观，引发负面舆情，因此也就需要影响更大的信息发布形式扩大传播影响力，有效引导社会舆论。

二、召开的目的

筹备一场突发事件的新闻发布会，要思考通过这场新闻发布会达到什么目的？希望记者去报道什么？产生什么样的传播效果？一般来说，突发事件新闻发布会无外乎要达到以下几个目的：

第一，介绍事件情况，满足公众知情。突发事件发生后，公众有权知道突发事件的情况，是社会文明进步的表现。作为政府，有责任、有义务及时向社会发布信息，描述和说明事件的基本事实，介绍政府已经和正在采取的措施等。国家对突发事件的信息发布也有相关的规定。

第二，解答各方疑问，回应社会关切。突发事件发生以后，经常引起社会的高度关注。公众对事件发生的时间、地点、持续时间、救助情况、财产损失、事故原因和责任、人员伤亡等情况会非常关心，尤其是在有人员伤亡的情况下，伤者的情况更是牵挂人心，这体现了社会公众对人的尊重和关怀。政府要及时就大家关切的热点问题做出回应和解释。

第三，安抚公众心理，抚平社会情绪。突发事件发生以后，有可能不同程度地带来公众的恐慌。比如，校园里发生了食物中毒事件，学生家长会急切地想知道中毒的学生里有没有自己的孩子、情况如何。即使自己的孩子没有中毒，家长也会担心自己的孩子在学校的安全问题。这个时候，政府要及时客观地告诉公众有关事件的具体情况，如救援是怎么进行的，是什么物质引起的中毒，中毒者的救治情况如何、是否有生命危险，学校已经和即将采取怎样的措施以保证今后不会出现类似事件，让家长放心。同时，校园中的学生也可能会出现恐慌情绪，政府及时公布相关信息，指导学生应该怎么做，对于平复他们的情绪，保障正常的教育教学秩序都是非常有必要的。

第四，澄清事实真相，战胜流言蜚语。突发事件发生以后，公众非常想知道有关事件的情况及政府所采取的措施等。此时，如果政府没有统一的信息发布，或者虽然进行了信息发布，但是传播效果不好，往往容易产生各种不符合事实的传言，传言在传播过程中又会演绎出新的传言，正是所谓“真理还在穿鞋，谣言已经走遍天下”。对付谣言最好的办法就是及时公开。即使基本事实还没有查清楚，也要告诉公众事实正在调查之中，我们正在做什么、在采取什么措施等，要不断地把最新的进展情况公布出来，不给流言蜚语站住脚的机会。同时，谣言也不攻自破。

2017 年下午 5 时许，北京某高校教学楼大厅发生一起学生被杀事件。事件通过微博、微信迅速传播，颇具杀伤力的谣言很快产生：一是谣传这是一起“无差别杀人事件”；二是谣传目前凶手仍然在逃，很可能还隐藏在校园内；三是谣传涉事嫌疑人是宗教徒，可能是恐怖事件。这些谣传一时间导致学生高度紧张。直到当天晚上 7 点多，官方发布权威信息，谣言很快瓦解。

第五，引导社会舆论，营造积极氛围。及时公布信息，充分发挥媒体的作用，最终的目标是树立负责任的政府形象，促进突发事件的顺利解决，维护社会秩序，营造良好的舆论环境。

三、召开的时机

突发事件发生以后，是否及时发布权威信息，往往决定了事件舆论的走向。及时、权威、客观地发布有关信息，能够争取主动，占领舆论制高点，抑制谣言传播，为事件的妥善处置营造良好的舆论环境，避免发生次生舆情等。因此，有突发事件发生以后信息发布的“黄金 4 小时”说法，即要在事件发生后 4 小时内及时向社会发布事件有关权威信息。事实上，“黄金 4 小时”是为“及时”设定的定量标准。

除了定量的标准，我们认为，“及时”还应该有定性的标准。所谓“及时”，就是要快，越快越好，要快说、先说，要抢占舆论先机。政府主管部门、学校要抢在前面，首先发布信息。但是，是否意味着一着火、一爆炸就立即发布信息呢？当然不是。我们认为，在突发事件发生的最初几小时内，如果事件的基本情况还并不十分清楚，灾害可能还在继续，救援工作正在进行中，伤亡情况不详。这时我们手里没有掌握多少确凿资料，没有什么可以提供给媒体的新闻原料，所以并不适合以新闻发布会的形式发布信息。当然，也并非不去进行信息发布，我们仍然要坚持突发事件发生以后第一时间及时发布信息的原则。选择用什么形式发布信息，要根据我们手里掌握的事件情况来定。如果我们仅仅了解了事件的时间、地点等很少的信息，那么我们可以在自己学校网站或官微发布一则简要的信息。例如，学校某座教学楼发生了火灾，可能是这样的一则消息发布：某某学校某某教学楼 3 层某日某时发生火灾，学校相关领导及有关部门人员已经赶往事故现场，组织师生有序疏散安全撤离。消防车和救护车已经赶往火灾现场展开救援。目前，救援工作正在进行中，人员伤亡情况不详，请大家注意安全，远离事故现场。事故最新救援情况将由学校新闻中心统一发布。

召开新闻发布会，邀请众多媒体记者前来参加，他们对发布方将要发布的信息有比较高的期待，发布方对新闻发布会的主题、目的、想要媒体传播什么内容要有比较充足的资料准备才能召开一场突发事件新闻发布会。如果发布方在发布会前对舆情研判工作做得不到位，对公众和媒体的需求了解不到位，准备的信息资料不足，会中与媒体互动不够，对公众关注的焦点问题无回应或回应不充分，不但无法产生积极的舆论引导效果，还有可能产生次生舆情，使舆论热度升温。在这种情况下，新闻发布会就不具备召开的条件。

某省“史上最短”发布会仅95秒　不理记者提问起身便走

2014年5月22日上午10时，某省公务员局召开新闻发布会，对此前网络上“某省公务员考试一岗位23人参加22人零分”事件做出回应。然而，该新闻发布会仅用时95秒，该省公务员局考试录用处处长保某某在说了几句话后，就在记者的提问声中绝尘而去。

记者了解到，当天，保某某在新闻发布会上表示：“相关部门21日介入调查缺考情况，22人零分的原因为考生缺考，不能定性为涉嫌违规，同一岗位23人参加考试、22人均出现缺考，究竟是什么原因？22名缺考者都交了报名费，为什么要这样做？目的是什么？这些问题都需要进一步详细追查。”

“有关部门正在核实，等详细调查结果出来后，我们一定会实事求是地向社会公布。如有违纪违规行为，会按照公务员法相关规定处理，时间不会太长。”保某某说，“为了保护考生的隐私，在具体原因没有调查清楚之前，我们不能公布更多的细节。”

之后，保某某起身离去，95秒的新闻发布会到此戛然而止。据称，此新闻发布会不仅被视为“史上最短”，而且并未解答人们的疑惑。①

23个公务员岗位，仅一人有成绩，其余22人全部零分，公务员岗位招考本就是社会关注的焦点，又出了这样蹊跷的事件，一定会引起公众的质疑。回应社会关切是召开新闻发布会的目的，但是短到95秒的这场新闻发布会并没有对公众质疑的问题给出令人信服的有效回应。这场新闻发布会不仅没有解决问题，反而引发了更大的危机。

对于突发事件的新闻发布会，首次召开时要满足以下几个条件才是

① 黄榆：《云南“史上最短”发布会仅95秒　不理记者提问起身便走》，2014-05-24，http://politics.people.com.cn/n/2014/0524/c1001-25059519.html，2021-05-13。

恰当的时机：一是初步核实事件基本情况；二是初步采取处置措施；三是受到社会关注。手里有了以上资料，才能开发布会，否则要么三分钟结束，要么被记者问得张口结舌。重大、特别重大突发事件的新闻发布会，往往开一次还不够，还要开第二次、第三次……无论哪场新闻发布会，发言人都要事先做足准备，了解事件的最新进展情况，如事故原因调查得怎么样了，又采取了哪些措施，效果怎么样，等等。只要有新的情况、新的更新、新的进展，就可以再次召开新闻发布会。因为突发事件信息发布的一个重要原则就是快，后面只要有了新的情况可以继续召开新的发布会。这样可以吸引记者从政府、学校的渠道获得信息，有利于引导社会舆论。

第二节　教育突发事件新闻发布会的召开

一、发布会的出席人员

教育突发事件新闻发布会由谁来发布，邀请哪些媒体参加，组织者要事先有所准备。

第一，要有相关领导参加新闻发布。出席突发事件新闻发布会的部门和领导是由突发事件的性质和严重程度决定的。突发事件越严重，出席发布会领导的级别应该越高。如果是重大、特别重大的突发事件，最好能做到顶格回应，政府主要领导或主要分管领导出席。如涉及全市范围内的教育突发事件，分管教育的副市长应该出席，必要时还可以有更高级别的领导出席。高级别领导出席突发事件新闻发布会体现了政府对事件的重视和关注。

2014 年 9 月 26 日 14 时 30 分左右，云南省昆明市盘龙区某小学发生一起踩踏事故，造成学生 6 人死亡、26 人受伤，其中 2 人重伤。2014 年

9 月 27 日 16 时，盘龙区就踩踏事故举行新闻发布会，参加发布会的有盘龙区委副书记、区长，区委常委、常务副区长，盘龙区副区长和盘龙区教育局局长。发布会结束后，4 人鞠躬致歉。

这场突发教育安全事件，由盘龙区政府领导出席发布会是应有之义。

2015 年 8 月 12 日晚，位于天津市滨海新区天津港的瑞海公司危险品仓库发生火灾爆炸事故，造成重大人员伤亡和财产损失，是一起特别重大的安全生产责任事故，引起了国内外媒体的强烈关注。

事故发生 17 个小时后，政府召开了首场新闻发布会，接下来又连续召开了数场发布会通报事件情况。如此特大重量级的突发事件，其发布会出席人员本该顶格回应，但是前 9 场发布会都没有天津市主要领导出席。直到第 10 场新闻发布会，天津市委代理书记、市长及另外两位天津市领导才首次出席发布会。重要领导迟迟不出席发布会，受到了公众和媒体的质疑。

第二，邀请媒体记者参加。媒体记者是政府和公众之间的桥梁，发言人需要依靠媒体记者把政府的声音准确地传播出去，尤其是负面突发事件发生时，更需要高水平的负责任的媒体记者进行新闻报道，避免出现与事实不符、甚至歪曲事实的错误报道。一旦出现这种情况，即使媒体登报纠正，也常常难以弥补所带来的负面影响，甚至使政府处置事件陷入被动局面，卷入负面舆论漩涡，产生次生舆情。

第三，必要时要有专业人士出席发布会。突发事件往往涉及一些专业性比较强的领域，而新闻发言人不太可能是通晓各个领域的专家，一些专业的问题由该领域的专家来回答更加准确，也更符合科学精神，更能体现政府新闻发言的权威性和严肃性。例如，如果是火灾爆炸类的伤员抢救可以请参与救治的烧伤科医生介绍抢救措施和伤者的恢复情况；如果是环境污染类的事件，可以请一位环保专家协助回答问题；如果事件较多涉及国家相关法律，可以邀请法学专家提供专业的法律解释。

2019年1月8日，北京市某区某小学发生校园伤童事件，20名学生被校内一工人锤伤。当晚，区政府召开新闻发布会，通报事件有关情况。在出席人员中，有两名医生，分别来自北京宣武医院和北京儿童医院。事件中受伤的孩子就在以上两所医院接受救治。两名医生非常专业地介绍受伤孩子的伤情和救治情况，具有高度的权威性，令人信服。

第四，家属的安置。负面突发事件往往出现人员伤亡。伤亡者家属突然接到亲人受伤甚至离世的消息，往往难以承受，情绪失控。事故善后处置中，要妥善接待、照顾和抚慰伤者和遇难者的家属。在新闻发布会上，如果家属在场，他们难免触景生情，出现一些极端的、不理性的行为，不仅不利于维护发布会现场的秩序，而且会吸引现场记者的注意力到家属身上，严重干扰新闻发布会的正常进行。因此，家属不适合出现在新闻发布会的现场。

相比政府例行的、常规性的新闻发布会，突发事件新闻发布会对媒体记者有着更强烈的吸引力，会场秩序的维持难度比较大。应该说，新闻发布会现场秩序差甚至失控的情况多发于突发事件发布会。例如，2011年“7·23”甬温动车事故新闻发布会的现场出现失控的状态；2014年马航MH370航班失事新闻发布会的现场也是失控的状态。不仅如此，由于条件所限，遇难者家属也被安置在了召开发布会的酒店，因此发布会现场不时有哭泣的家属出现，更加剧了现场的混乱。

二、资料的准备

突发事件的新闻发布会不宜时间过长，一般不超过半个小时。等有了新的情况，可以再组织召开新的发布会。突发事件新闻发布会通常包括两个环节：一个是发言人通报事件情况及处置等相关情况，另一个环节是回答记者提问。其中，通报事件基本情况的时间不宜太长，最多不超过8分钟，只把最核心最重要的信息发布出去，把更多的时间留给记者提问，一些信息可以在答问环节中再做介绍。因此，突发事件的新闻发布，最核心的资料准备就是预测问题及如何回答。如何预测问题和作答？首先，要做好舆情监测，随时了解舆论热点，掌握媒体和公众最关注的问题是什么；其次，统一口径，统一信息源，所有发布内容要前后一致，归口一个部门管理，不能出现不同的部门发布内容不一致或同一部门发布内容前后矛盾的情况。同时，要把政府想要发布的内容要点准备好，这些内容是记者不问也要找机会说的重点。

不同的突发事件，媒体的兴奋点不尽相同。但是，就突发事件来说，无论什么类型，媒体关注的问题主要与以下几个方面的内容高度相关：

第一，有关突发事件事实方面的问题。这些基本事实包括事件发生的时间、地点、所涉及人员、什么事件、事件的过程及伤亡情况（伤亡数字及严重程度）等，要有具体的事实和数据。

第二，有关事件的处置情况。比如，有关部门何时得知事件发生，何时及哪位领导和哪些相关人员赶往现场，做出了哪些决策？采取了什么措施？死伤者是否得到了及时妥善的处理？局面是否得到了有效控制？还会有哪些次生负面事件？公众应该怎么做？

第三，有关事件的责任问题。有关责任方面的问题主要有事件发生的原因是什么？是否有领导者的管理责任？是否有健全完善的制度建设？制度的执行是否到位？事件发生以后，处置救援是否及时？有没有错过最佳处置时机？所采取的处置措施是否有效？

2015 年“8·12 天津港爆炸事故”后的第二场新闻发布会上，就有记者问到：是否消防方法有误，用水去灭火才引起爆炸？这个问题问的就是处置措施是否得当的问题。当时，这个问题受到了公众和媒体的高度关注。

此外，在资料准备过程中，还要特别注意准备与事件高度相关的资料。

第一，与事件有关的法律法规、国家政策等相关文件。面对记者时，要熟悉与事件相关的所有法律法规和国家政策，这样回答记者提问时才能做到任何问题都能找到相关的法律或政策依据，回答也就更加有说服力。例如，涉及校园内民族宗教问题的突发事件，我们就需要查阅《中华人民共和国宪法》《中华人民共和国民族区域自治法》《中华人民共和国教育法》等法律，熟悉有关内容，了解民族平等、民族团结、各民族共同繁荣的政策原则，公民有宗教信仰的自由，任何组织和个人不得利用宗教干预国民教育，不得以任何形式在学校宣扬宗教，等等。对国家的这些民族宗教政策，不仅要烂熟于心，还要讲得清楚、明白。

第二，与事件相关的专业知识。很多突发事件需要专业人员进行专业的处置，那么在向公众介绍该突发事件的处置时，必须具备相关的专业知识。例如，有关食物中毒方面的突发事件，具体是什么中毒、中毒的症状是什么，如何救治、救治的效果如何等需要非常专业的知识才能给公众清晰、权威和负责任的解释。再如，有关环境污染的突发事件，具体是哪些有害物质造成了污染，有害物质达到多大的浓度会造成污染，污染对人体造成什么样的伤害，为保护好自己公众应该如何应对污染，等等。以上这些专业的问题必须具备相当的专业知识才能为公众讲明白，消除大家的恐慌心理。事实上，术业有专攻，除非专业人员，如医生、某领域的专家等，新闻发布人员不可能在很短时间内具备各类突发事件所必需的专业知识。因此，专业的事情应该由专业的人来做，聘请专业人员出席新闻发布，解释和回答专业领域的问题才最为准确和权威。

第三，过去几年自己的学校或其他教育机构曾经发生的类似事件。负面突发事件发生以后，会引发公众联想起以往发生的类似突发事件。例如，地震发生后，人们会梳理人类历史上发生的历次地震的强度、伤亡、救援等情况，与本次地震做对比。火灾发生后，人们又会盘点近年发生的相似或相近情况的火灾，讨论火灾发生的原因、造成的人员伤亡及损害、救援的情况等来追究责任，总结经验和教训。所以，学校一旦发生突发事件，媒体常常会查找该学校或其他学校过去曾经发生的类似突发事件，综合比较这些突发事件的异同，寻找事件之间的内在联系，梳理相关政策法规、管理制度、处置措施的漏洞及教育的种种得失。因此，一件突发事件发生，以往发生过的已经处置完的类似突发事件又被连带着炒作起来，形成现象级舆情。

2014 年，某大学发生了宿舍投毒事件，该大学研究生林某某在饮水机中投毒致使舍友黄某中毒不治身亡。这是一起发生在校园中的刑事案件。事件受到了媒体和网友的热炒，达到了很高的舆论热度。在这场大学宿舍投毒案的炒作中，连带牵扯出了 1992 年发生在另一所著名大学的宿舍投毒案，该事件的被害者朱某铊中毒导致终生残疾。这是两起非常相似的大学投毒案。这个案件被连带炒作的原因除了两案的情节相类似以外，更为重要的原因是由于证据不足，案件未破，凶手至今逍遥法外。在强大的舆论热度下，警方不得不把 1992 年该案件的相关情况、包括为什么未破案的原因向公众公开。直到现在，仍然不断有人把 1992 年的某大学宿舍投毒案拿出来在网络上炒作一番。

2018 年 5 月 4 日，某大学举行庆祝建校 120 周年纪念大会，其校长发表题为“大学是通向未来的桥”的讲话。在讲话中，校长读错了一个字，将“鸿鹄之志”的“鹄”错读成了“hao”（音“浩”），引起广泛关注。5 月 5 日，校长为此发表致歉信，网友对此事的关注热度再次升温，有网友对校长的致歉点赞，也有人批评校长的道歉缺乏诚意，致歉信中“甩锅‘文革’”“否定质疑的价值”等内容引发不满。与此同时，一些网友搜集了清华、人大、厦大等名校校长在各种公开场合读错别字、出错的事例，从而指责大学的行政化，事件所造成的负面影响持续了很久。一年后的 2019 年，又有网友曝出另一所大学新学期迎新挂出有错别字的横幅，将“热烈欢迎”的“烈”写成了“列”，并且以“错出新高度！继某某校长念错字后，某某大学直接挂起错别字横幅”为题发表博文。所以，当一所学校发生了负面突发事件时，其他学校要马上开始自我检查，重点检查防范学校是否有发生类似事件的隐患，避免发生类似事件。

2018 年 12 月 26 日，北京某大学一实验室发生爆炸事故，造成 3 名参与实验的学生死亡。事故发生后，有关部门立即开展事故调查、善后等工作外。2019 年 1 月 3 日，国务院安委会办公室召开高等学校实验室安全管理工作视频会议，深入贯彻落实党中央、国务院领导同志指示批示要求，深刻吸取北京某大学“12・26”较大事故教训，进一步推动高校实验室安全管理责任落实。会议要求各高校要加强实验室安全责任体系建设，深化学校、二级院系、实验室三级安全管理责任落实；完善和落实各项管理制度，实现对实验室安全的全过程、全要素、全方位管控；强化对实验室危险物品采购、运输、存储、使用等各环节的管理；加强实验室安全检查，全面排查各环节风险隐患；狠抓安全宣传教育培训，不断提高广大师生安全知识水平。各高校迅速开展了对本校实验室安全隐患的地毯式排查。同时，为防止发生现象级舆情，学校还应检查以前是否发生过类似事件及该事件的原因、处置和责任等方面的问题。

第六章　新闻发布会的常用策略

在互联网时代，政府官员、学校校长、教师及各类教育机构的负责人都有可能面对记者，接受记者采访，回答记者提出的问题，就一些教育事件做出回应。如何回答记者提问，才能充分恰当表达被采访者的观点和态度，展示被采访者的能力和水平，树立被采访者群体及所在单位部门的正面良好形象，是需要方法和技巧的。

第一节　记者提问的常用方法

记者提问是有一定的方法和规律的。媒体记者的提问，既有一些友好的，容易回答的问题，也有刁钻的、为难的、设置陷阱的问题。这里，我们列举几个记者常用的提问方法，了解和掌握这些提问方法，有助于我们明确记者提问的目的，为巧妙回答做准备。

一、追问

当被采访者向记者介绍了有关事件的主要情况后，记者会抓住其中的一些细节进一步地提问，以获得更多有新闻价值的信息。记者通常会追问人物、事件过程、责任等方面的细节问题。比如，如果发言人通报事件情况时提到某某学校在某某时间某某地点发生一起交通事故，某某学院一名学生受伤……那么记者可能会追问这名伤者的细节：这名受伤的学生是几年级的？是研究生还是本科生？男的还是女的？伤者学习成绩怎么样？正在外出做什么事情？她家庭情况怎么样？父母职业是什么？有兄弟姐妹吗？等等。比如，通报事件过程中，发言人说“第一时间”，记者可能会问：第一时间是几点？距离事件发生过去了多长时间？领导是从哪里赶过来处置的？等等。在追问的过程中，记者有可能发现一些值得报道的可能引起炒作的新闻点，也可能找到事故处置过程中的一些漏洞，这都是非常具有新闻价值的材料。

二、推测

记者常常根据他们看到的一些现象或被采访者说过的一些话，进行貌似符合逻辑实际经不起推敲的推测，以得到有价值的新闻点吸引眼球、得到关注。

教育部某原副部长在2005年夏曾就关于助学贷款的问题点名批评过8个省、自治区的工作。媒体对此非常关注，几个月以后，记者采访该部领导时又专门问了此事。

记者问：当时我们也在新闻发布会现场，我们注意到，开始讲话时，您并没有具体提哪8个省区，后来是中央电视台记者某某举手提问，您犹豫了一下才说出来的。可不可以认为，这次点名是被记者逼出来的？（很明显，记者的推测并不符合逻辑）

2000年11月，时任全国政协主席的李瑞环在香港会见各界知名人士时，有香港记者问：“您刚才在讲话中强调了团结的重要性，是不是指香港人不够团结？”[1] 这个问题也是记者通过不恰当推测的方式希望得到自己想要的结果。但是，记者并没有达到预期目的，李瑞环以充满智慧的精彩回答反而让记者很难堪。具体回答我们在回答记者提问的技巧中会讲到。

---

① 杨讴，赵卫：《李瑞环答香港记者问》，《光明日报》，2000-11-8。

三、质疑

记者为了提升采访的新闻性，获得更多的信息，甚至期待更多意想不到的收获，让采访更有看点，采访者常常对被采访者提供的信息持怀疑态度，质疑被采访者谈到的观点、所描述的情况、所采取的措施及所取得的成效等。他们会以不信任的态度提问，或者找到对被采访者不利的事实提问，一些正面的观点、做法往往被负面化解读。

2003 年“非典”期间，中央电视台记者王志采访时任北京市代市长王岐山时采用了质疑的方法提问。

王志：你上任的时候，我看了这个（感染“非典”）数字是当时是 300 不到 400。

王岐山：对！

王志：昨天的数字是 2705。（对被采访者不利的事实）

王岐山：对！

王志：那跟你的严厉措施这是成反比的，说明什么问题？（否定的态度）

王志：这个我们大家都看到了，但是我感觉非常奇怪的是市民们恐惧没有减低，反而在增加。（对被采访者不利的事实）①

虽然王志的问题问得很刁钻，但越是刁钻的问题，越是要回答好。这样才有好的传播效果。王岐山对上述每个问题的回答都非常精彩，在当时“非典”还没有得到有效控制的紧张环境下，很好地起到了稳定人心、安抚公众心理的效果。

所以，记者提出的看似刁钻为难的问题，从另一个角度讲，也给了

① 央视国际：《〈面对面〉第十五期：王岐山·军中无戏言》，2003-05-02，http://www.cntv.cn/program/mdm/20030503/100242.shtml，2021-08-09。

被采访者机会，只要被采访者对事实充分的了解和把握，对整体形势有清晰的判断和了解，再运用一些回答记者提问的方法，就能够对答如流、收放自如，给出恰当的回答。记者获得了满意的回答，得到了出彩的新闻点，经常产生意想不到的良好的传播效果。

四、假设

记者常常假设一些没有发生的事件或情景，让被采访者做出预测和判断。通常用“假如”“如果”“要是”等词汇打头。对于这样的问题，我们不能去按照记者的提问思路做出预测，否则就会掉进陷阱，引起次生舆情。当然，我们也不能说“无可奉告”之类的话。在前文关于新闻发布的“十个不要”中，我们谈到的“不要推测”就是针对如何回答记者用假设的方法提出的问题。我们还给出了几个用假设的方法提出的问题让大家思考。这里我们给出回答供大家参考。

问：如果学生上街游行，你们怎么办?

答：事件发生以后，大部分学生不在现场，不明真相，我们安排班主任、辅导员到学生中间，向学生通报事情的经过、学校采取的措施等。同学们非常理性，非常支持学校的工作，表示要认真上课、好好学习。我们相信，他们不会做出有损学校正常教学秩序的事情。

问：如果重症伤者出现意外，你们怎么办?

答：我们时刻都在关注着伤者的救治情况。对于几位重症伤者，据医院参与救治的医生反馈来的消息：他们正在不惜一切代价全力救治。虽然几位重症伤者还未脱离危险期，但他们正处于青年时期，生命力旺盛、身体修复能力强，恢复的可能性非常大。让我们祝愿他们早日恢复健康。

问：如果事件的调查结果是你是事件的主要责任人，你会引咎辞职吗?

答：事件造成了重大人员伤亡和财产损失，我感到非常痛心。当前，我最重要的工作的是救人，顾不上其他的事情。我个人的荣辱并不重要，我无暇顾及，也不在意。我愿意接受和配合组织上对事件的调查。

五、强加

记者为了得到自己希望的回答，就会利用强加的方式引导被采访者朝着自己希望的方向回答问题。这些问题，有时候就是陷阱。具体的方法是故意把假设、传言、猜想等不确定事实当成既定事实作为大前提提问。

比如，幼儿园发生了虐童事件，记者可能会问：“发生这次教师虐童事件与你们长期忽视教师的师德教育有关吗?”问题的大前提是“校方长期忽视师德教育”。显然，这个大前提是未经调查核实的猜想，无论回答“是”或“不是”都等于承认了校方忽视教师的师德教育。

再如，学校发生火灾，记者可能问：“你们管理上的哪些漏洞导致这起后果严重的火灾事故?”问题的大前提是“你们管理上有漏洞”，这也是未经调查核实的信息。学校发生了火灾事故，学校领导往往很着急，一边组织处置，一边会排查到底是什么原因导致的火灾，哪里有漏洞。记者恰恰抓住被采访者着急又底气不足的心理特点，提出这样的问题。如果被采访者按照记者的逻辑回答“我估计是学校管理上哪里有漏洞”等，就会犯两个错误：一是未经调查核实就指出自己学校管理上的漏洞，二是没经调查就凭主观判断对事件的原因下结论。这样回答一旦与后期的调查结果不一致，就带来了麻烦。

回答这类强加问题，要么否定记者提问的大前提，要么陈述客观事实，千万不能被记者牵着鼻子走。

2016 年，第 52 届慕尼黑安全会议中国专场上，有外国记者提问时任全国人大外事委员会主任委员的傅莹。

> 外国记者：中国是否已经完全失去对朝鲜的控制？

这也是采用强加的方式提问，大前提是“中国控制朝鲜”，这个问题不论回答“是”或“否”，都等于承认了中国控制朝鲜，这也是记者提出这个问题的目的。下面傅莹给出了充满智慧的精彩回答。

> 傅莹：你提问题的方式是典型的西方思维……中方从不认为自己应该控制哪个国家，我们也不希望被别的国家控制……①

记者提的问题尖锐，咄咄逼人，或者设置陷阱，也并非完全是专门和被采访者过不去，是为了有出彩的新闻报道，有好的传播效果。记者问出有水平的、专业的哪怕是有些挑衅的问题，是记者职业素质的体现。所以，记者问得好，问题难度系数高，被采访者答得精彩、水平高，博得众人喝彩，受到社会关注，获得良好的舆论支持，是双赢。

曾经担任国新办主任的赵启正在 2008 年 3 月 14 日接受《瞭望东方周刊》记者采访时说：“我喜欢富有挑战性的问题。因为挑战性的问题往往是国内外最关心的问题，你回答后容易得到传播，效果好。我们对外宣传要讲究效果论。我们要尽量争取正面效果，避免负面效果。以正面报道为主，但什么是正面报道有时候并不清楚。那就只认一个道理，就是问报道出来效果是正面的吗？那什么是负面报道？我的定义是凡是阻碍社会进步的，就是负面的报道。但不是因为负面消息就不报道，报道

---

① 傅莹：《你提问的方式是典型西方思维》，2016-02-15，https://www.sohu.com/a/58803581_116237，2021-08-09。

负面消息也可以产生正面的效果。”因此，我们没有必要害怕面对记者，不愿意接受记者采访，只要我们工作做得扎扎实实，掌握和媒体打交道的方法，就能把我们的工作宣传好。

第二节　怎样回答记者提问

一、“五说”和“五不说”原则

前文提到，面对公众和记者，我们不能说谎，说了一句谎话，前面讲的所有真话都会被怀疑，后面再怎么说也圆不回来。但是，并不是什么都可以对记者说，要“真话选择说、假话不能说”。那么，如何做到“真话选择说”呢？选择哪些真话说？哪些真话不能说？我们总结为“五说”和“五不说”原则。

所谓“五说”，就是突发事件发生以后，要“说情况”“说措施”“说决定”“说成果”和“说希望”。具体来说，就是要向社会说明突发事件发生的基本情况，包括时间、地点、伤亡等基本信息；要说明政府及学校为处置突发事件采取了什么样的措施，如救火车、救护车已经到达现场展开救援，师生已经有序从着火的教学楼里撤离等；要说明处置领导小组形成了什么样的决定，如校方先行垫付医药费，每个伤者都派两名人员 24 小时轮流陪护等；要说明措施采取以后所取得的成果，如所有伤者都及时送往医院，生命体征平稳，没有生命危险，以及大火已经扑灭等；要说未来还将有什么样的积极的让人充满期待和希望的事情，如虽然学校发生了危房倒塌砸伤学生的事件，但是新的教学楼正在建设中，今年 9 月就会投入使用，保证以后再也不会有类似事件发生了等。说情况、措施和决定是说已经发生的、不会更改的事情，是确定性的事实，说了不会出问题。而说成果和希望不仅是说事实的一部分，更是积极引导社会舆论的需要，告诉公众政府工作给力，措施有效，一直在努力。

教育部新闻发言人在回应北方村小“跑步取暖”舆情时，就充分体现了“五说”原则。

2017年12月，时值冬日，北方一些村小还没有解决供暖问题。一些校长让孩子们到操场上跑步，身体暖和了再到冰冷的上课，网友称之为“跑步取暖”。媒体将此事进行了曝光，立即引起公众的高度关注。

> 发言人：教育部对这个事情高度重视，部领导批示要采取切实有效的措施，督促地方迅速地解决中小学供暖问题。（说决定）在昨天，也就是12月5号，国务院教育督导委员会办公室已经向有关省份下发了督办通知单，要求这些省份高度重视这个问题，要迅速查明情况，迅速解决问题，确保正常的教育教学工作能够开展。（说措施）我看到昨天下午有报道出来，说有的地方已经立查立改，承诺今天就能迅速解决孩子们的供暖问题。（说成果）我觉得这些地方对这个问题上表现了应该有的态度，应该有所作为。这件事，我们认为也反映孩子们的事情没有小事，也希望地方的基层政府、教育部门和学校能够引以为戒，真正把孩子们的冷暖放在心上，真正做到以学生为本，切实保障学生的利益，从而能够保证让孩子们在一个相对比较好的条件下得到健康成长。（再次表态）①

“五不说”原则就是不说原因、不说性质、不说责任、不说教训和不说损失。一般来说，突发事件的原因、性质、责任等需要比较长时间的调查才能够有准确客观的结论，而事件的教训及各种损失状况也需要认真的总结和评估，短时间内不会有经得住检验的结论。因此，涉及还没

---

① 汤琪：《教育部：采取有效措施督促地方解决中小学供暖问题》，2017-12-06，https://www.sohu.com/a/208798076_120702，2021-08-09。

有准确结论的判断，发言人或被采访者不能凭个人主观判断或猜测就向媒体公开。涉及事件的原因、性质、责任、教训及损失等问题，在没有准确结论前，要向公众说明“事件正在调查中”等情况，不能贸然下结论。

二、善于讲故事

我们可以通过讲故事、说案例的方式，让回答更生动、更具体、更通俗、更可信、更有说服力，更容易给听众留下深刻印象，从而更好地传播信息。习近平总书记 2013 年 8 月 19 日在全国宣传思想工作会议上强调：讲好中国故事，传播好中国声音。我们教育工作者要讲好中国教育故事，传播中国教育好声音。

作为教育工作者，我们要学会善于讲好教育故事。比如，讲到留守儿童问题时，我们除了介绍国家对留守儿童的特殊照顾政策，还可以讲一个关于留守儿童的典型故事；讲到高校帮助贫困生的问题，除了介绍国家助学贷款、奖助学金及各项学校资助政策外，也可以讲一个学校内贫困生如何通过这些政策获得帮助，目前的学习及生活等状况；等等。故事情节越是新颖、独特，就越能吸引人，越能令人印象深刻，越有好的传播效果。所以，我们在工作中也要注意收集积累各种典型人物及典型事件。

三、阐明原则

有时候，记者问一些具体的问题，这些问题不方便直接回答，直接回答了可能会带来一些麻烦。对这类问题，我们可以说明处理此类问题的态度、立场和原则。

2014 年“两会”，李克强总理会见中外记者，有记者问：“今年会有新的惠港政策出台吗?”

李克强总理：“凡是有利于香港繁荣发展的事，我们都会去做，过去是这样，今后还会是这样。”[1]

李克强总理的回答，就是使用了阐明原则的方法，并不直接回答记者“是否有新的惠港政策”，而是表明制定有关香港政策的立场和原则，非常精彩。

我们按照李克强总理的方法举一反三，设置一个教育的场景来回应记者。比如，学校今年组织了一个大型的学生活动，请了一些媒体记者来做宣传报道。有记者问：“这样的活动明年、后年还继续搞吗？”

如果我们已经对活动做出了长期的规划，包括明年、后年乃至更长时间如何开展下去，那么我们可以据实向记者详细介绍。如果我们还没有后期的规划，只是今年尝试性地开展，以后是否开展下去要看今年的效果或是否有活动经费等，就可以学习前文李克强总理回答记者提问的方法稍加改动地回答：“凡是有利于学生健康成长的事，我们都会去做，过去是这样，今后还会是这样。”

2014 年“两会”，有记者问到某前任中央政治局委员的事情，政协新闻发言人的回答：“实际上，我和你一样，从个别媒体上得到了一些信息，那么我大致上这样说一说，2013 年中纪委监察部对涉嫌违法违纪的中管干部结案和处理的已经有 31 人，部分是部级干部。我们严肃查处一些干部，包括高级干部严重违法违纪的问题，向全党全社会表明，我们所说的不论是什么人，不论其职位有多高，只要是触犯了党纪国法，都要受到严肃的追查和严厉的惩处，绝不是一句空话。”

很显然，这是个敏感问题。当时，记者问的那位前政治局委员的事情还没有来自官方的公开信息，只是民间有传闻。发言人或是没有授权不便回答，或是因为保守国家秘密不能回答，采用了阐明原则的方法，说明处理这类事情的原则、立场，非常精彩。

---

① 蔡啸天，陈璟春：《新华网评：李克强：凡是有利于香港的事我们都会做》，2014-03-13，http://www.gov.cn/zhengce/2014-03/13/content_2638070.htm，2021-08-09。

2020年初，新冠肺炎疫情期间，2月13日，美国全国公共广播电台（NPR）主持人采访中国驻美国大使崔天凯时问："我知道处于此次疫情暴发中心的湖北省两名高级别官员已被解职。什么地方出了错?"

崔天凯回答："我们现在所做的一切，包括人事调整等，都是为了一个目标，就是响应人民的呼声，满足人民的需要。这是我们当前所做一切的唯一目标。在这样特殊的情况下，自然要给予能者更多责任，也是重任。"①

这也是一个不便直接回答的问题，崔天凯大使的回答方式是把处置此类问题的原则上升到为了"响应人民的呼声，满足人民的需要"的高度。

四、分清责任

有些事件的发生是因为个别人或个别机构造成的，主要责任在个别人及机构，学校一定要以最快的速度依法依规处理个别人或机构并明确表态，及时维护学校的整体形象。这样做的目的是要告诉公众，我们学校整体是好的，出问题的是个别人，我们对此事的态度是"零容忍"，学校已经进行了严肃处理，未来我们会采取更严格的措施杜绝此类事件发生等。就好比一个苹果有个虫眼，我们要赶快把这个虫眼挖掉，以免整个苹果烂掉。

2017年12月，山东大学齐鲁医学院100周年校庆期间，其校庆LOGO被指涉嫌抄袭。对此，校方迅速做出回应：

近日，网友质疑山东大学庆祝齐鲁医学100周年活动LOGO与兄弟高校曾举办活动的LOGO构图相似度极高。现就相关情况说明

① 中华人民共和国驻美利坚合众国大使馆：《崔天凯大使就抗击新冠肺炎疫情等接受美国全国公共广播电台采访》，2020-02-15，http://www.china-embassy.org/chn/zmgx/t1745170.htm，2021-08-09。

如下：庆祝齐鲁医学100周年活动LOGO由我们委托校外专业公司进行设计，针对网友讨论的话题，学校高度重视，本着尊重原创、保护知识产权的原则，已就此事展开调查，将保留追究相关方责任的权利。该事件造成了不良影响，给大家带来了困扰，对此我们真诚道歉。感谢师生、校友和社会各界朋友对我们的关爱和支持。

我们仔细阅读校方发布的情况说明，我们获得的信息是学校的校庆LOGO是学校委托校外机构设计的。换句话说，就是抄袭的事是校外公司干的，学校委托他们设计，肯定是要原创，结果他们涉嫌抄袭，给我们学校带来了负面影响，学校是受害者。这则情况说明，清晰地划分了责任归属，不仅把抄袭的责任合理地厘清，而且帮助学校树立了正面的形象。

2010年“两会”上，有记者问政协新闻发言人赵启正：我们注意到去年的时候，全国有三个政协主席因为经济问题被查，因为他们的经济问题基本上还是在政府工作期间，请问他们由政府转到政协工作的时候，有没有进行基本的经济审计？为什么去年会有这样的现象？您能不能解释一下？

赵启正：事出有因，就是在中国改革开放的大潮中，我们有很多发展的机会，在这当中，我们的法律是逐步的，党内的监督是逐步严格的。但是总有人在这当中找空白点，找空隙，可以说是不可见人的，做这些违反党纪国法的事情，这只能由他们自己负责。

面对这一问题，赵启正清晰划分责任，指出这是个别人的行为。

五、借题发挥

发言人代表政府、学校、社会组织进行信息发布，目的是希望有效引导社会舆论，营造良好的舆论氛围。记者代表媒体采访，向发言人提问，目的是获取信息，寻找新闻热点。记者关注的和我们想说的并不完全一致。我们希望传播的信息，有时记者问到了，我们有机会说，但也有很多记者并没有问到但我们必须要说的信息。这时候，我们就可以使用借题发挥的方法，把我们想表达的内容说出去。

2017 年 2 月，在国新办举行的新闻吹风会上，有央视记者问时任教育部副部长沈晓明：刚才沈副部长介绍教育部 2016 年承办的建议提案达到了 1828 件，感觉确实是不小的量，在这么多的建议提案中，代表委员集中关心的教育问题主要有哪些？（这是记者问的真正问题）

沈晓明：人大代表和政协委员十分关心支持教育工作，为教育改革发展倾注了大量的心血和汗水，让我们深受感动。（赞美）

2016 年，教育部承办建议提案 1828 件。我们对承办的建议提案进行了分析，代表委员关注第一位的是学生的健康成长和全面发展，第二位是教育公平，第三位是高等教育发展，第四位是教育投入，第五位是职业教育体系的完善。（回答记者问题）

我和 10 年前代表委员关注的教育问题进行了比较，发现 10 年前代表委员关注义务教育投入，关注校舍安全，而今天他们更关注学生的健康成长和全面发展，从这样一个变化当中我们可以看出：一是表明代表委员参政议政的水平在不断提高，关注的事情从硬件变成软件，从外延变成内涵，从现象变成本质；另外也说明教育事业在党中央国务院的领导下，10 年来确实有了很大的发展，以前代表委员关注的问题一个一个都在解决。所以，我希望，今天代表委员关注的问题在若干年之后也能变成他们不再关注的问题。（借题发

挥说教育成果)①

在沈晓明的回答中，只有第二段是在回答记者的问题。第一段是在赞美“两会”代表。第三段就是采用了借题发挥的方法，借记者提的这个问题把自己想说的话传播出去。第三段的中心内容是告诉记者近年来教育改革发展取得了伟大成就，代表委员提出的问题都已经解决了。这是在说成果，在设置话题，在传播正能量的内容，引导公众关注教育成就。

六、转移话题

有时记者问到的问题直接指向我们的工作问题及失误，如果我们按照记者的思路去回答，传播出去等于给公众加深了对我们工作出现失误、做错事的印象，不利于营造良好的舆论氛围。我们可以巧妙地转移话题，通过记者传播我们想说的话，引导公众关注政府采取的措施，看到事件解决的成果、希望，从而起到正向引导社会舆论的作用。2013 年，某市曝出了“毒校服”事件，检出多批次学生校服不合格，甚至有致癌物，引起社会广泛关注。我们以此事件为背景，设计了一个用转移话题的方法回答记者提问的例子。

问：目前全市有多少学校存在“毒校服”的问题？

参考回答：目前我们正在进行彻底的清查，你的提问让我想起了一个更加重要的问题，那就是下一步我们要抓紧制定中小学生校服标准……

对于这个问题，如果我们直接披露给记者哪些学校存在“毒校服”

① 中国网：《沈晓明：教育部 2016 承办建议提案 1828 件》，2017-02-07，https://www.sohu.com/a/125682525_117882，2021-08-09。

的问题，等于在公众心目中又强化了“毒校服”的问题。而我们用一句转折语“你的提问让我想起了一个更加重要的问题”来转移话题，引导记者和公众关注下一步政府为解决“毒校服”的问题所采取的措施，讨论如何解决问题，而不是一味地讨伐涉事企业和追责。这是遵循前文提到的“五说”中的说措施、说成果、说希望，目的是正向引导社会舆论。当然，在突发事件发生以后，我们不能为了引导社会舆论而隐瞒及回避问题，要在以坦诚开放的态度、承认和面对问题的基础上，引导公众更多关注提出建设性意见，帮助政府解决问题。

七、负面信息正面表达

由于突发事件事发紧急，情况复杂，人手不够……在这种情况下，我们要一边处置救援，一边进行信息发布。一些决定刚刚形成，还未来得及实施，一些措施刚刚施行还没产生实质性效果。对于这些信息，我们要坚持正面表达。例如，“我们还没有完成任务”的正面表达是“我们正在努力完成任务”；“调查结果没出来之前我无法回答你”的正面表达是“我们正在全力以赴配合公安部门开展调查，一有结果第一时间向社会公布”。

例如，某地发生泥石流，一所学校学生被困。

记者：泥石流发生这么长时间，学生还饿着肚子。你们打算怎么办?

答：是这样，道路没有修好，交通中断，支援物资还没有到，我们目前也没有更好的办法，只有安抚学生，等待救援。（负面信息表达）

很显然，这样的回答传播出去的是负能量，会引发公众对政府的不满与质疑。如果我们换一种说法，把以上负面信息正面表达，效果就会完全不一样。

> 参考回答：有关部门非常关注这个情况，正在采取措施，被泥石流冲垮的道路正在抢修，预计明天中午之前通车；此外，我们还请求空军支援，为孩子们空投食品……

事实上，负面信息正面表达的方法从本质上还是在贯彻回答记者提问的“五说”原则。

八、归谬反驳

归谬法是一种论证方法，当记者提出某种观点时，我们先假定他的观点是正确的，然后沿着记者的逻辑和思路，得出与常理明显不符的荒谬的结论，从而否定记者的观点。

> 2000 年，有香港记者用推理的方法问时任全国政协主席的李瑞环：您刚才在讲话中强调了团结的重要性，这是不是指香港人不够团结？
>
> 李瑞环：如果我祝你身体健康，是不是指你身体不健康呢？[1]

李瑞环的回答就是采用了归谬反驳的方法，先假定记者说得对，然后按照记者的逻辑制造一个明显荒谬的推理，从而有力地反驳了记者，非常精彩。

2000 年 8 月 17 日，赵启正在北京与时任美国驻华大使普理赫共同举行记者招待会。

> 记者：中国最近打击的贪污腐败中，逮捕了一些异己分子和练

---

① 杨讴，赵卫：《李瑞环答香港记者问》，《光明日报》，2000-11-8。

“法轮功”的人，是不是下一步要对付文化界的人？

赵启正：我没有听说这件事。但是我可以告诉你，中国政府绝不会对付文化界的人。如果一个农民因犯罪而被逮捕，就意味着下一步要对付农民了吗？一个文化界的人被捕，不能说下一步就要对付文化界的人。

赵启正用的也是归谬法，按照记者的逻辑，推理出一个明显荒谬的结论。这比直接回答“不是这样的”要更加强有力。

第三节 回答记者提问的其他策略

一、回答记者提问的语言

我们进行新闻发布的目的是向公众传播信息，不仅要把信息传递出去，还要让公众记住，才能起到引导社会舆论的作用。因此，新闻发布的语言与我们平时的书面语言、开会时布置工作的讲话稿、开幕式上的欢迎辞等都不一样。新闻发布的语言要做到以下几点：

（一）表达准确

尽量不要使用不确定的、模棱两可的、容易让人曲解意思的词语和表达方式，如“大概”“也许”“可能”，必要时可以做进一步的解释说明。目前，教育部在出台新的重大教育政策时，都会召开新闻发布会，向社会说明政策的制定背景及重要条款的解释，同时还会配套发布一篇解释该政策的答记者问，并且在传统媒体上以接受记者采访的形式，或者把政策的关键词呈现出来以图文并茂、直观生动的形式等在网络媒体上宣传解释，通过这种立体传播的形式充分准确地向公众解释清楚政策的含义，避免歧义。在进行政策解释的时候，不仅说明政策是什么，还要说明不是什么、为什么、有哪些配套措施等。

（二）通俗易懂

要说让老百姓听得懂的话，基本的标准是让接受过九年义务教育的人不费力就都能明白发言人说话的意思。在新闻发布场合要使用最简单明了的语言，不要使用公文语言，不要讲官话套话，不要讲专业术语。这些话老百姓听不懂，听不懂就没有传播效果，等于没说。例如，当我们介绍学生心理健康情况时，就不能使用“SCL-90”“量表”“因子”等词。

（三）突出要点

发布信息前，一定要想清楚自己要向公众传播哪些关键信息，在新闻发布和回答记者提问时重点阐述这几个关键核心信息，避免说很多外围的、与关键信息相关度不大的内容。同时，回答记者提问要简短，一般不超过 3 分钟。如果说得太多，关键信息容易被淹没，而记者有可能挑选了次要信息作为记者认为的重要信息发布出去。

（四）生动易记

在新闻发布的语言中使用一些公众耳熟能详的顺口溜、排比句、俗语、俏皮话及时下流行的网络用语等会给公众留下深刻的印象，媒体也喜欢使用这些话作为新闻的标题。例如，我们非常熟悉的“老虎苍蝇一起打”“红红脸、出出汗”“把权力关进制度的笼子里”等。

教育部前部长陈宝生在回答记者提问时使用的语言非常生动，常常是妙语连珠。在党的十九大召开期间，他谈到中国教育发展取得的伟大成就时说：“中国教育个子大了，骨架壮了，颜值高了，排位靠前了。”在谈到教育改革的成果时，他说：“教育新体制的‘四梁八柱’已经搭建起来，进入‘全面施工、内部装修’阶段。”在谈到要让老百姓享受教育改革发展的成果时，他说："给老百姓送出一串'红包'。"① 这些金句被记者原汁原味地直接用作新闻的标题句出现在各大媒体上，取得了非常好的传播效果。

在2019年"两会"上，在谈到小学一年级非零起点时，宝生部长用了大众熟知的俏皮话："教学非零起点教学左一道右一道，把孩子画得'五花八道'的，这叫作'张飞画扇子，愁死齐白石'。"

谈到过重的课业负担时，宝生部长说："学生不高兴就是宝宝不高兴，宝宝不高兴，问题很严重。"②

每年夏天大学的毕业季，都有大学校长因为毕业典礼的演讲中的"金句"而成为网红。

2010年毕业季，华中科技大学校长李培根院士的毕业典礼致辞《记忆》，短短的2000余字的演讲词把4年来的国家大事、学校大事、身边人物、网络热词等融合在一起，"俯卧撑""躲猫猫""打酱油""妈妈喊你回家吃饭""蜗居""蚁族""被就业""被坚强"这些当年大家耳熟能详的事件及热词都出现在了里面。一时间，李培根校长被学子们捧为"根叔"。

2016年毕业季，电子科技大学校长李言荣在致辞中幽默地关心学生的感情生活，"我一直认为爱情是大学生活的一部分，很抱歉我校女生的比例也实在是太低了点"；而上海大学校长金东寒院士则打趣地告诫那些"准备娶上大女生的男生"要好好对待女朋友，因为她们不会问"我和你妈同时掉水里你救谁"这种问题，因为"上大女生都会游泳"；等等。

2021年毕业季，南京财经大学程永波校长在毕业典礼致辞中，因"加固'玻璃心'，练好'钝感力'"；"切勿把'精彩'变成一种对赌式

① 柴葳，蔡继乐：《教育部部长陈宝生就"教育民生"答记者问》，2017-10-23，http://edu.people.com.cn/n1/2017/1023/c1053-29604302.html，2021-08-09。

② 新华网：《刚刚，教育部长陈宝生亮相"部长通道"，谈了这些教育热点话题》，2019-03-12，https://baijiahao.baidu.com/s?id=1627802197479226104&wfr=spider&for=pc，2021-08-09。

的‘博彩’”，“成为‘佛系’青年、‘看客’一族、‘躺平’达人”等金句而圈粉无数。

这些大学校长们的毕业致辞被誉为给毕业生上的“最后一课”，他们的金句给毕业生留下了深刻印象，收到了良好的传播效果。

二、赞美和肯定

每个人都爱听赞美自己、肯定自己的语言，这是人的本性，谁都不例外。赞美和肯定，也是与媒体记者的交往策略。可以赞美和肯定记者，也可以赞美和肯定公众、教师、学生等群体。比如，可以赞美公众对某某工作的关注和支持，可以赞美教师爱岗敬业，可以赞美家长积极配合学校的工作，可以赞美学生刻苦努力、朴实奋进等。需要注意的是，不能在新闻发布的场合夸奖别人的外表，如“这位美女”“你长得真帅”“你的衣服非常漂亮”等类似的话不能说。要夸赞对方的工作态度、业务、所在单位的社会声望及影响力等。夸奖赞美的话要说得有道理，不能无中生有，让人一听就觉得很虚伪。

2014 年“两会”，在回答英国《金融时报》记者提问时，李克强总理夸赞他：“你的中文说得很流利，也很标准，我听懂了。”①

1998 年“两会”，朱镕基总理答记者问时对媒体记者说：“你们照顾一下凤凰卫视台的吴小莉小姐好不好，我非常喜欢她的广播。”② 朱镕基总理是在赞美记者的业务能力。

前文提到的 2017 年央视记者采访时任教育部副部长沈晓明，他在回答记者问题前，首先赞美了人大代表和政协委员关心支持教育。

赞美和肯定记者的话也可以这样表达：“你提的问题很专业/重要/关键。”“我看过你写的稿子，文笔很好，也很客观。”“你所在的媒体非常

---

① 人民网：《李克强三次夸赞外媒记者中文“很标准”》，2014-03-13，http://news.sohu.com/20140313/n396541109.shtml，2021-08-09。

② 凤凰卫视：《1998 年吴小莉获朱镕基总理“钦点”提问（文字实录）》，2013-03-14，http://phtv.ifeng.com/project/special/wdzl/ziliao/detail_2013_03/14/23111979_0.shtml，2021-08-09。

负责任。”“正如你所说，这是最紧急的问题，我们正在采取措施……”总之，夸奖赞美的表达方式有多种，夸奖的内容主要是对方的工作态度及业务能力，让人听起来言之有理、受到鼓舞。

三、服饰神态要得体

在新闻发布会或接受媒体记者采访的场合，要穿着正装或商务便装，不要穿带有明显 LOGO 的衣服，不要佩戴价值不菲的名表，女士不要穿颜色太鲜艳、太花哨、款式太独特的衣服，也不要佩戴过于明晃晃的、扎眼的首饰。在突发事件新闻发布场合，一定要保持与负面事件相适合的或严肃或悲伤的表情，切记面带微笑，否则很容易被抓拍，严重时发生负面舆情。

2012 年 8 月 26 日，陕西省一高速公路发生特大交通事故。一张新闻图片拍摄到陕西省安监局原局长杨某某面带微笑出现在事故现场，引发网友愤怒声讨，网友又“人肉搜索”出杨某某佩戴名表的各类图片。随后，这位“微笑局长”在不同场合佩戴多块名牌手表的图片在互联网上被广泛转载。9 月 21 日，鉴于杨某某在“8・26”特别重大道路交通事故现场“笑脸”的不当行为和佩戴多块名表等问题，陕西省纪委高度关注，及时进行了认真调查。2013 年 9 月 5 日，陕西省西安市中级人民法院对杨某某案做出宣判，杨某某因犯受贿罪、巨额财产来源不明罪，两罪并罚，被一审判处有期徒刑 14 年。①

网友称杨某某为“表哥”，“表哥”的落马充分显示了网络监督的作用。事实上，还有不少官员因为在公开场合衣着服饰表情不合适而被网友“捧为”网红，带来很多不必要的麻烦。当然，也有不少官员因为在负面突发事件中的恰当表现而获得网友的点赞。

2014 年 8 月 2 日，江苏昆山一工厂发生爆炸事件，造成重大人员伤

---

① 凤凰网资讯：《“表哥”杨达才一审获刑 14 年》，2013-09-05，https://news.ifeng.com/mainland/special/yananchehuo/，2021-08-09。

亡和财产损失。下午4时30分，昆山市市长就昆山工厂爆炸事件主持召开新闻发布会。面对近百名记者，他难掩悲伤，当场哭泣。网友赞扬这名政府官员真情流露、将心比心、感同身受的表现。这样的表现对树立官员的正面形象起到了积极作用。

四、适度地自我批评与道歉

发生了负面突发事件，政府官员通过媒体进行适度地自我批评和真诚道歉，是负责任的表现，也是表态的一种方式，有助于赢得公信力，树立政府良好形象。同时，自己先进行了自我批评和道歉，媒体和公众就不好再批评了。

2014年9月26日，云南省昆明市盘龙区明通小学发生踩踏事故。9月27日，盘龙区就事故召开了新闻发布会。新闻发布会结束前，参加通报会的盘龙区区长、常务副区长、副区长、盘龙区教育局局长四人在通报完后鞠躬致歉。

2016年7月20日，河北邢台水灾，造成重大人员伤亡和财产损失。23日晚，召开抗洪救灾新闻发布会，邢台市市长及有关领导出席发布会。台上所有新闻发布会出席人员向公众鞠躬致歉。以下是发言稿全文：

> 这次七里河洪水给我市开发区造成重大人员伤亡和财产损失，令人十分痛心，教训十分深刻。第一，对这次短时强降雨强度之大、来势之猛，预判不足；第二，由于多年来未发生大的洪灾，各级干部抗大洪、抢大险、救大灾的应急能力不足；第三，灾情统计、核实、上报不及时、不准确；无论面对多么大的天灾，作为党委、政府，没能保护好人民群众生命财产安全，深感自责和内疚。我代表市委、市政府向所有遇难者表示沉痛哀悼，向遇难、失踪者亲属和受灾群众，向全社会诚恳致歉！我们将诚恳接受社会监督，认真汲取教训，深刻进行反思，积极配合省工作组工作。根据核查情况，

该负什么责任，就负什么责任，该处理什么人，就处理什么人。当前，我市已成立由市委书记、市长带队，12 个村每个村 1 名市级领导负责的工作组，进村入户开展工作。市委、市纪委已启动责任追究程序，对这次抗洪中工作不力的责任人先停职、后调查。当前，我市仍处在防汛救灾的关键时期，我们将认真贯彻落实习近平总书记关于防汛抗洪抢险救灾的重要指示，按照省委、省政府的要求，全力以赴、恪尽职守，坚决打赢抢险救灾这场硬仗。①

在这篇发言稿里，不仅有深刻的自我批评和道歉，还向公众通报了正在采取的救灾措施、形成的决定及承诺要对相关责任人进行问责等，并且诚恳向公众表态。应该说，这篇发布词字斟句酌，道歉和自我批评真诚且深刻，能让公众感到政府在竭尽全力努力工作，既有态度，又有行动，展现了负责任的政府形象，对于凝聚人心、获得老百姓的支持非常有效。

① 搜狐网：《邢台召开新闻发布会市长就洪灾一事向公众道歉》，2016-07-23，https://www.sohu.com/a/107342527_125211，2021-08-09。

案例篇

案例一　实验室爆炸事件

【基本事实】

6月2日上午9时许，南江大学附近一废弃实验室发生爆炸，现场4名工人受伤，被立刻送往医院抢救。随后，一名伤者救治无效死亡。周边居民反映，爆炸发生瞬间，有巨大的爆炸声和震动，附近多家民居玻璃被震碎。接报后，校方及当地公安、消防、医疗等部门赶往现场处置，组织抢救。

据了解，该实验室已废弃多年。近日，校方将拆除实验室工程承包给当地一家有资质的施工队并签署合同。该工程队将工程部分项目转包给社会“三无”（无施工资质，无特殊工种上岗证，无用工证明）人员，这些“三无”人员用明火切割金属管道引发爆炸。

事故发生后，校方启动突发事件应急预案，全力协助公安、安监、消防等部门组织救援，处理善后事宜。目前，施工队主要负责人已被警方带走接受调查，具体爆炸原因公安、安监部门仍在调查之中。学校教学、科研、生活秩序正常。事发后，校方对受伤人员积极救治。

此次事故，造成附近部分居民住房窗户玻璃震碎等财产损失，校方对受损居民造成的临时生活不便先行帮助解决。至于如何定损，由谁负责赔偿，将由权威机构鉴定后依法解决。

【主发布词】

南江大学实验室爆炸事件造成了人员伤亡并对周边民居造成一定的损失，我们为此感到非常痛心和抱歉。爆炸事件发生以后，各家媒体第一时间对事件关注，同时也向我校了解有关信息。我们非常理解媒体对事件的关注。今天我们在这里举行新闻发布会，就媒体关心的问题做出通报和回应。

6 月 2 日上午 10 点 13 分，我校化工实验厂实验室发生了爆炸，造成 4 名人员受伤，其中 1 人在抢救无效之后死亡，2 人已经脱离了生命危险，还有 1 人正在抢救当中。同时，爆炸也造成周边十几户民居窗户玻璃等财产的损失。爆炸事件发生后，学校第一时间会同公安、消防、医疗等部门积极的实施抢救，同时启动了校内安全突发事件预案。发生爆炸的实验室建于 20 世纪 60 年代，位于我校北墙外的 500 米处的火化工实验场。实验场早期建设的时候周边都是农田，在五年前周边建设了居民小区。学校考虑到周边居民的安全，决定停止实验场，并且对实验场进行了封闭，周边设置警示标志等。根据规划，我们在 5 月下旬启动了实验场搬迁计划，根据国家关于火化工有关的拆除、消爆的要求，制定了搬迁的方案，并且把搬迁的工程通过招标委托具有火化工搬迁、消爆技术资质的工程队承担搬迁的任务。同时，学校跟工程队也签署了合同，其中包括必须按照国家关于火化工产品拆迁、消爆等技术要求，以及不得转让工程等重要的条款。学校同时也组织了工作组，对搬迁工程进行技术指导和工程监控。经初步了解，该工程队后来将部分工程转包给无施工资质、无特殊工种上岗证、无用工证明的外来人员。6 月 2 日上午，4 名"三无"人员携带液气瓶、氧气瓶及切割工具，佩戴校方发放给工程队的临时出入证，进入实验场，撬开了 319 实验室。319 实验室里面有反应壶、油气离合器、乙酸乙酯等冷气管，3 名施工人员用明火切割实验室的金属构件引发爆炸。

这个爆炸事件发生以后，学校积极地配合有关部门进行了处置和善后工作，包括派出专门人员在公证人员的公证下对周边的民居挨家挨户进行财产损失登记并实施对窗户玻璃等民居的修复。截至目前，学校的教学科研、生活秩序正常，周边的居民情绪比较平稳。

【媒体问题及分析】

问题1：我们进门的时候每一个记者都给了一个包，我们发现除了资料以外，包里还有一支派克笔，这支笔的价格不菲，请问你们的用意如何？

参考回答：我们为了方便各位媒体朋友工作，为大家准备了记事本和笔，这个笔就是一支普通的笔，也并没有刚刚这位记者朋友说的价格不菲。

回答策略分析：做好媒体应对、舆论引导工作，首先要把具体工作做好，做得好是说得好的基础，做得好才能说得好，做不好一定说不好。具体到问题1，如果发给记者的笔只是一支普通的笔，禁得起调查，就直接据实回答就可以了。如果确实比较贵，就要做出进一步的解释说明，要说得合情合理，能够自圆其说。

问题2：根据我们了解的情况，当初你们把工程包给一家所谓有资质的工程队，我们了解到他们的法人代表是你们学校校长的亲戚，请问你们当时招标了吗？为什么把这项工程给了这支施工队？

参考回答1：这个项目的承包商是学校按照国家规定的招标程序进行招投标中标的。这个承包公司的老总不是校长的什么亲戚。（澄清事实）目前，工程队的主要负责人已经被警方带走调查，学校也在积极配合公安、消防、安监等部门对整个事件进行调查。（介绍事件进展）这里面无论涉及谁，只要有违纪违法的行为，都不能逃脱法律的制裁，欢迎媒体和社会各界监督。（阐明原则，表明态度）

参考回答2：目前，工程队的主要负责人已经被警方带走调查，学校也在积极配合公安、消防、安监等部门对整个事件进行调查，一有结果立即向社会公布。这里面无论涉及谁，只要有违纪违法的行为，都不能逃脱制裁，欢迎媒体和社会各界监督。

回答策略分析：如果项目的招投标过程依法依规，而且不存在如记者所说的承包商老总与校领导有亲戚关系，可以据实回答。同时，还要用原则回答的方法表明态度（参见回答1）。如果项目在招投标过程中确实存在违规行为，而且承包公司的老总真的是校长的亲戚，那么在回答中可以按照“真话选择说”的原则不直接回答，并且用原则回答的方法回答，表明原则和态度（参见回答2）。

问题3：爆炸发生瞬间有巨大的爆炸声和震动，附近多家居民玻璃被震碎，并且有4名工人受伤，其中1名死亡。请问，为什么爆炸如此巨大，如果是化工原料，会给周围的百姓身体造成危害吗？

参考回答：关于爆炸的具体原因，以及何种化学品引发的爆炸，公安、消防，安监部门正在进行调查，学校也正在配合调查，查找实验室资料进行核实，这些工作需要一些时间，一有结果我们第一时间向社会发布。

回答策略分析：当事件原因还不确定、正在调查的时候，一切与事件原因有关的情况都要慎说，否则一旦与调查结论不相符合，就会使自己陷入自相矛盾的境地。当然，在回答记者提问的时候，如果有多个问题都没有给记者比较“有料”的回答，就会给媒体记者留下准备不足、没有诚意的印象，造成新闻发布会的效果不理想。所以，我们除了要牢记该说的说、不该说的不说以外，在准备新闻发布会时，还要思考我们能给记者哪些他们想要的东西，能公开的一定要公开。

问题4：前天中午，我在贴吧里面发现了一个帖，帖子的主题是“如此发包不出事儿才怪”，帖子披露了你们在和这家公司签订协议之前，你们主管国资工作的副校长和这家公司行政部的女秘书保持非常密切的往来。有人说这是人情工程，也有人说这是色情工程，请校方正面回应此事。

参考回答1：我们可以负责任地说，网上传闻不实，与这家公司直接进行业务联络的是学校总务处，根据我们所了解到的情况，学校领导与公司没有任何直接的因公或因私的联系。（正面否定）在此，我们希望大家要从权威正规渠道获得信息，不信谣，不传谣，讲话要有真凭实据。（提醒记者）我们也将随时公开发布事件的进展及调查处置等有关情况，请大家密切关注。（承诺随时公开）

参考回答 2：目前，工程队的主要负责人已经被警方带走调查，有关部门已经成立了调查组，学校也在积极配合调查组对整个事件进行调查，一有结果立即向社会公布。（正面回应，但不直接回答）这里面无论涉及谁，只要有违纪违法的行为，都不能逃脱制裁，欢迎媒体和社会各界监督。（原则回答）

回答策略分析：回答 1 是针对事实是没有此事的。如果校方确定记者所述不属实，发言人可以直接否认。当然，这个时候需要注意的是，发言人得理还要让人，不能被记者提到的一些不利传闻所激怒，要心平气和地客观阐述事实。回答 2 是针对不确定有无此事的。如果事件正在调查中，还没有调查结果，那么对记者所说既不承认也不否认，而是告诉大家事件正在调查中等。在没有权威部门的调查结果以前，发言人切忌在会上猜测、估计等，否则极易陷入自相矛盾的境地，影响学校信息发布的权威性和公信力。

问题 5：我有两个问题。第一，你们对这次爆炸造成的周边村民的安置与处置做了哪些工作？第二，对于伤亡人员的家属，你们做了哪些安排和安抚？

回答：事件发生后，我们做的第一件事就是救人，我们第一时间拨打了 120 急救电话，迅速把伤员送往医院开展专业施救并及时通知了伤者家属。某某领导在第一时间赶到事故现场指挥救援。（生命至上，救人第一）第二，有序疏散周边居民，做好现场的保护工作，避免发生新的伤亡事故。第三，学校启动了应急预案，成立了事故善后处置工作小组，配合公安、消防，安监等部门开展工作。目前，对附近居民的受损情况进行调查和登记，由学校先行垫付资金及时更换破损玻璃等直接影响居民生活的设施。对于伤亡人员的家属，本着人道主义的原则，学校也先行垫付了医疗费及家属来校以后的饮食、住宿等费用，并且派出专人安慰处于悲痛之中的家属，等等。（以人为本，人道主义）

回答策略分析：这个问题问的是处置措施方面的。这是记者经常会问到的问题，尤其是涉及人员伤亡、财产损失的事件，死伤者的情况往往受到公众的高度关注。所以，对这方面的问题一定要有所准备。即使记者不问，也要找机会告诉公众，事件发生以后，学校采取了哪些处置措施、效果如何、伤者的救治情况怎么样、家属安置等问题都要主动发布。这里回答时最重要的是要突出尊重生命、以人为本的原则。

问题6：学校跟工程方是否有监督的程序，你们尽到监管责任了吗？

参考回答：学校按照严格的招标程序确定了工程方，工程方是符合国家要求的有资质的正规企业，以前也圆满完成了很多项目，所以我们对这个工程方很信任，认为他们没有问题，在监管上确实有些疏忽。对此，学校是有责任的，我们也在检讨。以后，我们一定要对所有工程项目加强监管，杜绝类似事件发生。

回答策略分析：实际上，对于这个问题，主要责任已经切割给了工程方，工程方是要负主要责任的。学校也是受害者，至多负有监管责任。这里需要注意的是，在突发事件中，应该承认的责任一定要认，合适的道歉和自我批评也是应该的。

案例二　网传食堂使用地沟油事件

【基本事实】

6月2日中午13：00，网友“来来来正能量”发微博称：在北方大学高校食堂用餐时，发现所打菜肴有股怪味，后与食堂师傅进行理论，而该师傅非但没有做出解释，还固执认为该网友故意找茬。该网友认为这些菜的用油有问题，随后在自己微博上发布食堂菜肴所用烹饪油为地沟油的信息。

仅从其字面上的理解，食堂师傅并未对当天菜肴的用料、用油做出正面的合理解释，而网友“来来来正能量”也未经调查了解就匆忙发布了食堂使用地沟油的微博信息。该条信息在网上迅速传播，截至当天晚餐时，在网络上被广大网友转载、评论达到2万人次，引起了社会媒体的高度关注，在社会上引起了强烈反响。为此，政府的卫生、公安、工商、质检等部门工作人员及新闻媒体的记者们纷纷前往该校进行实地调查和采访。

【主发布词】

首先，感谢新闻界的朋友对北方大学多年以来的关心、支持。在座的各位中有一些老朋友，也有一些新朋友，诚挚地希望大家今天多对北方大学的工作提出指导和建议。下面我就事件的有关情况给大家做一个通报。6月2日下午1点，有一个叫“来来来正能量”的网友发了一条微博，称在我们大学食堂用餐的时候感觉打的菜肴有股怪味，然后跟食堂的师傅进行理论，食堂的师傅也没有给他做出一个很详细的解释，所以这位网友非常生气，回到宿舍后就在网上发了一条微博。他在微博中称今天中午的菜用的油有问题，说这个食堂的菜肴用的油就是地沟油。这条微博发出以后引来了广大网友的关注，截至现在已经有 2 万人次在网上进行转帖评论。记者朋友们对这个事儿也非常关注，从昨天开始，我们陆续接到多个媒体记者打来的电话，有的直接来到学校。

为此，校方立即启动应急预案，成立了由校分管学生工作副书记、分管后勤副校长、党委宣传部、学生处、研究生工作部、后勤处、后勤集团、法律顾问室、保卫处等多部门负责人参加的领导小组并开展以下工作：第一，责成相关部门调查事实。第二，积极配合社会、政府有关的职能部门对饭菜的质量进行检查。第三，和公安、网监部门的同志合作，寻找这名发微博的同学。现在这位同学已经找到了。经与这位同学核实，他只是因为对售卖师傅不满意才发的这条微博，并不是学校食堂真的使用了地沟油。这名同学已经在他的微博上发了声明，就事件的起因和经过做了说明。事件发生之后，学校各个部门很受触动，大家都在反思工作当中应该注意和改进的问题，下一步要努力完善和整改。

事件的基本情况我给大家通报到这里，欢迎记者朋友就有关问题提出问题。谢谢大家！

【媒体问题及分析】

问题 1：事关学生身体健康的食堂饭菜质量管理方面，学校有哪些管理制度和措施？

参考回答：学校食堂的食品安全卫生关系到师生员工的身心健康和学校的稳定，学校对这项工作高度重视。为了加强对食堂日常工作的监督管理，从食材的采购到食堂的管理，学校都有一整套完整严格的制度。原材料的采购都是通过正规的渠道，食堂的后厨全部安装了实时监控，每餐饭菜留样。

回答策略分析：这个问题所涉及的内容是发言人必须有所准备的，也是记者不问发言人也要找机会告诉公众的内容。因为对这类问题的回答是有利于树立学校正面形象的。发言人要利用好这个机会把学校的相关制度建设说透，可以比上面的参考回答说得更加详细、具体。

问题 2：学校食堂地沟油事件是很重大的问题，但是今天出席新闻发布会的为什么没有一位校领导？

参考回答：学校领导对此事件非常重视，今天上午，我们刚刚就事件的相关情况向校领导做了汇报，校领导委托我们召开新闻发布会，代表校领导回答各位记者的提问。在此，我代表校领导感谢各位记者对北方大学的关心，希望你们继续支持和监督北方大学的工作！

回答策略分析：学校突发事件新闻发布会，一般应有一位校级领导出席。第一，表明学校对所发生事件的重视。第二，提高信息发布的权威性、可信度。如果没有主要负责人出席，常常会受到记者及公众的质疑。2015 年天津 8·13 爆炸事故的前几场新闻发布会中，没有天津市主要领导参加，结果广受诟病。如果在新闻发布会中校领导因故不能出席，记者又问到这个问题，以上回答就是参考。回答技巧是发言人要强调自己代表校领导，在新闻发布会上的身份等同于校领导。

问题 3：刚才陈处长和刘处长的意见不太一致，陈处长说检测报告还没有出来，刘处长说检测报告已经出来了，那么请问这个检测报告到底出来还是没有出来？

参考回答：就在新闻发布会召开的前夕，我刚刚接到食品质检负责人给我的电话，质检结果是没有问题，质检报告很快会送达学校，我还没有来得及和另外几位发言人沟通。

回答策略分析：这是在我们的新闻发布会模拟演练课上发生的两个发言人回答问题出现口径不一致的情况，受到模拟记者的质疑。在课上，模拟新闻发言人非常机智，问题回答得非常巧妙。不过，在现实的新闻发布会中，要把这个口径不一致的错误圆过去可就不那么容易了。我们把这个问题列出来是为了强调进行信息发布时，各部门一定要做好沟通协调，信息归口统一，做到一个单位发布的信息口径一致，否则会严重影响学校的公信力。试想，我们怎么能够去相信一个说话前后不一致的学校呢？

问题4：这个事件发生在6月2日，今天是6月4日，你们的检测报告是今天刚出来的。那么请问从6月2日晚上到6月4日早上，这几顿饭，你们学校用的是什么油，用的是什么食品，怎么给学生提供的饮食，怎么来保证学生的饮食安全？

参考回答：在事情发生之后，看到网络大量的点击率之后，我们立刻联系公安网监大队对该博客网民身份进行核实，发现是我校学生。我们当夜就由学生处和保卫处共同找到这位学生，学生也称自己并不是对油和菜的质量提出了质疑，而是因为他觉得管理员的态度不好，加上他本身这段时间心情不好，是一种宣泄。也就是说，我们食堂的用油、用菜是没有问题的，因此食堂在这段时间依然继续使用他们正常渠道进来的油和菜。（陈述事实，解释说明）我们认为，食堂后勤无小事，我们大学的食堂煮的是政治饭、炒的是稳定菜。在物价不断上涨的过程中，我们的食堂能够一直维持着低价格、高质量状态满足同学们的需求，应该说是从国家教育部到省市教育厅，以及我们高校各级领导的高度重视、后勤集团的服务工作人员不断努力的结果。在此，也请记者朋友相信，作为高校，我们是办教育的，我们一定为同学们的身体健康负责。（表明态度，介绍工作）

回答策略分析：事件情节链中的缺环常常是记者喜欢追问的内容。问题4正是发言人没有提到的有关事件处置环节中的缺环。这类问题也是事先应该有所准备的，回答时实事求是就可以了。我们给出的参考回答是在演练中模拟新闻发言人回答的基础上修改的。这个回答可圈可点的地方在于，第一，发言人采用了问A答A+B的方法，即回答了记者提出的问题，并不结束回答，而是进一步把自己想要告诉公众的话说出来，回答的后半部分就是发言人想要告诉记者的话；第二，“政治菜”和

“稳定饭”两个词用得非常有创意，极易给记者留下深刻印象，非常有可能被记者用作标题句的关键词编发新闻，从而产生非常好的传播效果。

问题5：刚才发言人提到，学生承认在网上发帖是因为在吃饭的时候出现了怪味，师傅没有和学生很好的沟通引起的纠纷，所谓使用地沟油是莫须有的，那么是不是说学生在造谣？

参考回答：学生正处在不断学习、发展和成熟的过程中，“三观”正在形成，在我们的眼里，他们还是孩子，还很不成熟，我们已经和这个学生谈过话，他在网上发的这个帖子只是一种情绪的宣泄，也没有什么其他的目的，更没有预测到造成了这么严重的后果，事后该学生也很后悔。（解释）学校是育人的地方，学生在发展的过程中犯错误在所难免。因此，我们不认为这个学生是诽谤和造谣，没有那么严重，他只是一时冲动，对这个学生也是以批评教育为主。

回答策略分析：对于这个问题的回答，以爱护、宽容和教育学生为出发点，入情入理，显得学校更富有人情味，这种处理事情的态度和方式更易于被记者和公众所认同和接受。

问题6：众所周知，对于地沟油的检测我们国家还没有一个权威的方法，我想问一下贵校和食品安全单位怎么通过菜肴的留样检测出来没有使用地沟油的。

参考回答：正如这位记者朋友所说，目前我们还没有权威的检测地沟油的方法（赞同记者），有关部门也正在研究这个课题。因此，我们认为，对于地沟油这个事情更应该从预防入手。前面已经向大家做了通报，我们学校严把食材入口关，保障食堂的米、面、油、肉、蛋、奶、蔬菜等从正规渠道进货，百分之百保证食品安全。（介绍我们的做法）有关部门对学校饭菜留样的检测结果是完全合格的，今天的事情只是一场网络风波。

回答策略分析：问题6如果直接回答是很困难的。我们给出的参考回答有两个要点。第一，赞美和肯定记者的说法，赢得记者的好感，同时也向大家表明了实事求是、不隐瞒的坦诚态度。第二，运用问 A 答 B 的方法，不直接回答记者的问题，而是陈述一个与记者所问问题相关的事实。

问题 7：在参加新闻发布会之前，我去学生那做过调研。据我了解，目前有大量学生对贵校食堂意见很大，表示这两天不会到食堂就餐，估计可能会发生大面积的罢餐事件。请问，假设贵校因为这个事件引发大面积的罢餐事件，贵校会采取什么样的措施？谢谢！

参考回答：起初，大部分学生不明真相，相信网上的传闻。后来，经过有关部门的调查，这只是一起网络风波，并不是食堂的饭菜有问题。（说明原因）事实清楚以后，各个学院的班主任、辅导员立即深入到学生中去，告诉大家真实的情况并积极征求学生对学校食堂、宿舍及教学、管理等方面的意见。同学们都非常明白事理，情绪都很稳定，根据各个食堂的刷卡情况，学生到食堂的就餐率正常。（说明我们的努力和就餐情况稳定的事实）因此，我相信，此事不会引发学生的罢餐事件。

回答策略分析：问题 7 是记者经常使用的提问方式，这种提问方式常常给发言人设置陷阱，就是假设一种还没有发生或根本不可能出现的情况或事实，请发言人去预测。发言人如果顺着记者的提问预测还没有发生的事情，非常容易招来麻烦。对于这类问题回答的原则就是不回答。当然，我们不能对记者说“我不回答你的问题”或“不知道”“无可奉告”等，这样只能让记者觉得发言人非常不负责任且很情绪化，不利于树立学校的正面形象。需要再次强调的是，发言人在台上回答记者问题，不代表自己，发言人的形象、一言一行都向公众展示了其所在学校处理事情的态度和立场。对问题 7 的参考回答使用的方法是婉转地告诉记者不会发生记者所假设的事情，“我相信”三个字又能够起到为自己留有余地的作用。

问题 8：你们说找到了这个发帖的学生去调查怎么回事，我想知道的是，你们是不是给学生施加了压力，学生因为害怕而承认了所谓的“错误”？

回答：我们安排了学生的辅导员去找这个学生了解情况，辅导员平时跟学生接触很多，跟学生关系非常亲近，辅导员跟学生谈话时，没有给学生任何压力，只是调查事实，并且征求了学生对食堂的建议，还安慰他不要有任何心理负担。据辅导员反馈来的信息，和该生谈话时，该生情绪稳定，和平时谈话没有什么区别。我们有谈话记录供大家查阅。（陈述事实）学生的后悔和在微博上澄清事实不是迫于任何人的压力，是他自己认识到了事情后果的严重性，想要弥补自己的过失而自愿做的。（否认给学生压力）

回答策略分析：问题 8 是个有些难度的问题，回答时当然是否认给学生压力。但是要注意说的时候避免生硬的直接否认，要把找学生调查的过程说充分，说得入情入理，解释合理到位，才能让记者认同。

问题 9：学生因为饭菜有异味就说食堂用地沟油太过主观武断，但是说饭菜有异味这是事实，造成饭菜有异味的原因很多，针对这个事件，学校对保障饮食安全打算怎么做？如果再有学生反映饭菜有异味，你们怎么办？

参考回答：学生反映有异味的那道菜是红焖羊肉，同样是这道菜，据我们调查，也有很多学生说这个菜很好吃。那餐饭以后，我们也没有接到有任何学生因为吃了食堂的饭而有类似食物中毒的反应。因此，我们推断，该生有可能是对羊肉的膻味不习惯。（用事实说明“异味”不是异味）另外，味道很多时候是一种主观感受，同样的味道，有人喜欢，有人不喜欢，正所谓“众口难调”。我们学校要求食堂要尽最大可能做到饭菜种类丰富，同时，每个月要更新一次菜谱，尽量满足师生不同口味的需求。（介绍我们的做法和努力）

回答策略分析：这个问题不难，直接回答就可以。回答的要点是要强调饭菜异味不是饭菜本身有问题，而是“众口难调”的原因，要拿出有说服力的事实（很多学生说这道菜好吃，而且没有任何人吃坏肚子等），同时说明学校为提高饭菜质量所做的努力。

案例三　学生斗殴事件

【基本事实】

6月2日凌晨2：30，东方大学9号楼234宿舍的资环学院房地产经营专业大二学生张小刚和刘庆，因睡觉摇床、打扰休息等琐事发生口角，并且在宿舍门口楼道内发生肢体冲突。刘庆用锐器刺伤张小刚，致使张小刚流血不止。舍友发现后及时拨打了急救电话抢救伤者，驻楼辅导员及时赶到现场，组织开展伤者救治和现场保护工作，学校保卫处向110报案。2：50左右，在辅导员及舍友的陪同下，急救车将受伤学生送至市中心医院救治。110对现场进行了刑事取证，但未能发现任何凶器。刘庆行凶后趁乱出走，仍未取得联系。学校已通知刘小刚、刘庆的家长，双方家长均已赶到学校。公安机关已立案并正在开展侦查工作。

【主发布词】

6月2日凌晨2：30，我校9号楼234宿舍的资环学院房地产经营专业大二学生张小刚和刘庆，因睡觉摇床、打扰休息等琐事发生口角，并且在宿舍门口楼道内发生肢体冲突。刘庆用锐器刺伤张小刚，致使张小刚流血不止。现就事件相关情况通报如下：

事件发生后，现场学生第一时间拨打了120急救电话，救护人员及时赶到进行抢救。住楼辅导员接到学生报告后立即赶到现场，组织救治和保护现场，同时向学校有关部门和领导汇报。学校立即组成由主管学生工作的党委副书记任组长，学校办公室、学生处、保卫处，宣传部和学院的主要领导参加的应急处置小组，启动应急情况处理预案。学生处、保卫处、资环学院领导和相关人员，以及校医院医生等及时赶到现场组织救治、维持秩序、安抚学生，并且及时向公安机关报案。学校应急处置小组形成以下决定：第一，学校先行垫付费用，不惜一切代价抢救受伤学生，安排专人 24 小时陪护受伤学生。第二，积极配合公安机关调查破案。第三，做好在场学生的安抚和心理疏导工作，保证校园安全稳定。第四，及时公开事件进展以处置情况。第五，做好双方学生家长的接待并商谈善后事宜。截至目前，根据医生诊断，张小刚右胸部、上臂和手部有锐器伤，其中胸部伤及肺，目前抢救仍在继续。公安机关已经开始立案侦查工作，受伤学生所在班级学生情绪平稳，学校教学及各项工作秩序正常。

经了解，刘庆和张小刚为同宿舍上下铺的同学，去年年底期末考试期间曾因打扰睡觉等生活琐事发生过不快。6 月 2 日晚熄灯睡觉前，两人没有任何斗殴的征兆，也没有发生争吵等任何冲突。由于事发在深夜，而且是在宿舍外的楼道内，舍友在熟睡中并没有听到打斗的动静，以至忽然被张小刚求救的呼叫声惊醒。这个时候，舍友跑到楼道发现张小刚受伤流血。据张小刚所说是刘庆所伤，但是刘庆已不见踪影。

【媒体问题及分析】

问题 1：坊间盛传，说刘庆是咱们陈书记（指台上的一位发言人，职务是校党委副书记）的私生子，平时这孩子就被陈书记给惯坏了，请陈书记解释一下。

参考回答：感谢这位记者给了我一个澄清事实的机会，正好我利用这个机会跟大家说明一下。刘庆是我校学生，仅此而已，和我没有任何关系，我是清白的，我愿意接受组织的调查。（说明真相，澄清事实）这是一个子虚乌有的谣传，希望大家对网上及其他渠道的信息冷静客观地看待，不传谣，不信谣。（提醒和号召）

回答策略分析：问题 1 是模拟演练课上记者提的刁难发言人的问题。回答这个问题需要注意：第一，面对不属实的问题，一定不要被记者激怒，人在非常情绪化的时候是很可能做出非理性的回答，要尽力保持平和的情绪。第二，用平实的语言回答基本事实即可，千万不能节外生枝。

问题2：在学生教育和管理方面，贵校存在的最大失误是什么？

参考回答：我们学校作为一所历史悠久的重点大学，始终坚持以学生为本的原则，十分重视学生的管理和教育，有一整套严谨、严格的学生管理和教育的制度，并且执行非常到位。尽管这样，还是出现了学生之间打架斗殴、致人受伤的事件，虽然这是学校近十几年来发生的唯一一起，但是足以向我们敲响警钟，我们要认真查找我们在学生的教育和管理中的哪些环节还存在问题，还需要加强，坚决杜绝类似事件的发生。

回答策略分析：记者的提问方式一开始就给发言人设置了陷阱，如果我们根据记者的问题换一种表述，就不难发现其中的陷阱了。“贵校在学生教育和管理方面的哪个重大失误导致的这起严重的恶性事故？”记者提问的大前提是你们学校在学生的管理和教育方面存在重大失误。这是记者将还没有经过调查是否存在的主观臆断作为大前提来提问的。如果发言人顺着记者的提问回答，要么检讨自己学校的失误，要么反驳记者说自己学校在这方面没有失误。两种回答都是不妥的。在没有确切的调查结果前，既不能承认自己有的责任，也不能说无责。参考回答中所使用的方法是问此答彼，即并不直接回答记者的提问，陈述一个与记者所问问题高度相关的事实。需要引起注意的是，由于学校出了这样的恶性事故，发言人在面对记者时会很自然地带有一种愧疚的心理。所以，当记者问了这个问题，发言人很容易一时在愧疚心理的作用下承认自己有责任、有失误，需要特别提起重视。

问题3：假如伤者出现不幸，再也无法醒来，贵校准备怎么办？

参考回答：值得欣慰的是，据我们刚刚得到的消息，张小刚同学的病情正在向好的方面发展，生命体征平稳，谢谢这位记者朋友对张小刚同学的关心！让我们共同祝愿张小刚同学能够早日痊愈，重返校园。

回答策略分析：问题3是记者常用的设置陷阱的提问方式——假如，

假如问题就是假设一种还没有发生或根本不可能出现的情况或事实，请发言人去预测。发言人如果顺着记者的提问预测还没有发生的事情，非常容易招来麻烦。对于这类问题回答的原则就是不回答。当然，我们不能对记者说“我不回答你的问题”或“不知道”“无可奉告”等，这样只能让记者觉得发言人非常不负责任且很情绪化，不利于树立学校的正面形象。回答这类问题的总体思路是不去对没有发生的事情做推断和预测，回答方法和技巧是向记者说明假设的事情不会发生或相信、希望不会出现，或者以其他方式巧妙避开。如“非典”期间，时任北京市市长的王岐山对于记者王志的问题——“北京的春天是一个戴口罩的春天，夏天就要来了，那么口罩还会继续吗?”给予的回答：“那你就且听下回分解吧!”

问题4：贵校的学生宿舍是如何管理的？为什么凌晨2点半刘庆作案后还能迅速逃离宿舍楼？我们理解，那个时候学生宿舍楼门应该是锁着的，刘庆是怎么逃离现场的?

参考回答：我们学校的学生宿舍有严格的管理制度，学生宿舍的作息时间有明确的规定，晚上11点钟熄灯关门。宿舍的门卫负责大楼门厅的进出监控。我们还有辅导员值班制度。辅导员分两种，一种是住楼的辅导员，一种是带班的辅导员，住楼辅导员是住在宿舍里面的。这个事件发生以后，住楼辅导员接到报告后赶到事发现场时，张小刚已经倒在地上，他说自己的伤是刘庆所为，但是刘庆这个时候已经不在现场。辅导员及时拨打了120急救电话和110报警电话，并且向学校领导做了汇报。学校领导组织有关人员迅速赶到现场，协助医生和警察做好抢救张小刚和维持秩序、保护现场等工作。截至目前，刘庆仍未找到，监控录像已由公安部门拿走进行调查。

回答策略分析：发生负面突发事件，追责的问题是一定绕不过去的，这是记者一定会问的问题。另外，事件发生发展的过程和细节也是记者常常关注的问题。问题 4 就涉及以上两个方面的问题。有关责任问题通常会涉及相关的管理制度是否严密及执行是否到位。这类问题是记者不问也要找机会说的，记者问了，正好详细说明。而有关刘庆是怎样离开现场的，发言人如果没有掌握有关事实，就不要根据推测等回答，就把相关的调查情况通报一下就可以了。

问题 5：你们在介绍情况的时候讲到，在上学期末这两位同学发生了冲突、口角，但这之后没有发生任何形式的冲突和口角，在 6 月 2 日凌晨 2 点半的时候突然间发生这样的事情，请问在出事前班主任辅导员有没有关注到这两个学生的情况并进行了干预？

参考回答：非常感谢这位记者朋友提出的问题，这也正是我们想向大家介绍的我校在学生管理、思想政治教育及心理健康教育疏导等方面的做法，也请大家多提意见和建议。在心理健康教育方面，大一新生入校时我们要对所有学生进行心理健康普测，对筛查出来有问题倾向的学生要做进一步关注和干预。对于所有同学，我们要定期进行心理健康教育。此外，学校还设有心理咨询中心，为学生提供心理咨询服务。张小刚和刘庆在心理普测时都没有发现有什么严重的问题，不属于我们要重点关注的对象。他们在心理咨询中心也没有求助记录。对于他们曾经有过冲突，班主任知道这个事情，并且找他们进行了谈话，当时这两个同学表示要友好相处、互相理解。这次事件之前，我们也没有发现他们有异常症状。当然，这件事情提醒我们，要把学生工作做得更加细致，体察学生的微小变化。

回答策略分析：同问题 4 一样，这也是记者不问也要找机会说的内容，只不过问题 4 是有关宿舍管理的问题，这个是有关学生管理和教育的问题。分析参见问题 4。

问题 6：根据你们的介绍，刘庆用的是锐器，请问具体凶器是什么，这个凶器是刘庆自己带到宿舍里面的吗？学校对管制类的刀具有什么管理措施？

回答：根据医院的诊断，张小刚的伤口是锐器伤。国家有关法律规定不允许持有管制刀具，如果有就是违法行为。在我们学校，我们一旦发现学生拥有管制刀具，立即没收，并且对持有人进行批评教育。不过，学校毕竟不同于军队等机构，没有特殊情况不能随便搜查。在我们对学生的日常法制教育中，就有关于个人不能持有管制道具的相关内容。目前，学校正在积极配合公安机关进行案情侦破，抓捕犯罪嫌疑人。

回答策略分析：问题4、问题5和问题6问的都是有关责任的内容，分别涉及宿舍管理、学生管理和教育及管制刀具的管理，对于这类问题回答的思路都是一致的，即详细说明学校的相关管理制度就可以了。

对本案例的总体分析：本案例是一起发生在学生之间的打架事件。肇事者已经年满18岁，根据国家法律的规定，要根据被打者的伤情承担相应的刑事责任。双方所在学校没有太大的责任。如果要追究学校的责任，就在于学生宿舍的管理、学生的管理和教育有没有相关的制度、制度执行是否到位，有关领导、班主任辅导员等是否尽职尽责。把这些事情说清楚就可以了。

案例四　校园内交通事故致一死一伤事件

【基本事实】

10月16日21时40分许，在江北大学新校区莲花超市门口，一辆牌照为江FWE420的黑色轿车撞倒两名穿着轮滑鞋的女生后，司机不但没有停车，反而继续向校内宿舍楼方向行驶。返回途中被学生和保安拦下，但该李姓年轻男子却高喊“我爸是李某!”

事发现场，肇事车辆前挡风玻璃当场撞碎，两名被撞女生一人昏迷，一人倒地不能动，昏迷女孩头部有血迹。事发后，两名被撞学生被送往医院抢救。目前，一陈姓女生经抢救无效于10月17日晚死亡，另一女生左腿骨裂，已脱离危险并转院治疗。

司机李某某肇事50分钟后被警方采血得出的结果是，每100毫升血液含酒精151毫克，属醉酒驾车。目前，肇事司机李某某已被依法刑事拘留。

经调查，肇事司机李某某的父亲李某是江北市莲花区公安分局副局长。

【主发布词】

各位记者朋友大家好！你们辛苦了！下面我通报一下事件情况。10月16日21时35分左右，一辆牌照为江FWE420的黑色轿车经学校南校门进入学校，该车辆行至校内莲花超市时撞到两名女学生。其中，陈姓女生当场昏迷，张姓女生倒地不能动。现场学生及时拨打了110和120电话，并且叫来校医进行临时处理，被撞学生被随后赶到的120急救车送往医院救治。肇事车辆在撞人后，司机不但没有停车，反而继续向宿舍楼方向开去。直到肇事车辆原路返回到校门口附近时才被追赶的学生和保安拦下，肇事司机随即被控制。但是，令人痛心和遗憾的是，在事故中伤势较重的陈姓女生因抢救无效于昨天晚间离世，另一女生左腿骨裂，已脱离危险并转院到江北市人民医院治疗。事故中的两位受害人均是我校工商学院大一学生。事发时，张姓女生正陪穿着轮滑鞋的陈姓女生在返回宿舍的路上。据事故发生时在场的学生反映，肇事车辆当时的车速非常快，撞人时发生了很大的声响。两女孩被撞后在空中翻腾，然后又被车玻璃及车反光镜二次撞击。

据公安机关的初步调查，肇事司机李某某是本市某高校毕业班的学生，肇事 50 分钟后被警方采血化验的结果是每 100 毫升血液含酒精 151 毫克，属醉酒驾车。学校对肇事者目无法纪、漠视别人生命的行为表示极大的愤怒。学校已向公安部门提出尽快查清事实、严惩肇事者的请求。

【媒体问题及分析】

问题 1：撞人事件发生后校方做了哪些工作？

参考回答：谢谢你的提问。事件发生后，在场学生立即拨打了 120 急救和 110 报警电话并保护现场，校医对伤者进行了临时处置，学校领导和有关人员接到报告后立即赶往现场组织抢救，安抚师生情绪，维持秩序，协助公安部门展开调查。事发当晚 23 时 30 分，学校组织了相关部门和各学院负责人参加的紧急会议，会上通报了当晚发生在校内的这起交通事故，委托主管学生工作的副书记和主管安全保卫的副校长负责事件的处理工作，并且形成了以下五点决定：第一，要不惜一切代价全力抢救学生。第二，保卫处全力配合公安机关开展事件的调查工作。第三，学生处协调工商学院立即联系学生家长，做好家长到校后的接待和安抚工作。第四，学生处牵头，各学院具体负责做好对学生的解释和安抚，避免学生言行过激，发生次生事件，保持校园秩序的稳定。第五，宣传部负责密切关注学生的思想状况，及时正面引导。

回答策略分析：这个问题所涉及的内容是事件发生以后学校的处置情况。这类问题是记者、公众常常关注的焦点，也是记者问一些有关责任问题时的着重点。对于发布方来说，这部分内容是记者会上要向公众通报的重点。对于这类问题，发言人事先必须有充分的准备，无论记者是否问到，都要找机会说。

问题 2：学校对此事件应该承担什么责任？

参考回答：对于责任问题，事件发生后公安机关已介入进行调查。经过公安机关的初步调查，认定肇事司机醉酒驾车，造成了严重后果，已涉嫌刑事犯罪，肇事者已被公安机关刑事拘留。相信通过公安机关的调查，肇事者一定能够得到应有的处罚，学校正在积极配合相关部门做好事件调查。在校园内发生如此严重的恶性事故，我们感到非常悲痛。接下来，我们一是要做好伤亡学生的救治及善后工作；二是要进一步加强校园安全管理，强化学生的安全教育，给师生一个绝对安全的教育环境，坚决杜绝此类事件再次发生。

回答策略分析：凡是负面事件，一定会涉及追责的问题。案例 4 的事件是一起发生的校园内的交通事故，肇事司机涉嫌刑事犯罪。因此，这起事件的主要责任在肇事司机。如果要追学校的责任，主要关注点在于，第一，校园管理制度、门卫管理制度等是否健全、执行到位，对学生的安全教育是否到位；第二，事件发生以后，学校在事件处置及善后工作等有没有出现纰漏。因此，这个问题虽然记者问的是学校应该负什么责任，在回答上，要强调肇事司机是主要责任人，至于学校的责任，要重点说学校在维护校园安全方面所做的工作及诚恳表态。

问题 3：我在校园里碰到学生，一说这个问题，学生要么拔腿就跑，要么就不说话，学生为什么有这种表现，学校是不是给学生下了封口令？

参考回答：我们认为，新闻媒体的介入有利于促进案件的调查和处理，也有利于社会公众及时获取真实的信息。我们欢迎和感谢新闻媒体对事件的关注和报道！我们没有给学生下记者朋友刚才提到的“封口令”。事发时，绝大多数学生并不在事故现场，在现场的学生也并不都了解事情的真相。出事后，许多学生情绪不太稳定，网络上也出现了一些未经调查核实的信息。我们的班主任辅导员深入到学生中间，一边安抚学生情绪，一边也教育学生不信谣、不传谣。我们告诉学生要冷静、理性，对于他们并不掌握的情况，有人问起来时，可以不回答，让他们找校领导或宣传部等部门的老师去问。我们认为这样做是对稳定学生的情绪有利的。事实上，我们学生的表现也相当出色。事发时，是在场学生第一时间拨打120、110电话，向学校汇报、拦截肇事车辆等。事后，学生又自发为遇难学生组织了烛光悼念会。目前，学校教学秩序井然。

回答策略分析：我们认为，回答这个问题的关键一是要表明态度，即愿意为新闻媒体提供有关事件的真实情况；二是就记者所问的“封口令”说法做出合理的解释，并非提问记者所理解的学校封锁消息，禁止学生接受采访。

问题4：我们了解到，肇事司机李某某被保安和学生拦下后，声称“我爸是李某”，后经查证，李某系某公安分局副局长，属当地的实权派人物。请问，从事故发生到召开新闻发布会历时三天，校方迟迟没有发布有关信息，是不是也在顾虑李某的特殊身份？

回答：我们也注意到网络上的这些传言，就目前调查的情况看，这句话是口耳相传，肇事司机是否真的说了这句话，还需要进一步调查和取证。至于肇事司机的父亲是谁并不重要，我们的国家是法治国家，无论是谁，只要触犯了法律，都会受到应有的惩处，我们的学生是受害者，我们学校将积极配合有关部门调查案件，严惩肇事者。

回答策略分析：这起事件容易引发舆情，在很大程度上因为“我爸是李某”这句话。因为肇事者的父亲是某地方领导，如果其父是农民、工人、小商贩等社会弱势群体，就不会有人去炒作这句话，肇事者也不会去说，即使说了，大家也会充耳不闻。这句话的背后反映的是公众对官二代有违法犯罪行为时是否得到特殊对待的质疑。这是这个问题背后隐含的问题。我们给出的参考回答采用了原则回答的方法，即不直接回答问题，而是阐释解决此类问题的态度和原则。

问题5：外来的车辆进入学校的时候，你们是怎么样进行管理的？

参考回答：我们学校对校园安全管理是非常重视的。外来车辆进入校园，我们有登记制度。我们查了那个时段的车辆入校登记，这辆车是做了登记的。除了门卫登记制度外，我们在校园内的主要道路上安装了减速带，设立了车辆限速、限行、禁鸣等交通标志，还安装了视频监控系统。这次事件发生以后，我们将进一步深刻地查找和反思校园安全管理方面存在的问题，进一步完善相关的制度和设施，为师生创造一个安全的学习生活环境。

回答策略分析：问题5是关于学校安全管理方面的问题，问题的本质是责任问题。这类问题只要把学校相关管理制度介绍清楚就可以了。这类问题也是发言人应该主动告诉媒体记者的内容。

问题6：刚才发言人说这辆车进去的时候登记了，后来司机又被鉴定为醉酒驾车，那么登记的时候保安应该能够闻到司机酒气熏天，为什么还让他进校园？

参考回答：这辆车子进来的时候，驾驶员下来做了登记。但是对一个驾驶员是否醉酒，这需要有专业的检测才能认定，校园安保人员没有专业检测的资格。当然，从加强校园管理的角度讲，今后我们要要求我们的保安人员在这方面引起足够的重视。

回答策略分析：对于问题6，我们给出的参考回答是按照以事实为据的原则，用客观的事实、准确的数字说明、解释问题，向媒体表现负责、严谨、认真的态度。

问题7：肇事车辆是怎么被拦截下来的？

参考回答：司机肇事以后，我们的保安和学生一起追这个车，但是这个车的车速太快，追不上。车是在返回要出校门的途中被我们的保安和学生拦停，司机被控制。警方随后赶到，保安和学生把肇事司机移交给了警方。

回答策略分析：记者经常会问到有关事件发生发展及处置过程的问题。记者提问这类问题的目的有两个：第一，挖掘事件过程中具有新闻价值的故事。第二，追责，寻找学校在处置过程中是否有什么纰漏。发言人要对事件的事实过程有准确的了解，据实回答就可以了。

问题8：学校对学生有没有安全教育，如果有，都做了什么？

参考回答：学校一直非常重视学生的安全教育，从学生入校起，我们就把学生的安全教育纳入了入学教育计划，给每一个学生都印发了安全手册。在平时学生管理的过程中，我们一直强调要求学生注意人身和财产安全，并且定期开设讲座等活动强化学生的安全意识，遇到重大活动，对学生的安全教育也是必需的内容。但是，遗憾地发生了这样的事故，我们决定下一步要进一步加强以下几个方面的工作：第一，进一步强化学生的安全教育。我们在各个学院召开了学生干部层面、寝室长层面及普通同学层面的座谈会，对这个事件进行了探讨。围绕着怎么样落实安全教育，同学们提出了很多加强安全教育的想法，以及今后所需要做的工作，我们都一一做了整理，并且在下一步的工作中研究落实。第二，在出入校门方面的人员、车辆管理上采取了更加严格的措施。比如，对外来车辆，除了登记制度外，我们近期又增加了一个换证制度，就是停车换证制度，这样有利于对外来人员和外来车辆的管理和控制。第三，进一步加强和完善道路交通设施。第四，增加专业的保安力量，同时招募一些学生志愿者，加强对校园安全的巡逻，打造平安校园。

回答策略分析：问题8也是不管记者问不问都要充分展开说清楚说透的问题，目的是让媒体和公众了解学校的相关管理制度及下一步将要为此采取的措施，表明学校是本着对师生高度负责的态度，有能力、有措施保证师生安全。

案例五　学生失踪事件

【基本事实】

近日，网上曝出北方大学哲学系学生吴寻“失踪”一事，在社会上引起强烈反响，网络和部分新闻媒体出现“北方大学丢人了!”的传闻和报道，部分学生家长、网民和市民对学校的管理提出了质疑。据北方大学校方称：9月12日晚，哲学系大三1班吴寻同学未履行任何请假手续，私自搬离1栋301男生宿舍，之后旷课一周且拒听一切电话，拒回短信。9月19日周一，接到报告的辅导员甄梅老师和家长联系核实该生未回老家后，发动全班同学寻找吴寻，但毫无线索。9月26日，吴寻“失踪”后的第十四天，甄梅到派出所报案，派出所将此事作为治安案件备案，不作为刑事案件立案。9月28日上午，吴寻的父母及部分亲戚赶到学校后，此事在媒体上开始发酵，在社会上引起广泛关注。经多方寻找，12月24日晚10点左右，北方大学一名巡夜的校园保安在一间教室发现了“失踪”3个半月之久的吴寻。

【主发布词】

各位记者朋友大家好！下面我就我校吴寻失踪事件向大家做情况通报。我校哲学系学生吴寻失踪三个半月一事在社会上引起强烈反响，网络和部分新闻媒体出现“北方大学丢人了!”的传闻和报道，学生家长、网民、市民对学校的管理提出了质疑。目前，该生已于12月24日晚被找到。事情的经过如下：9月12日晚，哲学系大三级1班吴寻同学未履行任何请假手续，私自搬离1栋301学生宿舍，之后旷课一周且拒听一切电话，拒回短信。9月19日周一，接到报告的辅导员甄老师和家长联系，核实该生未回老家后发动全班同学寻找吴寻，但是仍无线索。9月

26 日，吴寻失踪后的第十六天，甄老师到派出所报案，派出所将此事按治安案件备案，不作为刑事案件立案。26 日下午，甄老师将此事详细汇报给系领导，系领导马上报告给校领导，校领导立即做出指示：第一，尽全力寻找，通过各种媒体发布寻人启事。第二，迅速安排专人与家长联系，共同寻找。第三，请警方协助，加大寻找力度。

28 日上午，吴寻的父母及部分亲戚赶到学校后，此事在媒体上开始发酵，在社会上引起广泛关注，学校一直在组织各方力量积极寻找。直到 12 月 24 日晚 10 点左右，一名巡夜的校园保安在一间教室里发现了失踪 3 个半月之久的吴寻。据吴寻自述，由于自己感到莫名焦躁，紧张不安，害怕与人相处，想独自生活，于是私自搬到学校附近一个废弃的木材厂。他知道老师、同学和父母都在寻找他，但他害怕，也不愿意回到同学中间。

以上是事件的基本情况，下面请记者朋友提问。

【媒体问题及分析】

问题 1：根据发言人刚才的通报，吴寻搬走的晚上是 9 月 12 日，周一。9 月 12 日是中秋节假期的最后一天，9 月 13 日他就应该上课了，学校假期结束都有一个节后学生归校的检查，请问这个例行检查你们做了吗？

参考回答：关于归校检查的问题，学校有明确的制度规定：学生假期离校的时候必须履行请假的手续，归校的时候必须要有一个报到、消假的程序。吴寻在假期离开学校，没有履行请假的手续。因为他没有请假，当然也就没有销假，就这样走了。所以在这个问题上，学工部门就没有掌握这个情况。后来班级同学反映出来这个情况以后，我们才发现这个学生离开了学校已经有几天的时间了。接下来，学校就开始组织力量寻找。

问题 2：刚才听到学校党委书记讲，因为学生没有请假，也没有销假，所以学生的管理部门就没有掌握这个情况。学生缺课一周，班主任才报告学校开始寻找，最后找到人是三个多月时间。就算学生没有履行请假手续，但是学校其他的管理环节也应该能够及时发现这个学生没在学校。比如，学生每天上课，就应该有考勤记录，学生没到的话，上课老师应该及时发现。学校对此怎么解释？学校负有什么样的责任？

参考回答：我们学校的管理制度要求教师上课的时候应该对课堂的基本情况有所掌握。但是，我们规定的是每周任课教师要向学办报告一次学生出勤的状况。吴寻这位同学离校的时候是中秋节，是周一，正是在假期，所以学校掌握这个情况的时候是下一个周一，从时间上看，不超过一周的时间，相关老师也是按照学校的相关制度执行的。发现吴寻失踪以后，学校马上就组织力量进行寻找。吴寻离开学校之后手机一直是开机状态，我们打电话，每次都能打通，但每次他都不接。据跟他同寝室的同学了解，他以前也是经常这样，在假期或是什么时间，同学跟他联系等，他一般都不接电话，所以也没有怀疑会出现更坏的结果。但是在这个过程当中，学校一直积极是组织各方力量去寻找的。关于责任的问题，因为吴寻同学是昨天才被找到的，他的离校时间也较长，他的心理状况、他的精神状态也不是很好，需要进行治疗。我们打算等吴寻同学的身体和精神状态好转以后，再了解核实一些具体情况。我们将根据客观事实，严肃认真负责任地处理这件事情。

问题 3：吴寻的焦躁、紧张等情绪状况在失踪前就已经出现了，班主任辅导员是否注意到了这些情况？他一周不在，相关老师为什么没有给予特别关注而及时发现他失踪的状况？

参考回答：我们学校从 2000 年开始对大一新生进行入学心理普查，在大一的心理普查当中，吴寻的心理状况是有些指标偏高，但是并没有达到患精神疾病的程度。心理中心的老师就把这个情况和班主任、辅导员进行了反馈。在以后的三年当中，辅导员和班主任对这个学生给予了很多的关心和帮助，所以在这三年当中这个学生的情绪一直很平稳，没有出现什么问题。9月12日吴寻的突然离开，事先也没有出现异常反应。吴寻已经大三21岁了，已经是成年人了，他没去上课，我们就是以为他过节回家了，我们不愿意把学生往坏处想。等了几天没找到，我们才跟他家里联络，家里人说没回家，我们才着急，这里面有一个时间差。不过，我们发现以后就立即寻找，并且及时报警。在这方面，我们经验不足，以后再遇到这种情况，我们会吸取这次的教训，第一时间与学生的家人取得联系。但是不管怎么样，孩子安全地回来了，我们找到他了，这是我们最大的欣慰。

对问题1、2和3的回答策略分析：这三个问题问的都是有关学校管理的内容，提问的方式比较直接，提问的目的也非常清晰，就是追究学校的责任，让学校承认自己在管理上的责任。在本案例中，客观地说，学校是有一定责任的，学校的责任可能主要集中在，第一，学生失踪以后，学校没有及时发现并上报组织力量寻找；第二，这个失踪学生心理健康指标较普通学生有些异样，应是重点关注的对象，而学校在这方面的工作可能有所欠缺；第三，失踪时间长达3个多月，在这期间学校可能没有尽到尽力寻找的责任。学校回答以上三个问题的原则：第一，把学校的相关制度及在吴寻失踪事件中执行的客观情况说清楚。第二，解释说明，对为什么没有及时上报学生的失踪等媒体质疑和追责问题做出合情合理的解释，话里话外尽量入情入理，从而获得媒体和公众的谅解。需要注意的是，解释说明不等于不承认责任，该认的责任要认，但是不能被媒体牵着鼻子走，不能媒体说你有什么责任自己就都认下来。第三，对于这类学校确实有责任的事件，更要注意表明坦诚开放、高度负责的态度，该承认责任的要承认，该道歉的要道歉，但是涉及学校应该承担的具体责任要慎说。

问题4：发言人说学校26日就以各种形式发布了寻人启事，而最后是在自己学校的教室找到了他，为什么持续了长达3个多月才找到他？这是否与学校的管理漏洞和对此事重视不够有关？

参考回答：自己的学生找不到了，学校的领导、教师和学生家长一样心急如焚，学校组织各方力量，想尽一切办法寻找，也向公安机关报了案。找到吴寻以后，经过了解，吴寻搬离宿舍以后，到了距离我们学校500米远的一个废弃木材加工厂居住。在那里，他的生活非常艰难，开始的时候还能够吃上两顿，后来钱越来越少，有些时候只能吃上一顿饭。当我们的保安见到他的时候，他已经蓬头垢面，手也已经冻伤了。吴寻在失踪的这段时间里，主要是靠MP3来打发日子，经常回到学校充电。当然，他害怕大家发现他，总是躲开人群，尽量在人少的时候找一间教室充电。直到12月24日，在学校人文大楼的六楼601教室，我们的保安在巡查校园的时候发现这间教室里有动静，还有光亮，就进去检查，发现有一个人躲在桌子下面，把他带到保卫处后，在明亮的灯光下才发现是吴寻。而我们所在的地方是一个大学城，北方大学城，在我们学校的周围还有北方师范大学、北方理工大学。我们学校在管理上是一个开放的没有围墙的学校，几个学校的学生可以在校内自由走动。吴寻又害怕大家发现他，自己藏起来，所以才很长时间没找到他。

回答策略分析：问题4问的内容还是追究管理上的漏洞和责任，只是提问的方式变得更加策略，将未经确认的判断作为大前提去提问，将这个大前提强加给发言人，这也是记者经常使用的设置陷阱的方法。问题4的大前提是学校管理上有漏洞和学校对此事不够重视，对于这种问题的回答不能直接检讨自己管理上到底有哪些漏洞，有关自己学校应负的责任一定要慎说，没有确定性的结论前不能说。对问题4的回答要点就是诚恳、客观、入情入理地陈述有关事实。

问题5：你们为什么没有动用高科技手段找人？

参考回答：因为吴寻的手机可以打通，所以我们也考虑用GPS定位的方法。但是由于学校保卫处没有这个执法权力，只能通过警方及相应的机构通过相关的设备进行寻找。在通过其他方式找寻无果后，我们向警方提出了通过GPS定位的方法寻找吴寻的请求。警方还需要通过联通公司，请联通公司支持，目前我们仍然在等待联通公司的回复。

回答策略分析：这个问题据实回答，做出合理的解释就可以。

问题6：吴寻在失踪3个多月以后平安地被找到，是一件值得高兴的事情。不过，我们认为，学校在这件事上非常侥幸。请问，如果吴寻在失踪期间发生什么意外，学校将负什么样的责任，校领导是否会引咎辞职，学校会赔吴寻的父母多少钱？

参考回答：正如这位记者所说，我们能够平安地找到吴寻，是非常值得高兴和欣慰的事情，多少个日日夜夜我们悬着的心终于放下了。至于万一怎样，我们不打算去做这种悲观的预测，因为万一的事情并没有发生，我相信以后也不会再发生类似事件。因为我们将从这起事件中汲取经验教训，认真梳理学校相关制度，查漏补缺，进一步加强管理，坚决杜绝此类事件的再次发生。

回答策略分析：问题6也是一个假如问题。对于假如问题的回答是一概不能顺着记者的思路去推测假如怎样就会怎样等。回答的统一原则是不回答。当然，我们不能回答“无可奉告”或“不知道”及“我不回答假如问题”等，要婉转地说我们不回答假如问题，并且说明与之相关的问题，如“我们不打算去做这种悲观的预测……”就是婉转地拒绝；而“我们能够平安地找到吴寻……悬着的心终于放下了”是强调事件的结果是很乐观的，没有造成严重后果；而“我们将汲取经验教训，杜绝此类事件发生”等则是强调学校是负责任的，不逃避和推诿应该承担的责任等。

案例六　大学校长为应届毕业生证婚引发热议事件

【基本事实】

5 月 23 日上午，南方大学校长在人人网的个人主页上发布了他将为在毕业前登记结婚的同学证婚并赠送校园婚纱照一套的消息。原文为："又是一年毕业时节，不知有木有某某即将毕业学子誓言永葆爱情，我将为他（她）们证婚，并送上美好祝福礼物（校园婚纱照一套），哈哈哈，真格滴！"

此消息一经发出就引起了大家的广泛关注，同学们纷纷转发，也有不少同学询问如何报名及报名条件。校长在人人网上就这两个问题进行了说明：第一，学生双方为南方大学应届毕业生；第二，必须是已经办理了婚姻登记手续；第三，必须是经过父母双方同意的；第四，承诺毕业前必须严格遵守学校的规章制度。大家可以到校团委去报名。

截至 6 月 11 日，南方大学最终确定符合报名条件的 14 对新人参与此次证婚活动。由于本届学生将于 6 月 21 日毕业离校，为给同学们留有一定的时间做好毕业前准备，校长证婚仪式定于 6 月 12 日在学校老校址与镜湖之间的广场举行。届时，14 对应届毕业生新人将接受校长证婚和师生的祝福。

【主发布词】

首先，衷心感谢大家长期以来对我们南方大学的关心、支持、指导与帮助。近一段时间，南方大学校长将为应届毕业生证婚的事件炒得沸沸扬扬，引起了社会的广泛关注和争议，有叫好的，有观望的，有质疑的，甚至有谩骂的，有说是炒作的，等等。各方面的传言很多，为此，我们今天召开新闻发布会，就此事向媒体和社会通报相关的情况。

首先简要地介绍一下校长证婚事件的一些具体情况。南方大学是一所以培养煤炭、矿山管理专业人才为特色的综合性大学，学校的毕业生大多数都去了边远的矿山、基层或是中西部。根据校团委的调查和提议，今年5月20日，我们校长在校务会议上提出了为应届毕业生证婚的设想，校务会议经过讨论，最后达成共识：这是一件好事，学校可以做一些尝试，具体工作由校团委进行落实。为了把这个好事办好，学校提出了明确的要求，这个活动严格地限定在应届毕业生的范围，证婚活动目的明确，用以下几句话概括就是见证校园美丽的爱情，给毕业生留下美好的校园回忆，体现老师对学生的人文关怀，彰显学校以生为本的办学理念。随后，为了了解应届毕业生在毕业前登记结婚的意愿，5月23日上午，校长在人人网个人主页上发布了他愿意为毕业生证婚的消息，具体的内容在通稿里已经发给大家了。这个消息发出以后立刻引起了广泛的关注，同学们纷纷转发，也有不少同学询问如何报名及报名的条件，校长在人人网上给予了答复。此外，校团委根据学校校务会议的要求也做出了一些具体的安排，设置报名处，安排了摄影、婚纱、化妆等相关的事项，从全校的学生中精心挑选了8名摄影水平突出的学生担任专门的摄影师。同时，通过商业赞助的形式明确了由两家婚纱摄影机构为我们的毕业生拍摄婚纱照，提供婚纱和照片冲洗，以及小礼物赠送。这些具体环节大家感兴趣的话一会儿团委书记可以专门介绍。

准备工作做好以后，根据学校校务委员会的要求，校团委提出了具体的报名条件：第一，参加报名证婚的必须双方都是南方大学的应届毕业生。第二，必须已经办理了婚姻登记手续。第三，必须已经征得父母双方的同意。第四，承诺毕业前必须严格遵守学校的规章制度。

按照这个要求，截至今天，学校最终确定符合报名条件的14对新人将参加此次的校长证婚活动。明天，校长证婚仪式将在学校老校址与新址之间的广场进行。届时，14对应届毕业生新人将接受校长证婚和师生的祝福。在此，也让我们为他们送上衷心的祝福，心心相印，白头偕老。关于事情的基本情况我就介绍到这里，接下来欢迎记者朋友提问。

【媒体问题及分析】

问题1：这次活动是学校行为还是校长个人行为？如果是学校行为，为什么是在校长的个人主页，而不是团委或校务公开平台上发布信息？

参考回答：这次活动是学校行为。活动由团委发起，活动的策划和组织都是按照学校的议事规则严格规范有序地实施，符合学校有关制度要求。至于媒体关心的学校这个活动的发布最早出现在校外媒体上，是以校长个人名义发布，是我们活动策划的一个内容，目的是彰显校长的个人魅力，拉近校长和学生的距离。

回答策略分析：这是一个很常规的问题，所问内容涉及学校议事规则等相关管理制度。这类问题比较容易回答，只要实事求是地说明情况就可以了。

问题2：你们认为这次证婚活动是否是在鼓励、支持青年学生在校期间谈恋爱，并且领取结婚证？你们学校是以教学培养人才为主，还是以关心学生的婚姻家庭为主？

参考回答：学校希望把学生培养成德才兼备、全面发展的人才。全面发展，不仅包括学业的发展，同时还包括培养学生健康的体魄、良好的心理素质和社会适应力、善于沟通与合作的团队能力、自我管理能力等。我们希望我们的学生既能为社会做贡献，又能有一个幸福的个人生活。南方大学是一所以培养煤炭、矿山管理专业人才为特色的大学，我们的学生比较特殊，毕业后基本都去了边远的山区，在矿区工作，很辛苦。与留在大中城市就业的学生相比，在那里收获一份爱情真的很不容易。尤其是有的学生毕业之后因为两地的原因各奔东西，这也是我们不愿意看到的。所以，毕业生当中很多学生纷纷给我们来信，或者提一些建议，说能不能学校为我们搞一次这样的活动。学校根据校友的意见及校团委的调查，通过校务会的讨论，决定组织这样一个活动，希望我们的学生有幸福的婚姻家庭生活。

回答策略分析：问题2所涉及的内容是本案例的一个焦点问题，是记者攻击的重点。问题2隐含的大前提是大学的工作重点是教学，校长证婚活动会干扰教学，这是矛盾的。回答中要尽力把记者对教学的关注、对征婚活动是否干扰教学的关注转移到以学生为本，帮助学生解决个人问题上来。回答中最合乎情理的地方在于学校毕业生大部分分到偏远矿区工作，解决个人婚姻问题常常遇到困难，所以学校希望通过这项活动为毕业生做点事情，把这个重点入情入理地讲清楚就可以了。这个回答重点体现的是以人为本的原则。

问题3：你们的校长证婚活动是否会导致在校大学生过于注重毕业时得到校长的证婚，把时间精力过于投入到恋爱中去，从而影响他们的学业？

参考回答：这个问题也是我们非常关注的。这个活动是我们以学生为本理念的具体体现，也是一个尝试，既然是尝试，很多情况都有可能发生。我们希望这个活动能够对学生产生积极的、向上的影响，借助这个活动，帮助学生树立正确的婚姻恋爱观。我们认为，正确处理婚姻恋爱，不仅不会影响学业，反而能够将其转化为积极动力促进学生学业进步。所以，这方面需要我们学校、社会包括各位媒体朋友给我们的学生一个积极正确的引导。

回答策略分析：问题2与问题3有相似之处，回答的原则也与问题3相同。对于这个问题的回答不能简单地直接回答是或不是，而是围绕问题把回答的重点引向教育学生如何处理婚姻恋爱与学业的关系上。

问题4：你们的标准里有一条，就是参加证婚的毕业生的婚姻要双方父母同意，这个标准是不是带有封建色彩，如果父母不同意，你们就不支持吗？那么学生自由恋爱遭到父母阻挠的时候，学校应该是一个什么样的态度呢？

参考回答：前面说过，这个活动我们是第一次组织，是一次探索和尝试，既然是尝试，我们在组织过程中就非常谨慎，尽力保证不出意外，征得父母的同意才成为一个必要的条件。父母养育孩子不容易，子女的婚姻大事征得父母的同意，这和带有封建色彩的父母同意、父母包办婚姻完全是两码事。我想这一点大家都能理解。

回答策略分析：对这个问题的回答，重点就是做好解释说明。解释说明的要点：第一，我们希望达到什么样的目的（争取圆满，保证活动不出意外）；第二，为了达到这个目的，我们做了哪些工作（征得父母同意是工作之一）；第三，明确说明这次活动征得父母的同意与父母包办婚姻有着本质的不同，这也是问题的核心所在。

问题 5：你们在学校举行如此盛大庄严的仪式为他们证婚，但是假如将来这 14 对新人里面有离婚的，是否会对你们学校的声誉带来不好的影响？

参考回答：我们为他们证婚的重要目的之一是见证他们美好的爱情，让我们共同祝愿他们白头偕老。

回答策略分析：这个问题也是典型的假如问题，即记者假定一个并不一定发生的情况，让发言人预测假定这一场景发生，就会怎样怎样。回答假如问题的原则是不能顺着记者的思路去预测结果。当然，也不能回答无可奉告。参考回答的策略：说希望、说祝愿，根据实际情况或希望或祝愿或否定记者所假设的场景不会发生，当然也就不需要预测其引发的结果了。

问题 6：请问，刚才发言人说所有这些活动都是合法的，那么是合什么法，哪一条法？

参考回答：《婚姻法》规定男 22 周岁以上、女 20 周岁以上可自愿结婚。自 2005 年起，《普通高校学生管理规定》就不再对大学生是否可以结婚做禁止性规定。

回答策略分析：与事件相关的法律问题也是记者常问的问题。在准备新闻发布会的环节，新闻发言人要熟悉与事件相关的法律法规，回答记者提问时要依法依规，做到准确无误，这样回答就挑不出毛病。

问题7：请问各位领导，这样的活动以后还会不会举行？

参考回答：我们学校的办学理念就是以学生为本，以学生为中心做好我们的各项工作，这是我们工作的根本和出发点。一切有利于学生成长的工作我们都会去做，过去是这样，现在是这样，将来还是这样。

回答策略分析：这个问题回答会举行或不会举行或看情况都不妥。如果回答会举行，这个活动是第一次组织，没有经验，办得怎么样还不确定，如果效果不好，以后可能就不再办了，所以不能回答以后继续办。如果回答以后不会举行了，等于告诉记者这个活动现在就感觉到有些问题了，不然怎么会不办了呢？记者也一定会追问为什么不办了。因此，这样回答会使自己非常被动，引发记者问更多的难于回答的问题。如果回答看情况，如果办得好就继续办，如果办不好就不办了，这种实话实说式的回答虽然坦诚，但是传播效果不好，大家会觉得学校对这事也是没有什么把握的，有时还容易被记者断章取义地去报道。所以，对于这类问题，我们采用原则回答的方法，即不直接回答问题，而是回答处理该问题上位的原则、方法和态度。我们给出的参考回答就是用的原则回答的方法。

案例七　女生宿舍发生爆炸事件

【基本事实】

3 月 31 日中午 1 点 30 分左右，东方学院 5 号女生宿舍楼第三层 3320 房间发生爆炸并引发火灾，现查明该次事件造成 3 人死亡（1 男 2 女）、1 人重伤、3 人轻伤。事故发生后，东方学院有关部门迅速启动应急预案，在第一时间报告了消防、公安和医疗救护部门，值班人员立即展开疏散和灭火工作，消防车及时赶到现场，30 分钟后，大火被彻底扑灭。事故受伤人员全部被送往本市第一医院，目前伤者生命体征平稳。

目前死者身份已经确认，两名女生为东方学院大三学生，3320 房间为其宿舍，遇难的 1 名男生为同班同学。受重伤的女生也是 3320 房间室友。爆炸引发的火灾直接过火面积为 5 间宿舍，伤者主要为表皮烧伤和呼吸道伤害，有一名伤者系在逃离时摔倒致伤。事件的详细经过及原因，公安机关正在调查中。

【主发布词】

今天中午 1 点 30 分，我们东方学院 5 号女生宿舍楼的 3320 房间发生了爆炸，并且引起了火灾。截至今天下午 5 点，这个事件造成了 3 人死亡（2 名女生，1 名男生）；受伤 4 人，有 1 人重伤、3 人轻伤。在事故发生之后，我们学院及时地启动了应急预案，在第一时间报告了消防、公安、医疗等部门。同时，向市政府应急办公室和省教育厅报告了已经掌握的事件基本情况。

值班人员立即展开了疏散和灭火工作，下午 2 点消防车及时赶到现场，30 分钟后，大火被彻底扑灭，事故受伤人员全部被送往本市的医院，目前伤者的生命体征平稳。目前死者身份已经确定，两位女生是我们东方学院大三的学生，3320 房间是她们所住的宿舍，遇难的 1 名男生为其同班同学，受重伤的女生也是 3320 房间的室友，爆炸引发的火灾直接的过火面积为 5 间宿舍，伤者主要为表皮烧伤和呼吸道伤害，有 1 名伤者是在逃离时摔倒所致。事故的原因，公安机关正在调查之中。这件事情发生之后，学校迅速启动了应急预案，成立了以党委书记、校长为组长的突发事件领导小组，并且分了 4 个组。这 4 组合理分工，通力合作，已经开始开展工作。

第一组是救援工作组，由校长牵头，校办、财务处、校医院、团委和相关学院等职能部门的学院负责人组成，做好受伤学生的救护、看护工作。目前受伤学生在 101 医院，生命体征正常。

第二组是善后工作组，由党委书记牵头，党办、教务处、学工部、宣传部、后勤集团、相关学院职能部门和负责人组成，本着依法依规、以人为本、合情合理、认真负责的原则，具体负责以下工作：第一，及时通知死者、伤者家属，做好接待、安抚及善后相关工作。第二，做好受伤学生的救治和陪护。第三，将受事故影响的其他学生转移到学校招待所，由学校心理健康教育中心做好心理疏导工作。第四，及时向学生通报事故情况并开展安全教育。同时，教育学生不信谣，不传谣。学校值班室各班主任、辅导员通信畅通，接受家长咨询，确保学校教学、生活正常进行。第五，及时向市政府、省教育厅汇报事件的处置进展情况。

第三组是事故调查组，由分管纪检监察的副书记牵头，纪委监察处等部门负责人组成，协助公安机关调查事故原因。

第四组是安全排查组，由分管安全的副校长牵头，保卫处、宿舍管理中心、实验中心等职能部门负责人组成，对学生宿舍、实验室、食堂等区域进行安全隐患排查，吸取事故教训，举一反三，杜绝类似事故再次发生，确保校园的安全稳定。

以上是事件的基本情况。

【媒体问题及分析】

问题1：上周全国的安全工作会议刚刚召开，学校就发生了这起严重的事故，这些鲜活的生命就这样离开了我们。请问，这起事故暴露了学校在管理上存在着什么问题?

参考回答：学校十分重视安全工作，始终把安全作为重点工作常抓不懈，虽然学校有完整的校园安全制度，并且多年来执行非常到位，但还是发生了这起事故，我们感到非常痛心，为逝去的年轻生命感到无比痛惜和悲伤。目前，学校已经成立了4个工作组，校长、书记、分管的副校长、副书记及相关部门已经全部投入工作。我们会在事故调查结束以后，依法依规处理。

回答策略分析：问题1是很典型的强加的提问方式，即把未经证实的事实作为既定事实当作大前提来提问。问题1的大前提是学校在管理上一定存在问题。学校出了负面突发事件造成人员伤亡后，校方常常有难过、自责、心虚的心理，一些记者会抓住校方的这种心理，以这种强加的提问方式引导发言人承认并检讨学校的管理问题。事实上，在事故原因正在调查中，还没有结论时，发言人是不能明确回答有关管理责任的问题的。因为一旦与调查结论不符，就会造成校方在公开场合发表意见前后不一致的局面。这种情况一旦发生，就会成为更加易被炒作的新闻热点。因此，对于问题1这种记者用强加的方式提问的问题，我们不能直接回答自己有哪些管理责任，除非已经有权威的调查结论。因此，回答这个问题要重点表达校方的悲痛、难过之情，介绍校方在安全管理方面的制度建设及执行情况，并且说明事故还在调查之中等。

问题2：事故发生在1点，大火扑灭是在2点30分，这个时间，过火面积达到了5个寝室，造成了重大的人员伤亡。这是否说明两个问题，一个是学校安全职责不到位，第二个是学生寝室存放了易燃易爆物品?

参考回答：我再明确一下，事故发生是在1点30分，消防员开始灭火是2点，2点半大火扑灭，灭火用了半个小时。应该说，灭火还是非常及时和高效。至于你刚才提到的两个问题，目前公安机关给出的初步结论是由于爆炸引发的火灾，整个事故的原因正在进一步的调查之中。所以，在事情的结论出来之前，我们还不能判断学校的安全职责问题，以及学生宿舍是否存放了易燃易爆品。

回答策略分析：对于这个问题的回答，有两点要注意：第一，记者提出的有关事实方面的错误，一定要及时纠正；第二，凡是涉及正在调查之中的还没有结论的内容，都不能给出确定性的回答。

问题3：请问发言人，按照你的估计，你认为事故的原因可能会是什么？

参考回答：我刚才说过，事故的原因相关部门正在调查，我们和大家一样，也在等待结果，现在做任何不负责任的猜测和估计都是非常不恰当的。让我们一起等待调查结果吧。

回答策略分析：问题3中，记者是在引导发言人发表个人看法并再次提到了事故的原因。所以，对于问题3的回答，需要特别强调的有两点：第一，在回答记者提问时，不能谈个人看法，要代表组织，回答问题的主语要用“我们”，而不是“我”。第二，在回答记者提问时，不能够猜测、估计、预计一些未经证实的或还没有发生的事情，不用“可能”“也许”“大概”等词汇。第三，事故原因一定要等待调查结论，有了口径一致的说法才能发布。

问题4：网络上关于这次事件的传言很多，有说是歹徒袭击，有说是老师抢了学生的女朋友引起报负，还有的说是学生情杀，等等，发言人能否给我们一个关于爆炸事故原因的准确说法，这是今天所有在座的媒体朋友最关注的一个问题。

参考回答：感谢这位记者的提问。关于事故的原因，我刚才已经说过，我们和大家一样着急，急切地想知道结果。到目前为止，我们所掌握的情况：经过老师和学生的辨认，3名遇难者都是三年级的同学，他们是同班同学，所以不存在其他的老师和其他的校外人员。具体的作案动机或什么其他的爆炸原因，目前由公安机关进行调查，我们已经把监控录像提交警方并控制了爆炸现场，让我们再耐心等待一下，具体的详细原因，相信不久会向大家公布。

回答策略分析：关于事故的原因，是媒体关注的重点问题，这个问题被记者再次提及，回答的大原则不变，即没有结论的内容不能明确回答。我们给问题3的参考回答用了一些技巧：第一，表达与记者同样急切和关注的心情和态度，拉近与媒体的距离。第二，公布一些相关的已经确定的事实和信息，让记者有所收获。第三，再次强调事故原因正在调查中，请大家耐心等待。

问题5：现在社会上出现了很多传言，在有关部门给出权威的调查结论之前，你们在舆论引导方面做了哪些工作？

参考回答：谣言止于公开。我们按照及时、准确、客观的原则，在事件发生后的第一时间就在学校网站及学校微博发布了事件的有关情况，并且随时更新最新情况。今天召开新闻发布会的目的之一就是为了有效引导舆论。我们已经向全体师生通报了事件的基本情况，并且提醒大家不信谣、不传谣。此外，学校安排了工作组，专门负责关注学校网络舆情。我们也希望各位记者朋友及时、客观地报道事件，不给谣言传播的机会。

回答策略分析：这个问题非常重要，是记者不问也要找机会去说的问题，回答时要注意：第一，要把学校有关事件信息发布工作说充分、全面；第二，要号召媒体记者客观报道事件情况，以利于形成事件解决的积极氛围。

问题6：这三个死亡学生的情况及事故起因等，学校至今还在说正在调查等推诿的话，我们感到几个学生的班主任好像根本不了解什么情况。

请问，学校的班主任究竟在干什么？学校班主任制度的哪些疏漏导致这起严重的事故？

参考回答：班主任已经和我们交流过情况，三位死者当中，有一名女生和这名男生平时关系比较密切，但是还不能完全断定他们处于什么样的关系，我们也正在就此事调查。我们的学生都是年满 18 岁的成年人，谈恋爱是他们的自由，同时也是学生的私事，所以学校的工作重点是对学生进行婚姻恋爱观的教育，但并不具体干涉。所以，班主任辅导员不好过多询问。另外，我们学校有完整的班主任制度。按照制度规定，系级层面每个星期四有半天时间，全部教职员工要一起汇总情况，总结上一阶段工作，谈谈下一阶段工作。其中，学生工作也是很重要的组成部分。因为时间关系，具体的制度会后我可以与你单独交流。从过去几年的执行来说，班主任工作及系里每周的工作交流都有详细的记录，制度执行到位。

回答策略分析：对这个问题回答的分析分为两点：第一，这是一个采用强加方式提问的问题。关于强加问题，即把未经调查和证实的情况当作既定事实作为大前提提问。回答强加问题不能顺着记者的思路反思和检讨自己工作中的漏洞，回答策略之一是要围绕记者所提问题介绍自己学校的相关制度建设及执行的情况；策略之二是告诉记者学校也正在对相关制度进行梳理和反思，寻找事故有没有制度的设计及执行方面的原因。第二，这个事件，前期的回答中已出现多次“正在调查之中”。这里需要特别强调的是，如果对记者的问题回答了过多的正在调查之中，就会引起记者的反感，所以即使记者所提问题确实还没有确定性的结论，也要注意不回答太多的“正在调查之中”。建议回答策略：第一，围绕记者提出的问题，介绍一些相关的事实。第二，可以透露一些还没有结论的推理，但是一定要加一句如“这只是初步的判断……”“初步调查的结果是……”“从事情的表面来看……”“我们还需等待相关部门的最终结论……”等。第三，我们可以借这个问题，以借题发挥的方法，详细介绍学校相关的制度建设和执行情况，因为记者如果要追责的话，学校的制度建设及执行情况是一个非常重要的着眼点。

问题7：你们学校发生这样的事情，从表面上看，一般人都能看出来可能跟爱情有关系，还殃及了无辜，不说这个事情最终的结论，我想问，学校对青年学生的爱情观、恋爱观都有些什么方面的教育，曾经有过什么样的成果？

参考回答：我们学校通过以下四个途径引导学生树立正确的婚姻恋爱观。首先，面对全校学生开设婚姻家庭系列讲座。其次，把婚姻恋爱观教育融入心理健康教育中。有一部分学生的心理问题是因为恋爱而发生，因此婚姻恋爱观教育是学生心理健康教育的重要组成部分。再次，学生处、团委及相关的学生社团会经常组织丰富多彩的活动，引导学生树立正确的婚姻恋爱观。最后，班主任、辅导员会深入到学生中去，经常与学生交流、谈心，潜移默化地对他们进行教育。

回答策略分析：关于学生发生的安全事件，提到责任，总也绕不开三个方面的问题。第一是制度的建设和执行情况；第二是对事故发生以后的处置是否及时和有效；第三是对学生的相关教育是否到位。无论是召开新闻发布会还是接受记者采访，以上三个方面的问题都是需要重点充分准备的。问题7所涉及的就是事件涉及的对学生的婚姻恋爱观的教育问题。

问题8：如果家长对学校的处理结果不满意，打着横幅在办公室闹，你们怎么办？如果家长提出更高的要求，你们是否会满足？

参考回答：我们和这些学生家长也有了接触，他们都非常通晓事理。当然，他们现在处于极度的悲痛之中，我们充分理解他们的心情，我们也非常难过。我们会竭尽全力做好善后工作，争取妥善解决善后事宜。我们相信他们会维护其他学生学习的环境，不会乱闹的。

回答策略分析：问题 8 又是一个假如问题，假如问题是记者经常会问到的问题，是记者先预设一个不存在的事实，以这个事实为前提，让发言人预测会怎么样。具体提问方式是“如果……，那你们怎么办”，或者“请你预测一下……”，等等。对于假如问题的回答原则是不回答，即不要顺着记者的思路去预测结果。当然，也不能回答无可奉告。参考回答的策略是说希望、说祝愿，或者根据实际情况否定记者所假设的场景不会发生，当然也就不需要预测其引发的结果了。我们给问题 8 的参考回答所使用的策略就是委婉地否定记者所假设的场景不会发生。

案例八　学生诺如病毒感染事件

【基本事实】

2月21日，东亚大学发现69名学生出现不明原因的恶心、呕吐、腹泻等症状，疑似食物中毒。学校所在地（东亚市和谐区）卫生监督所、区疾控中心介入调查。当天晚上，学校通过官方微博等渠道，向社会公布事件处理情况。22日，有类似症状学生继续大量增加，又出现83例。经和谐区疾控中心报东亚市疾控中心分析、排查、检测，确认本次事件非食物中毒，是以桶装饮用水为媒介的诺如病毒感染。东亚大学立即配合防疫部门采取积极有效的干预措施。目前，疫情已得到有效控制。23日新增病例明显下降，为11例；24日（今天）无新增病例。截至当前，东亚大学学生诺如病毒感染性腹泻病例共163例，经过积极治疗，学生们的病情很快好转，163人中，151人康复返校学习，12人继续治疗。流行病学专家表示，本次感染不会对学生今后身体健康产生影响。目前，学生和家长情绪稳定，学校秩序已恢复正常。

【主发布词】

各位媒体朋友，大家好！下面由我将本次学生腹泻事件相关情况向大家做一通报。

2月21日，截至当天晚上12点，东亚大学发现有69名学生出现不明原因的恶心、呕吐、腹泻等症状，疑似食物中毒，学校立即果断采取一些措施，第一时间将发病学生送医治疗，并且及时上报东亚市和谐区卫生监督所、区疾控中心和省教育厅、区政府。学校会同区政府召集相关部门成立应急指挥部，启动食品安全事故处理预案，一边组织救治，一边紧急查找中毒源。区疾控中心在分析的同时，对食堂20号晚餐、21

号早餐食品进行了全数采样，对初步发病未用药病人进行了大便采样，对发病学生寝室饮水机直饮水也进行了采样，送市疾控中心化验。当天晚上，学校已经通过官方微博将相关情况向社会做了一个公布。

22号有类似症状的学生继续大量增加，又发现83例。同日，前一天送检的样本检测结果也已经出来，食堂20号、21号的留样水和食品均为合格，送检的直饮水样本和大便样本里面均发现了诺如病毒，这样病因就基本查明，为以桶装饮用水为媒介的诺如病毒感染。学校立即封存了所有的桶装饮用水，并且配合疾控中心专门人员对学生寝室的饮水机进行彻底消毒，组织人员做好教室、学生公寓、食堂等公共区域的消毒处理工作。当前，疫情已经得到了有效的控制，23号新增病例明显下降，为11例；24日，也就是今天没有新增病例。截至目前，我校学生诺如病毒感染性腹泻病例一共是163例，经过积极治疗，学生病情很快好转。163人中，151人康复，返校学习，12人继续治疗。目前学生和家长的情绪都比较稳定，学校教学和生活秩序已恢复正常。在整个事件的处理过程中形成了以学校为中心的，与校内外各方力量的协同，如学校与政府，与疾控中心，与医院，包括与我们的媒体朋友等各种力量的协同。所以，借本次发布会的机会，我们也要真诚地感谢各界朋友给予我们的大力帮助和鼎力支持，谢谢大家！关于事件情况的通报就到这里，如果还有什么情况需要了解，欢迎大家提问。

【媒体问题及分析】

问题1：事件发生到今天已经是第四天了，163人集体感染诺如病毒，而且全部发生在校内，你们是否按照要求汇报？学校应该承担什么责任？应该给学生家长和社会一个什么样的交代？

参考回答：第一个问题，163例病例是我们先后三天以来总共的病例，第一天我们是69例，根据食品卫生安全应急的预案措施，发病在30例以上、100例以下的是启动四级应急预案，当天我们是按照这样的标准流程来处理的，按照属地的原则，上报了学校所在的东亚市和谐区卫生监督所和区疾控中心。第二天病例继续大量增加，总数超过了100例，按照规定，我们把应急等级提升到三级，随着疫情等级的提升，我们上报的部门也由区卫生监督所、区疾控中心提升到市一级的，我们是严格按照这个标准流程应急预案处理和执行的。（依法依规回答）

第二个问题，事件发生后，学校立即启动了应急预案，在第一时间把患病学生送到医院，同时通知患病及疑似患病学生的家长，耐心、细致和客观地告知学生的病情、治疗及恢复情况，消除家长的疑虑和恐慌心理。此外，从病例发生的第一天起，我们就开始通过官方微博、学校的BBS等形式向社会公开发布有关信息，等等（可以说得更详细一些）。通过以上努力，虽然感染人数比较多、范围比较大，但是学校整体的教学生活秩序得到了基本保障，没有受到干扰。

回答策略分析：这两个问题，记者问得都还比较友好，提问方式也并不刁钻，所以相对比较好回答。第一个问题问的有关事件处置，回答的时候要尽量把学校的处置措施说充分，让媒体觉得学校的处置及时、恰当和有效。一定要把这个意思表达出来，这样能够或多或少弥补学校在事件中的责任。同时，是否及时上报是记者关注的另一个问题。第二个问题，责任问题。学校发生食物中毒事件，公众的第一反应是学校一定有责任，食堂的管理一定有问题。而此时，责任问题也还没有一个明确的说法，所以不能讲学校到底有什么责任。因此，我们回答这个问题的方法是转移话题，问责任并不回答责任，而是回答处置措施和效果，强调处置及时，效果明显，没有产生恐慌和次生事件。

问题2：据我所知，诺如病毒是一个季节性比较强的病毒，那么明年到这个季节学校还有可能发生这种病毒感染吗？

参考回答：正如这位记者所说，诺如病毒有一个相对比较活跃的时期。但我相信（表明了信心和责任）我们有能力避免事件的再次发生。

在学校里，安全是最重要的工作，没有之一，学校将对这次事件做出深刻的反思，会进一步加大饮食饮水卫生安全等方面的制度建设和执行力度，同时对学生加强食品卫生安全教育，保证不再出现类似事件，保证学生健康成长。

分析：这又是一个假如问题，即记者以一个假定的还没有发生的事实为前提，常用“如果”“假如”“要是”等词语开头，让发言人去预测会怎样，“如果……，就会……”。问题 2 虽然没有以假定的事实为前提，但是让发言人对以后的还没有发生的事情做出预测，同样也是假如问题。假如问题是记者惯常使用的，带有设置陷阱的味道。回答这类问题的方式就是并不顺着记者的思路走，而是要么否定记者的大前提，要么做出乐观的但并不确定的预测。对问题 2 既不能回答“有可能”，也不能回答“不可能”。如果回答有可能，说明学校后边的工作一定做得不到位；回答不可能，又太绝对了，没有给自己留下余地。在参考回答中，我们用了“我们相信”的词语，给自己留下了充分的回旋空间，还表明了学校负责的工作态度和信心。

问题 3：贵校学生饮用水的提供方式是什么？

参考回答：我们学校学生饮用水是生产厂家生产、运输到我们学校，由我们分送给有需求的学生。其中具体有几个相关问题向大家说明：第一，如何确定供水的企业，我们学校 2012 年整体搬迁到新校区，这个校区的规模是学生 2 万人、学生宿舍 4000 间，也就是说，5 个人一间。学生到校以后，学校的基础设施建设里有锅炉房，为学生免费提供开水、饮用水。但是一段时间以后，部分学生提出需要饮用桶装纯净水的需求。根据这种需求，我们联系了学校周边的共五所有需求的大学进行集体招标采购。采购是有门槛的，第一，来投标的企业必须要有国家颁发的生产许可证，就是生产过程工艺是符合国家标准的。第二，有销售许可证，也就是他们生产出来的水是符合国家卫生安全要求的。第三，生产厂家在社会上的影响度，也就是它的保有度，在社会上的销售量要相对比较大，越大，我们就认为老百姓相对比较认可。第四，要求送货上门，要送到学校。我们五家大学在评标的过程中也达成了一致。最后一点是考虑价格，从招标情况来看，最终中标的桶装水市场价一桶是 11 块钱，我们招标是 7 块钱，最后我们分送给学生是 9 块钱，也就是市场 11 块、学生 9 块，另有 2 块毛利润。水到学校以后，学校要有储存点。根据食品卫生相关的法规，我们选择了一间 100 多平方米的房间，通风，干燥，并且定期地对这个房间进行消毒。学生有用水需求可以打电话，由送水工直接送到学生手中。

回答策略分析：问题 3 表面上看问的是水的提供方式，背后的目的是看你的学校在供水的过程中是否有责任。所以，对这个问题，要回答得充分、完整，就要对学校对饮用水的招投标过程及最后是如何到达学生手中的过程进行详细的说明。这个过程说清楚了，学校在这个环节就没有管理责任了，也就等于委婉地告诉记者学校该做的都做了，没有什么责任。但是，发言人自己切记不能说学校一点责任都没有。当然，做得好才能说得好，做得好是前提和基础。但是，如果做得非常到位，记者问的时候没有把这个过程说充分、说透彻、说圆满，可能会被记者追到责任。问题 3 的参考回答是我们在进行新闻发布会模拟演练时模拟发言人的真实回答，这个回答应该说非常充分、到位，我们原文呈现给大家。

问题 4：请问发言人，你们认为此次事件中，学校有什么责任？

参考回答：卫生检验部门、防疫部门最终的检测结果是因为水的原因造成的感染。可能被污染的环节有三个：第一，生产过程；第二，运输过程；第三，储存过程。有关部门相当专业，从这三个环节进行了现场检查检验。检查的结果：第一，在同一批次的水当中，其他学校并没有发现这个病毒的感染，对现场生产过程也进行了检查，没有发现问题。

第二，对水的储存点进行了检查、取样，也没有发现有这个病毒。剩下的就涉及运输过程了，在运输的车辆中、残留物中最终检测出来发现有此病毒，具体的原因就是生产厂家的运输车辆是要求封闭的，这个厂家是做到了，后来经过调查，是企业的员工在送水的头一天私下将此车借给同村的一个人用来拉饲料了，在这个饲料的残留物中发现了这个病毒。所以，检疫部门最终判定污染点就是这个运输过程。污染是对桶装水的表面。（对污染源的详细排查过程，切割责任）我们对水的关注点更多集中在了水的质量上，确实没有想到水桶外面的污染。在这个过程中，我们也在反思。今后，我们就要进一步加强管理，细化我们的管理制度，除了对水的储存点定期消毒外，我们考虑马上在储藏点安装紫外线消毒设备，同时对每一批进来的桶装水的外表在防疫部门的指导下进行消毒。（表态、自省、今后的措施）

回答策略分析：和问题 3 一样，问题 4 也是一个追责的问题，只不过问题 4 开门见山地直接问学校的责任，而问题 3 没有直接问，隐含的意思是问学校在供水过程中的责任。所以，对问题 4 回答的策略基本与问题 3 一致。对问题 4 的参考回答也是我们在进行新闻发布会模拟演练教学中模拟发言人的真实回答，这个回答也是非常全面和有策略的。评析这个回答的可圈可点之处在于，第一，对桶装水被污染的责任进行了切割（企业运输车辆受到污染，不是学校的问题），学校的责任变得小而又小。第二，虽然学校没有什么责任（当然自己不说自己没有责任，出了这么大的事，学校永远不能说自己没有责任），但是学校表现了高度负责和不推诿的态度（学校也要深刻反省，查找自身原因，加强制度建设并已经有了下一步的有针对性的工作安排，如安装紫外线消毒设备及对桶装水外表进行消毒等）。

问题 5：刚才发言人提到，你们在水的储存过程中没有发现诺如病毒，但是在运输过程中发现有诺如病毒，这在逻辑上似乎有问题，请你们做出解释。

参考回答：谢谢你的提问。你是一位非常细心的记者，你的问题追问得很专业。（赞美记者）我刚才说在我们的储存地方没有病毒残留物，病毒是覆盖在桶装水桶的表面，我们的储存室里面没有检测到病毒。所以，刚才我还说到今后我们除了对储存点消毒外，还要对每一件入库的桶装水桶进行消毒，在卫生防疫部门的指导下消毒。

回答策略分析：追问也是记者经常提问的方式，就是根据发言人的回答，就事件的细节及逻辑上似乎不太严谨，或者情节链中的缺环继续提问。这就要求发言人对整个事件的过程，包括人物的背景情况及处置等问题的细节有充分的准备。我们给出的参考回答还通过赞美记者的方式与记者拉近距离。

问题6：刚才听了学校的介绍，我们认为学校对这件事情的处理措施很完善。但是，让大家担忧的是，这次学校是饮用水受到了污染，会不会下次是食堂的饭菜出问题，再下次又不知道哪里会出问题。头痛医头、脚痛医脚难免不再出问题。请问校方有什么打算？

参考回答：谢谢这位记者的提醒！食品安全关乎师生的生命健康，学校历来高度重视，是日常工作中的重中之重。（表态）我们在保障食品安全方面有完善的制度保障。一个是原材料的购进，我们是通过完善的大宗采购的集体招标程序完成的，所有食材必须通过政府有关部门的检测。食材进入学校以后，在制成成品之前有一系列的环节，学校也有相关制度来保证。这个制度也是依据食品卫生法和卫生防疫相关要求来制定的。比如，从食品的购入到储存到加工到制成成品都是有相关的制度要求的。同时，在食品加工的有关环节，包括食堂、超市，与食品加工有关的工作人员在上岗前要进行体检，要有卫生防疫部门颁发的健康证上岗等。在制度的执行环节，我们是从以下几个方面做的：第一，政府的相关部门定期对我们所有的环节进行抽检，这是政府部门履行监督的环节。第二，我们有专门的检测部，有专人负责每天对这些环节进行监督。第三，学校校医院及教职工代表定期对我们的食堂及超市等进行检查。第四，学生会里有一个膳食管理委员会，他们也会像教职工代表一样定期检查。这是我们从制度的制定和执行两个层面进行的保障。这次的事件使我们更加严格地从以上两个方面入手加强食品安全的管理。（介绍学校有关制度）

回答策略分析：问题 6 也是记者惯常提问的方式，即提问与事件相关联的问题。本事件涉及的是一个饮用水安全，记者可能问到的是食品安全，包括食堂，甚至是超市，也许记者还会问到学校门外的小食街等不由学校管辖的范围。此外，记者还可能问到近期，比如一两年前甚至更长时间前学校曾经发生的负面的突发事件。这类问题回答起来并不难，也不需要多少回答技巧，关键点在于，第一，对提问内容事先要有充分的准备，因为这些内容记者提问的概率非常大；第二，回答时要注意从相关制度安排与执行两个层面说充分、说透彻。第三，适当地加上一些赞美和感谢记者的话能使回答更加完美。

问题 7：这起事件造成了很大的社会影响，很多学生和家长认为在学校读书没有安全感，这可能会对学校今年的招生带来负面影响。你们对此怎么看？

参考回答：多年来，学校凭借优良的校风、高水平的教学科研及严格的管理在社会上赢得了良好的声誉。我们学校的高考录取分数线在全省一直名列前三，报考我们学校的考生人数一直居高不下。（为自己的学校做广告）刚才这位记者的担心是非常有道理的，这也是对我们学校的提醒。（赞美记者）诸如病毒感染事件发生以后，我们感到非常自责，学校下大力气把这件事情处理好，包括积极妥善采取有效措施、及时公布事件情况、采取更加严格的措施保障食品安全等。事实证明，学校的努力得到了学生和家长及社会的认可，学校教学秩序没有因此受到干扰。

同时，我们要加倍努力把学校各方面的工作做得更好，我相信凭借我们的努力，学校的实力能够继续得到广大家长和考生的认可。所以，我们相信，学校的招生不会受到影响。（表达自己的能力、信心和努力）

回答策略分析：第一，问题 7 中实际上也是隐含着假如问题，即要发言人去预测此事是否会对招生产生不利影响。假如问题是记者惯常采用的提问方式，常常以“假如、如果”等词汇开头，以还没有发生的事情为前提，要发言人去预测后果是什么。提问的结构一般是“如果……你们会……”，或者直接要发言人去预测。问题 7 的提问属于后者。对于假如问题的回答策略是不回答。但是这里的回答是有技巧的，不能直接回答无可奉告，或者采用“我不回答你的问题”等很生硬的方式。回答的技巧是要么否定记者的大前提，要么表达学校的能力、信心及努力，不做确定性的预测，而是用“我们相信……”婉转地表达，如问题 7 的参考回答。第二，问题 7 的参考回答还用了借题发挥的技巧，即回答完记者的问题后并不结束回答，而是借机把自己要表达的意思说出来，如本例的回答，借着这个问题，给自己的学校做了一个非常好的广告。

问题 8：21 号学校发现中毒学生并采取了措施，为什么 22 号病例还在继续增加而没有得到有效控制？

参考回答：我从两个方面来做出解释：第一，病毒有 24 小时的潜伏期；第二，21 号还没有查出病毒的来源是桶装水，还有一部分学生仍在饮用这个受到污染的水，所以 22 号和 23 号仍然有新增病例。

回答策略分析：问题 8 是一个矛盾式的提问，即寻找发言人所述及事件中矛盾的地方，希望以此来质疑学校。问题 8 中的矛盾是学校采取的措施与继续增加感染案例是一对矛盾，隐含的意思是学校所采取的措施不力或其他等。对这种问题的回答需要站得住脚的合理的解释。

案例九　大学校门口学生被撞事件

【基本事实】

3月31日，东方大学西大门门口、111国道上发生了一场车祸，车祸发生后，网络上出现了大量有关事件的信息，这些信息在社会上引起了人们的广泛关注和争议。网络上的有关帖子内容显示，事故发生时正下着大雨，撞人的司机是东方大学的领导，和公交大客车相撞后，错把油门当刹车，撞向了路边的学生。被撞的三名学生都是东方大学的研究生。相关帖子还显示，车祸发生时，肇事车上除司机外，还有一名年轻女子。车祸发生后，司机没有马上参与救治伤员，而是紧闭车门，不断对外拨打电话，是群众在第一时间拨打110等电话。警察到来后，把肇事司机和车上女子带走，该女子十分年轻漂亮。

网友发帖对此事进行各种质疑和评论：

1. 听说肇事者是陪同上级领导吃饭后酒后驾车，到底喝了多少酒？

2. 大学领导酒后驾车，把自己的学生给撞死，以后谁还敢把孩子送到这个学校？

3. 校门口存在如此大的安全隐患，学校平时是做什么的？

4. 车祸发生后，肇事者不主动参与抢救伤员，没有大学老师应有的素质。

……

【主发布词】

各位新闻单位的记者朋友，现在我向大家通报3月31日在我校西大门门口、111国道上发生的“3·11”交通事故的有关情况。3月31日下午3点15分许，刘某驾驶私人小轿车在111国道上由南向北行驶，在行驶至东方大学西大门门口的时候，与前方同向行驶的一辆公交大客车发生碰撞冲入人群，不幸造成一人死亡、多人受伤，受伤者正在医院接受抢救，公安部门现已确认肇事者为我校管理学院的院长刘某，三名伤亡人员也均为我校的研究生。车祸发生时，这三名同学正和他们的同班同学赵某某一起在路边行走。事故发生以后，刘某在车内立即拨打110电话报警，路边的群众也拨打了110、120等电话求救，赵某某同学发现路边群众已经拨打报警电话以后，马上拨打电话给辅导员报告情况。辅导员许老师知道情况后立即赶赴现场，并且在路上打电话给学校有关领导和有关部门汇报。随后，学校分管学生工作的田副书记，以及学工部、保卫处、研究生院本院的有关部门负责人在第一时间赶赴现场协助交警处理相关事故，并且协助救治受伤同学，处理死亡学生的善后事宜。

消息传来，我们感到十分的震惊，也感到十分的痛心。学校党委非常重视，于当天晚上8点就召开临时紧急会议，确定成立了由党委田副书记组成的事故领导小组，下设五个工作小组，分别围绕学生救助、家属安抚、事故善后处理、心理干预、综合协调等五个方面处理相关问题，同时学校办公室也于当晚向上级有关部门报告了事故的情况。

在确认学生身份以后，学校于当天下午通过电话分别与伤亡的学生家长取得联系，目前伤亡学生家长已经陆续赶到学校。学校已经妥善安排学生家属住宿饮食问题，由专人对学生家属开展相关的安抚工作。目前，死亡学生善后有关工作正在妥善处理中，受伤的学生正在医院接受救助，均无生命危险，伤亡学生的家属情绪也比较稳定，学校教学秩序井然。事故原因，警方正在进一步的调查中。下面请各位记者提问。

【媒体问题及分析】

问题1：据我们了解，111国道经过学校西门，这个国道上车辆比较多，而且车速快，存在较大安全隐患，为什么到现在还没有解决这个交通安全的隐患，以致发生了如此重大的交通事故？

参考回答：校园安全历来是我们学校特别重视的问题。（表明态度）我们学校西门口与111国道相连，确实车辆比较多、车速也快。这个情况我们学校已经注意到，并且已经采取了措施，我们与交管部门协作，已经设置了交通标志、斑马线、减速器等设施。离校门很近的地方还有一个公交车站，经过与交管部门的协商，车站已经后移了。（主要措施）同时，安全教育是我们学校新生入学教育中的重要一课，我们平时也经常给学生开设各种安全系列讲座。（安全教育）每年，我们都要召开全校的安全工作会议，强调安全的重要性、查找制度的疏漏、监督检查制度的落实和执行情况。（制度执行）最近，我们又给市政府相关部门提出了建议，在校门口架设天桥，有关部门也已经同意。天桥架好以后，将会更加有力地保障师生的出行安全。（说希望）但是，没有想到的是，天桥还没架好，就出了这样的意外，我们倍感痛心和难过。（表达情感）

回答策略分析：问题1是记者提问的常见内容，即追究责任。问题1所涉及的追责内容集中在交通安全制度上，以及追究学校为保障校门口的交通安全都做了什么。回答的主要内容就是一定要把学校为了保障校门口的安全采取了哪些相关措施，包括已经采取的，也包括正在采取的，还包括即将采取的措施，说得越详细、越充分越好。

问题2：请你们对肇事司机刘院长的工作和为人做一个评价？

参考回答：关于肇事司机刘院长本人和工作情况，我们没有得到过负面的评价信息（简单、客观回答），这与本次发布会的主题关系不大。如果记者朋友对此有兴趣，我们可以会后单独谈。（转移话题）这个交通事故出了以后，我们学校及刘院长本人都感到非常痛心和悲痛，就像家长因为过失不慎伤害了自己的孩子一样。（表达感情）

回答策略分析：记者喜欢追问一些有关事件背后的情况，如事件主人公的故事，以增加新闻的看点。问题2就是这样，记者着力去了解有关交通肇事者的情况，如果记者获得了足够的这方面的信息，就可以把这些内容和情节连接起来写一个关于事件肇事司机的故事，引起读者的关注。这对于我们学校来说是有很大风险的，极易把事件炒作得更热闹，社会和媒体更关注，容易引发舆情事件，不利于事件客观理性的解决。所以，遇到这类问题，要尽量不回答或少回答，快速转移话题。

问题3：事故发生的时间是下午的3时左右，正常来讲，刘院长应该出现在哪里？

参考回答：出事当天是星期日，据了解，刘院长参加了一个与朋友的私人聚会，聚会结束以后开车回家，经过学校西大门门口的时候发生了这起交通事故。交管部门已经调取了事发时的录像。事故发生的细节过程及原因等，交管部门正在调查。

回答策略分析：和问题2一样，这个问题也是一个追问细节的问题，即追问肇事司机刘院长在发生交通事故之前的活动。这个问题的目的是调查肇事司机刘院长是否在工作时间从事不该做的事情，最终的目的是追责，不仅是追究肇事司机的责任，更要追究学校是否对自己的公职人员管理不严的问题，如是否存在工作时间外出办私事的情况。

问题4：3月31日下午3点15分发生事故之后，您作为分管学生工作的党委副书记就赶到了现场处理事故。但是，据我们了解，你们晚上先是宴请了交警部门的有关人员，之后才开的紧急会议，你们对此做何解释？

参考回答：事故发生之后，有关领导、保卫处长、研究生院院长、受伤生的班主任等都到了现场，一直在紧张地处理这个事故。然后，我把事情的情况给校长和党委书记做了汇报，紧接着又主持召开了各个学院的管学生工作的书记会议。在这一连串的工作当中，直到晚上8点，我们才腾出手来召开一个党委会。在党委会上，明确我作为工作小组的组长，决定成立5个工作领导小组。这是事故发生以后我们的工作，甚至到晚上10点、11点以后，我们仍然在处理事故相关事情。我们很多领

导晚饭也没顾上吃，更没有去宴请。（澄清事实）

回答策略分析：遇到像问题4这样记者向发言人求证一些不实传言的问题，只要客观平和地讲清楚没有发生如传言所说的那样、告诉大家事实是什么就可以了。需要特别提醒的是，回答此类问题一定不能带有任何被不实信息或因为记者就不实信息提问而激怒的情绪。

问题5：老师驾车出现了交通事故，撞死的又是自己的学生，一方面，学校要替学生维权，另一方面还要为我们的老师开脱责任。那么在老师、学生之间，你们学校扮演什么样的角色，怎么样维护学生的权利？

参考回答：事件令我们非常痛心，因为出事地点在我们学校的门口，而肇事者和受害者又都是我们自己的人。这就像家长的过失伤害了自己的孩子一样，我们感到特别难过。（用比喻的方法表达感情）对于肇事者，我们将依据交管部门的事故责任认定结果，协助有关部门依法依规做出处理。对于死者，我们要努力做好安抚善后工作。（说明处理原则）

回答策略分析：问题5的提问是要设置一个让校方矛盾的情境，也有强加的意思，即认定校方一定会护着自己的教师，同时也会为学生维权，发言人表达清楚处理此事的态度和原则就可以了，同时尽力表达对此事非常难过的情感。

问题6：这件事引起了社会的广泛关注，刚才发言人也说网上出现了大量不实信息。学校是不是对媒体的关注有反感和抵触的情绪？

参考回答：我们非常感谢社会各界尤其是媒体朋友对我们学校的关心！今天请各位媒体朋友来就是充分地相信各位并拜托大家把事件的真实情况向社会传达出去，还原事实真相，以正视听。

回答策略分析：记者质疑学校对媒体有情绪是很常见的情况。对于这类问题的回答，要少用“不”，多用“是”。例如，对问题6的回答我们不说“我们没有对媒体反感，没有抵触，没有……”，而是如本问题的参考回答那样，正面陈述。

问题7：发言人在介绍事件基本情况的时候，我们感到你们表现冷漠，感觉不到你们所强调的悲伤和痛心，你们给大家的感觉是在例行公事。你们对此做何解释?

回答：事故发生以后，我们非常难过，尤其是看到死亡孩子的家长，他们情绪一度失控，我也控制不住自己的情绪，和他们一起哭，直到现在，我的眼睛也还是肿的。但是，处理这么大的事情，需要冷静和理性，理性不等于冷漠。我们有许多事情要做，抚慰死亡学生的家长、救治受伤学生、维护校园正常的教学秩序、做好事件的信息发布、协助公安机关调查等都需要我们去做。我们克制着内心的悲伤，理性地、竭尽全力做好每一件工作。

回答策略分析：在突发公共事件时，媒体常常抓住相关官员与事件悲情气氛不相符的一个表情或一句话来做文章，批评政府冷漠、没有人情味等，在以往的突发公共事件新闻报道中并不少见。因此，在进行负面突发事件的新闻发布时，发言人把自己难过、遗憾、惋惜等心情表达出来是非常有必要的。当因此而受到媒体的质疑时，如果是自己的过失，要道歉；如果是媒体的误会，要认真解释清楚。

案例十　校园网部分中断事件

【基本事实】

5月5日20：35，西京大学校园网出口一条核心光缆链路因市政施工被挖断，导致有些网站不能通过校园网访问，学校网络教学系统和部分服务系统无法正常工作，重大体育赛事的网络视频直播也出现卡顿的现象。这一事件引起西京大学部分学生的强烈不满，一些学生在QQ群和微信群中发帖、转帖、跟帖，指责学校后勤工作不力并称：若网络在5月6日16：00前不能恢复正常，将组织学生在食堂聚集、请愿，向学校讨要说法，并且邀请媒体参加。目前，跟帖已接近2000。之前，西京大学学生因网络不稳定问题曾经向学校网络中心和学生管理部门反映情况，但是一直没有得到有效解决。5月5日晚网络部分中断事件可能成为群体事件的导火索，相关信息已经扩散到一些社交网站，引起了一些网民和媒体的关注。

【主发布词】

各位媒体朋友，下面我就西京大学部分校园网中断的情况做一个通报。

5月5日，也就是昨天晚上8点35分，西京大学校园网流量出现异常，网管中心在第一时间收到网络中断的报警信息之后，迅速启动了链路中断的应急预案，向校办通报了有关情况，及时地查找原因，协调链路管理维护方进行维修，开始调整学校网络中断的资源访问路径。在当晚21点左右，经过排查，发现断网的原因不在校内，而是由校外的市政区域施工不当所致——在学校附近的清源西路上有一个挖掘施工，由于挖掘机施工不当，使西京大学的校园网出现了断网的情况。

西京大学校园网网络出口链路一共有4条，其中有两条是IPV4，有两条是IPV6，中断的链路为IPV6，是一条实验中的网络，主要承载视频类资源。该链路的流量占比为学校总出口流量的四分之一。校园网部分网络中断的事情发生以后，我们学校部分辅导员陆续发现学生在网上有一些不满的情绪，如说比赛看着看着就停了，网络在关键的时候掉了链子，同时也有一些同学进行跟帖和围观。甚至有个别的发帖者号召，如果5月6日网络仍然不能修复，将在食堂聚集，向学校讨要说法。据学生管理部门统计，截至5月6日凌晨1点左右，参与发帖的已经达到2000人次，学校随即启动了紧急事件应急预案，到目前为止开展了如下工作：

第一，将断网事件及学校查明的有关原因，以及学生在网络上的反映及有关的情况第一时间向教育主管部门进行了汇报，并且根据需要，请求教育主管部门给予相应的支持和协调。比如，协调市政，还有协调网络服务提供商。

第二，有关部门如校办、后勤等协助网络中心采取切实有效的措施，尽快修复被断的光缆。

第三，在网络流量恢复之前，根据不同时间段的需求，合理分配学校网络流量资源，要优先确保学校教育教学科研工作的正常开展。

第四，及时与学生进行沟通，向学生介绍情况和学校已经开展的工作，听取学生的意见和建议。

经多方沟通协调，截至5月6日早晨6点左右，中断的网络已经抢修完成；到今天上午8点左右，流量已经全部恢复正常。

此次的意外断网事先没有任何征兆，而且该时段内，据我们了解是有一些体育赛事正在进行，观看的时候突然中断，引起部分学生情绪激动，我们完全理解。今天，我们的工作、学习、生活已经离不开网络，但是如何有效地用好网络，充分发挥网络的积极作用，减少或消除网络的负面效应，是我们正在关注和思考的一个重要问题。

【媒体问题及分析】

问题1：如你所说，贵校网络中断是因为市政工程所致，不是学校的问题。但是，学生因此学习、生活受到影响并引发了不满情绪，进而导致事件的关注度急剧上升，引发社会高度关注。请问发言人，校方为什么没有及时向学生发布通知，说明事件的原因，避免事件扩大和引发群体性事件的风险？

参考回答：非常感谢你的提问！贵媒体一直以来都非常关心我们学校的各项工作，积极宣传我们学校和西京市政府及西京市企业的政、产、学、研的项目。（赞美记者）昨天晚上网络中断以后，我们第一时间就获得了这个信息并立即通过校园广播、学生工作网络等多种方式通知学生。西京大学目前有16个学院、学生22000人。在学生工作方面，我们有辅导员工作网络、班主任工作网络和学生干部工作网络。在平时的工作中，这三个网络在关注学生成长、思想政治教育等学生工作的方方面面都非常有效果。虽然如此，由于意外断网事先没有任何征兆，事发突然，而且该时段内有一些重大体育赛事正在直播，观看的时候突然中断，引起部分学生情绪激动，我们完全理解。（解释说明）一方面，我们更加耐心细致地向学生做好解释、安抚工作；另一方面，我们联系有关部门抓紧时间抢修，力争尽早恢复网络畅通。（采取措施）

回答策略分析：这是个比较常规友好的问题，虽然也是在质疑，但是没有刁难和陷阱在里面，充分的解释说明就可以了，加上一些赞美和感谢记者的话能使回答的效果更好。

问题2：据悉，今天早晨6点钟，贵校经过协调网络已经开通，在此情况下召开新闻发布会客观上可能扩大事态，促使事情进一步发酵，使贵校成为全国各大媒体广泛关注的焦点。对此，校方是怎么考虑的？

回答：我们办学的原则是一切以学生为本，学生事，无小事。在互联网时代，青年学生对网络依赖非常重，所以我们对此特别重视。此次断网事件学生反应比较大，我们更要认真地对待，为此事专门召开新闻发布会的目的是为了把这次事件的真实情况及学校所采取的措施告诉大家，满足公众的知情权，接受师生的监督，体现了学校对此事的高度关注和负责任的态度。

回答策略分析：这个问题表面上看是刁难，说事情都解决完了你们再召开新闻发布会会使“家丑”扩散得更厉害。实际上，我们可以理解为是给发言人创造机会的，发言人正可以利用这个机会表明学校对学生的事情十分关注、高度负责的态度。

问题3：刚才发言人说，学生事，无小事。请问，如果今后断个水或再断个电，学生也有反映，也有意见，你们是否还像今天这种形式一样开一个发布会，解决这些问题？

参考回答：刚才跟大家说过，我们办学是以学生为本，学生所有的事情都是我们最关注的事情，都是要特别重视和解决的事情。（阐明原则）无论是您提到的断水、断电，还是其他的教室、食堂或宿舍等问题，我们都会根据具体情况采取具体措施。不变的是，我们的原则是一切为了学生，过去是这样，现在是这样，将来还是这样。

回答策略分析：回答记者提问，首先要听懂记者的问题是什么。问题4表面上问的是如果断水、断电你们会怎么样，其实这是个比喻的方法，意思是说你学校小题大做，问你以后学生支持服务系统出了问题你们是不是还要开新闻发布会。这个问题我们采取原则回答的方法，不做具体回答，而是阐明处理这类事情的原则、立场和态度。

问题4：贵校是否有突发事件应急预案，据我了解，在此次网络中断之前，贵校以前也发生过网络不稳定的情况。请问发言人，贵校对此类突发事件的处置是否也有预案，按照要求应如何处置？

参考回答：我们学校根据《国家突发公共事件总体应急预案》《教育

系统突发公共事件应急预案》、西京市人民政府及我省教委相关预案和有关法律、法规，结合我校实际，制订了《西京大学突发公共事件应急预案》。断网事件发生以后，我们迅速查明原因，并且依照我校应急预案，立即采取疏解控制流量的措施。

回答策略分析：与突发事件有关的国家法律法规、政策性文件是进行新闻发布、接受记者采访前需要重点准备的资料，记者经常会问到与此相关的问题。对这些文件掌握到位，才能做到对答如流，回答的问题才能令人信服。

问题5：据我了解，以前学校也发生过学生因校园网不稳定而多次反映，但是一直没有得到有效解决的情况，请问发言人这是怎么回事？

参考回答：学校为了满足学生对网络速度的要求，从今年年初开始，进行校园网宽带增宽的调整，在网络调整期间，会出现不稳定的情况，我们向学生做了耐心细致的解释，同学们对此非常理解。少部分学生偶有情绪在网上吐槽发泄一下，我们认为这很正常，也非常理解同学们的心情。（解释说明）目前，我们的校园网络调整工作即将结束。（说成果）借此机会，也告诉大家一个好消息，经过调整，校园网网络带宽比以往增加了一倍，同学们上网将更加流畅、顺利。（借题发挥说希望）

回答策略分析：问题5虽然是个追责的问题，但是并不刁钻，也没有陷阱，解释说明清楚就可以了。值得强调的是，本回答还采用了借题发挥的方法，回答完记者的提问以后并不结束，而是顺带介绍一些记者没有问到但是想告诉公众的情况，这些情况的通报对赢得公众和学生的理解和支持、树立学校负责任的良好形象都是非常有帮助的。

问题6：刚才发言人介绍说，断网后第一时间向学生做了充分的解释工作，但是为什么学生还在网上跟帖发泄不满情绪？这是否说明学生对学校不信任？

回答：对网上的跟帖情况，我们一直在密切关注。我们做了一个统计，学校通过各种渠道把断网事件解释清楚以后，涉及此事的跟帖就大幅度减少。截至昨天晚上 10 点，大约有 2000 个左右，其中有 1300 个是在校学生发的，我们学校有 22000 学生，16 个学院，平均每个学院也就 80 个左右，而且跟帖内容有相当一部分是学生在帮助学校做解释说明。因此，我们认为，这个量不足以体现学生对我们学校工作的不信任。

回答策略分析：回答记者提问的一个重要原则就是以事实为证，用真实客观的数据、图片等说明情况，更有说服力。对问题 6 的回答就是这样，用准确的数据反驳记者的推论。

问题 7：我刚刚接到贵校一位同学的纸条，内容大致如下：据该生了解，大部分同学对此次网络中断表示理解，因为这毕竟不是学校的责任事故。学校在没有做充分细致的调查研究的情况下，预测即将发生聚集请愿事件，是对多数学生的不信任，这些同学对此表示非常失望。请问发言人，贵校是否对学生的动态进行了调查研究？

回答：谢谢这位记者朋友。首先做一点说明，学校从来没有预测学生即将发生聚集请愿事件，而是在网上发现有学生发布如果断网故障不及时解决就要聚集请愿的帖子。（澄清事实，说明不是什么）一直以来，西京大学充分地信任和依靠全体师生，我们的学生也一直非常信任自己的学校。西京大学每年高考的录取分数线一直名列西京市前三甲，这充分体现了社会、家长和学生对学校的信任和认可，也是学校多年来办学成果的体现。（说明是什么并抓住机会为学校做宣传）

回答策略分析：遇到记者谈到的不实信息，要立即纠正，当然，得理还要让人，纠正的态度要平和，不能有批评指责的语气。对问题 8 的回答要点有三：第一，纠正不实信息，说明不是什么；第二，说明是什么；第三，借题发挥，抓住机会为学校做正面宣传。

问题 8：学生是付了学费的，他的学费应该包括正常上网，现在学校网络不能正常使用，学生学习受到一定影响，学校对学生有赔偿的计划没有？

参考回答：断网以后，我们的主要精力都集中在查找原因、努力尽快恢复网络连接的工作上，还没有涉及你提到的问题。（婉转的不回答）当然，以后一旦涉及赔偿问题，我们将依照国家有关法律法规依法依规处理。（说明处理原则）

回答策略分析：涉及赔偿问题，回答时一定要慎而又慎，在没有确定性的结论前不要轻易回答，否则无论回答“是”或“不是”都会招来麻烦。所以，回答这类问题的策略就是不回答，但是不能直截了当地说“我不回答你的问题”或“无可奉告”，要婉转地回答。比如，像我们给出的参考回答那样转移话题。同时，采用原则回答的方法说明处理此类问题的上位原则，使回答更加完善。

案例十一　学生冲突被网络过度炒作事件

【基本事实】

5 月 4 日，川西大学一名同学扎布（藏族）考试完后，在宿舍上网打网游。同宿舍同学李铭（汉族）吃饭后回到寝室。进门时，李铭不小心踢到地上的网线，使扎布的计算机网络中断、游戏掉线。扎布的游戏正玩到关键处，非常生气，于是出言责备李铭且言辞十分不客气。李铭也十分激动，与扎布发生争吵，进而发生肢体冲突。扎布在冲突中，随手拿起桌上的水果刀刺中李铭手臂，随后逃离学校。同寝室其他同学立即将李铭送往医院诊治，并且将事件汇报给辅导员和学校有关部门。辅导员及相关部门立即做出反应，·方面派人到医院照顾李铭，一方面四处联系寻找扎布并于当天傍晚找到扎布，带回学校，同时通知双方家长。经医生诊断，李铭为轻度皮外伤。

5 月 5 日，在百度贴吧、微博等社交网站上出现了学生对骂事件的帖子。其中，部分学生认为少数民族野蛮、生活习性特别、不易交往，也有部分学生认为汉族学生欺人太甚。此外，还有挑动民族矛盾和民族地区独立的言论出现。短短一天时间，贴吧、微博等对此事件大量转载、评论，一起普通的学生打架事件最终被描述为藏汉民族矛盾，而且有愈演愈烈之势，引起社会及媒体的高度关注。

【主发布词】

首先欢迎各位媒体朋友，更感谢各位媒体朋友对川西大学建设的支持，今天由我来为各位媒体朋友介绍一下我校偶发两名学生打架事件的情况。5 月 4 日，我校 2 号学生公寓 530 宿舍发生一起学生打架致轻微伤害的事件。530 宿舍共住 4 名学生，其中扎布为藏族。5 月 4 日 12 点 10

分，扎布完成期末一科考试后在宿舍打网游，同寝室李铭吃饭后回到宿舍，不小心踢到地上的网线导致扎布同学的游戏中断，扎布很生气，责备李明，而且言辞激烈，双方因此而发生了肢体冲突。在冲突过程中，扎布同学拿起桌上的水果刀将李铭的手臂划伤，同宿舍另外两名同学见状马上将李铭同学送往医院诊治，同时将事件汇报给辅导员和学生工作处。学生处立即启动学生伤害事件应急预案，根据预案做如下安排：一是派班主任老师到医院照顾李铭，密切关注李铭同学的伤情及情绪；二是由辅导员联系寻找扎布；三是学生处着手对事件展开调查；四是及时将情况告知双方家长；五是及时关注网上舆情并加以正面引导。

当天下午，扎布同学返回宿舍。经医生诊断，李铭为轻度皮外伤。双方家长也于 5 月 5 日到学校。在这里我说明四点：第一，此次事件虽然发生在汉族与藏族学生之间，但并非网络上所描述的是汉藏民族矛盾，而是一起普通的大学生打架事件。第二，李铭和扎布同学已正常参加教学活动，两名同学对事件认识清楚，情绪稳定，而且双方均有良好的认错态度，认为自己在此次事件中负有一定的责任。扎布同学对自己伤害他人的行为深感悔悟，愿意承担相应责任。双方家长情绪稳定，已就该问题的处理协商一致。第三，此事件在网络上炒作，出现了挑动民族、地区独立的一些言论，是个别别有用心的人借机煽动，有关部门将依法查处。第四，我校已将事件的具体情况通报全校师生，要求辅导员做好学生的思想引导工作，要求学生不造谣、不信谣、不传谣。

【媒体问题及分析】

问题 1：发言人您好，贵校将此次事件定性为偶发事件，请发言人简要明确的回答，你们确定偶发事件的依据是什么？

参考回答：我们将此次事件定性为偶发事件是因为这类学生打架至伤事件在我们学校极少发生，属于非常个别的事件。我们学校一直非常重视学生的思想政治教育，对这一工作常抓不懈，对班级内部、宿舍内部的精神文明建设是学生思想政治教育的一个重点工作，总体来说，班级班风、学风优良、宿舍室友人际关系和谐，多年没有发生过极端事件。我在这个岗位上已经工作了10年，没有发生过一起类似事件。所以，我们认为，这次的事件是一起偶发事件。

回答策略分析：这个问题不难回答，但是需要发言人回答记者提问以前做足功课，提前有所准备，回答记者提问时就能够做到头脑清晰、思维敏捷，重点是解释清楚什么是偶发，为什么把这起事件定义为偶发就可以了。

问题2：你们管理上的哪些漏洞导致如此严重的伤害事件？

参考回答：刚才我向大家介绍过，我们学校十分重视学生思想政治教育，始终把这项工作当作重中之重常抓不懈。我们充分利用思政课的第一课堂及学生社团、班主任工作网络等各种渠道的第二课堂经常不断地对学生开展教育。我们学校的学生思想政治教育得到了上级主管部门、社会、家长和学生的广泛认可。《中国教育报》曾经报道我校学生思想政治教育工作的经验和做法，兄弟院校也曾多次到我校就学生思想政治教育开展学习交流。因此，多年来，我们学生中间都没有发生过恶性极端事件。（详细介绍学生思想政治教育工作及成效）当然，昨天发生的这起事件提醒我们，学生的管理、思想政治教育工作永远在路上，只有进行时，没有完成时。（表明态度）

分析：问题2是一个非常典型的用“强加”的方法设置陷阱的提问。“强加”就是把传言、猜测等不确定的事实或情况作为大前提提问，如果发言人沿着记者提问的大前提回答，就容易招来麻烦。对于“强加”问题的回答，有两个要点：第一，不能顺着记者提问的大前提回答。比如问题2，如果顺着记者提问的大前提回答，要么回答“我们有某某漏洞”，要么回答“我们没有管理漏洞”。在没有调查结果的前提下，前者的回答等于承认自己的某些责任，这样可能与调查结果不相符，而后者的回答又是鼓吹自己的管理天衣无缝，这样的回答也是明显的不够客观。因此，这里需要特别指出的是，任何时候都不要说自己没有管理漏洞，因为一个组织的管理没有最好，只有更好，提高管理水平永远在路上。第二，回答时说学校在这方面有哪些制度、平时是怎么执行的、效果如何就可以了。第三，在适当的时候表明态度。在突发事件的处置中，无论学校负有什么样的责任，诚恳地表态都能够帮助树立或挽回学校的良好形象。

问题3：方才贵校两位领导陈述的过程中，谢处长提到是轻微伤害，宋部长提到的是轻伤，这个同学到底受到的是轻伤还是轻微伤。我们知道，两者是不一样的，轻伤是可以判5—7年的。后来谢书记提到，这个事儿并不非常严重，请问贵校的学生被判5—7年或对另一个同学实施轻伤害不非常严重吗？

参考回答：在事件发生以后，我们及时将李铭同学送往医院诊治，医院诊治结果是皮外伤，伤不重。扎布对此事认错态度良好，两个学生又都是我们自己的学生，同时我们学校也有学生违纪的处理办法。因此，我们本着爱护和教育学生的原则，学校与双方积极协调达成一致，同时依照校规校纪认真处理，化解矛盾，形成了双方都满意的处理意见，不影响双方今后的学习和生活。因此，我们没有报请公安机关来处理此事。

问题4（记者追问）：贵校出于保护学生采取这样的措施，我们对你们的出发点表示赞同，但是有一个问题还是没有得到回答，那就是轻伤和轻微伤的问题，因为我们知道轻伤是不能够调解解决的。

回答：医生诊断李铭同学所受的是轻度皮外伤，我们也亲眼看到了李铭同学的伤情。根据我们的常识，李铭同学的伤确实很轻很轻，够不上轻伤的级别。所以，我们处理的时候是从既尊重学生的权利又有利于两位同学的成长的角度出发的。同时，我们根据学校的学生违纪处分条例，根据事件的性质、严重程度客观、公正地处理了此事。

分析：问题3和问题4是我们在学员中开设新闻发布会模拟演练课

程时的真实问题。我们给出的回答是以发言人法律知识准备不足的前提下如何应对给出的退而求其次的回答，即发言人并没有搞清楚轻伤与轻微伤的区别。关于问题 3 的参考回答，我们采用的是答非所问的方式，即不直接回答，而是回答一个相关的问题。问题 3 问的是轻伤与轻微伤的问题，回答的是如何处理的问题。显然，记者对这个回答并不满意，于是继续追问轻伤与轻微伤的问题。在法律知识准备不足的情况下，我们给出了一个解释性的回答，即根据我们的常识，他的伤很轻很轻，够不上轻伤……当然，这两个问题再次向我们强调了两点：第一，做得好才能说得好。处理类似事件时最好要通知公安机关，由公安机关出具权威性的结论。第二，相关法律知识准备也要充足，否则很容易被记者抓住把柄。这两点做到了，问题 3 和问题 4 的回答就比较简单了。

问题 5：据我社调查，扎布他爸是扎刚，是官二代，扎布是校园内的唯一宝马男，有相关照片为证，你们学校故意模糊轻伤、轻微伤的界限，是否受到来自外界的压力和影响？

参考回答：李铭同学的伤情我们完全是依据医院给出的诊断所做出的。（否认故意模糊轻伤与轻微伤的界限）我们不知道扎布的父亲是谁，在事件的处理过程中，也从来没有受到来自任何方面的压力。（否认记者提到的情况）我们学校对学生事件一贯本着公平、公正的原则去处理，不会因为学生的任何社会关系而改变这个原则。（强调处理原则）至于扎布是学校唯一的宝马男的传闻，我要请问你这个信息的来源。我们没有得到相关信息，据扎布的辅导员了解，扎布非常喜欢汽车，经常在宿舍里玩一辆宝马车模。（以幽默的方式否认宝马男的传闻）

回答策略分析：对问题 5 的回答，主要是逐一否认不实传言及记者的质疑，同时说明真实的情况，并且在此强调处理类似问题的原则、立场和态度。

问题 6：4 月 30 日在新疆乌鲁木齐发生爆炸案，紧接着贵校发生汉藏学生斗殴事件，这两个事件之间有哪些关联？

参考回答：两个事件之间没有任何关联。

回答策略分析：问题 6 涉及民族矛盾、政治等敏感问题，回答时直接否认就可以了。不做其他任何解释和分析，防止言多语失。

问题 7：贵校怎么应对校园中的民族矛盾？

参考回答：高校是育人的场所。作为培养人的地方，要能够兼容并包，能够接纳和包容每个人的宗教信仰和生活习惯。我们在学生的教育和管理中，对所有的学生一视同仁，努力使各民族的学生相互尊重、互相包容。多年来，我们形成了各民族学生和谐共处的良好环境。

回答策略分析：对于问题 7 的回答也是直接否认，同时可以介绍一些学校促进不同民族学生和谐共处的情况使回答更加完整。

案例十二　学生食物中毒事件

【基本事实】

5月3日晚6：30，东方大学校医院陆续收治发病学生，主要症状：恶心、呕吐、头晕、皮肤青紫、抽搐、口吐白沫。接诊医师根据病情初步诊断“食物中毒”，并且按东方大学相关应急预案进行了报告，东方大学随即全面启动“校园集体食物中毒”应急机制。截至当晚12时，共有85名学生出现相关症状并入住医院。之后，未新发现相关症状患者。

5月4日10时，有关部门锁定有毒食物及其来源，初步查明系食堂08窗口售饭人员李某故意投毒所致，李某已被公安机关刑事拘留。4日中午，食堂进行了全面消毒，在确认食材、食物等安全的情况下，食堂于4日晚上恢复饭菜供应。

截至5月6日12时，65名学生体征恢复正常并已出院，19名学生体征基本稳定，有望近日内出院。另有1名学生，因有伴发病症，仍在抢救中。

事件在校内学生当中引起恐慌情绪，甚至出现少数学生拒绝到食堂用餐的情况。个别中毒学生家长也放大心理疑虑，甚至表现了非理性的“诉求”。个别网络媒体在没有事实依据的情况下，夸大中毒学生人数，歪曲学校应急处置的措施和步骤，任意猜测投毒嫌疑人的犯罪动机。

【主发布词】

现在我向各位通报我校“5·3”学生集体中毒事件的有关情况。

5月3日晚6点半起，我校校医院陆续接收了一些学生病人，这些学生的主要症状是恶心、呕吐、头晕，还有一些学生皮肤青紫、抽搐、口吐白沫，接诊医师非常重视，他们在接到第二个病例的时候就判断学生有可能是食物中毒。学校医院立刻把情况通报了学校应急管理小组，学校应急管理小组接报后马上启动了校内应急机制。学校应急管理小组由一个领导小组统一领导，下设三个分组，一组是医疗救援分组，一组是现场处置分组，还有一组是学生工作分组。同时，我们也把这一情况向公安机关、市疾控中心及上级主管单位进行了通报。接到报告后 15 分钟，学校主要领导到达现场。截至 5 月 3 日晚上 12 点，我们总共收治了 85 名学生，12 点以后没有新增病例。5 月 4 日上午 10 点，经过公安部门调查，初步确定这次学生集体食物中毒事件是人为投毒所致，并且初步认定投毒嫌疑人是学校第一食堂 08 窗口的一名李姓工人，李某将鼠药投入了当时他所售卖的稀饭之中，李某现在已经被公安机关刑事拘留。4 日中午，学校对食堂进行了全面消毒，确信食材、食物等完全安全后，于 4 日晚恢复了正常的饭菜供应，现在学校秩序已经完全恢复正常。

截至 5 月 6 日，也就是今天中午 12 点，经过治疗，已有 65 名学生出院，还有 19 名学生在院继续接受治疗，生命体征平稳，有望近日出院。另外还有一名学生因为伴有并发症，仍然在 ICU 病房抢救治疗。我的通报就到这里，下面请各位记者提问。

【媒体问题及分析】

问题 1：这起事件是突发公共卫生事件，学校有没有相关的预案？是否及时启动？

参考回答：根据有关部门的要求，我们学校在几年前就根据国家有关法律法规及文件制定了相关的应急预案，也包括突发公共卫生事件应急预案。因为时间关系，具体内容如果大家感兴趣，会后我可以拿给大家看。事件发生以后，我校立即启动了应急预案。根据预案的规定，集体中毒为 33—99 人未发生人员死亡的是四级一般性事件，因此启动了四级响应。具体的应急处置措施刚才在主动发布中已经向大家通报过，在此不再重复。（依法依规回答）

回答策略分析：这个问题是记者常问的问题，同时也是记者不问自己也要主动发布的内容。这个问题也没有什么陷阱。需要特别注意的是，一定要把与突发事件相关的国家法律法规文件等熟练掌握，回答问题时准确引用，体现回答问题时依法依规的原则。例如，本案例是食物中毒事件，相关的法律法规包括《中华人民共和国突发事件应对法》《国家突发公共卫生事件应急预案》《中华人民共和国食品卫生法》《卫生部突发中毒事件应急预案》等。

问题 2：当前，全社会对食品安全都非常关注，在这种情况下，贵校还发生了人为投毒造成的学生集体中毒事件，请问作为校长，您对贵校的食品安全状况做何评论？您对社会的食品安全状况又做何评论？

参考回答：正如你所说，食品安全是全社会都高度关注的问题。（对记者观点表示赞同，效果相当于赞美记者）我们学校始终把食品安全工作作为所有工作的重中之重，在严格执行国家有关食品安全制度的基础上，根据学校的具体情况，制定了我们学校的食品安全管理制度。基于学校的特殊情况，人员高度密集，又是教育部门，我们有些制度标准比国家标准还要严格。在制度执行上，由学校主管副校长亲自担任组长的校园安全督察组每个月都要对学校食堂工作进行检查。同时，由校医院医生、教代会代表、学生代表组成的伙食委员会可以随时就食堂的各项工作提出意见，学校后勤处要在 24 小时内反馈。学校建校 60 多年来，从未发生过食品安全事故。（介绍学校的食品安全工作）这起事故是第一起，是一起人为的蓄意投毒事故。目前，我们学校正在检讨、反思我们的工作及怎样加强食品安全工作。（表明态度）至于对当前食品安全状况的评论问题，与今天的发布会主题关系不大，如果这位记者朋友有兴趣，我们可以会后讨论。（委婉的不回答）

回答策略分析：发生了食品安全事件，面对记者的提问，不要直接评论学校的食品安全状况是好还是不好。如果评论说好，可学校又发生了食品安全突发事件，就会引来更多的质疑；如果评论说不好，又等于否定了学校所做的大量工作。所以，要从学校对食品安全工作的态度和制度建设，以及执行的情况客观描述，引导记者及公众对学校的食品安全工作形成一个客观的评论。对于记者要求评论社会食品安全问题，最好不予回答，但要婉转地拒绝。原因有二：第一，与发布会主题关系不大；第二，容易节外生枝、言多语失。

问题3：李某在食堂工作多久？怎么进入你们学校的？平时你们怎么对员工进行管理？

参考回答：李某在我们学校食堂工作已经五年了，他是我们后勤集团通过向社会公开招聘进来的工人。后勤集团在招聘工人的时候有一系列的程序，包括向社会公开发布、体检、进行其他各方面的考试和考察，具体措施会后可以给大家看。在五年的工作过程中，李某一直比较兢兢业业，上班、下班都很准时，没有发生过任何问题。每年我们对后勤人员定期的培训措施既包括技能培训，也包括心理、安全的培训。

回答策略分析：任何突发事件的主角都可能成为媒体关注的焦点。这起食物中毒事件的犯罪嫌疑人李某也不例外。问题3的目的在于了解学校食堂招工程序是否完善，以及李某前期有没有不良工作表现，以推测学校在选人、用人及员工管理上是否存在管理漏洞，回答这个问题时要重点介绍学校后勤集团的招聘制度和程序。

问题4：既然是一个人为投毒事件，那么嫌疑人的投毒动机是什么？学校之前对投毒人的异常状况有没有发现，有没有干预和预防措施？

参考回答：根据我们目前掌握的情况（讲话留有余地），李某在五一假期期间与他的女友发生矛盾，女友提出与他分手，他心怀不满，情绪不好，报复社会，因此发生了后来的投毒行为。学校对食堂员工的思想、心理状况非常重视，定期对员工进行思想政治教育和开展心理减压活动。同时，我们安排专人随时了解员工的家庭及个人情况，员工遇到困难随时帮助解决，发现有情绪波动立即进行干预。（介绍员工思想的干预和预防措施）但是，由于每个人的性格差异，有的人情绪波动是显性的，有的就是隐性的。李某的情绪异常就是隐性的，他自己不说就很难被观察出来。我们也确实没有力量在每一个员工后面都派一个人随时关注他是否有心理异常。（解释对为什么对投毒人的异常没有事先察觉）对此，我们感到非常的遗憾和痛心。（表达情感）

回答策略分析：这个问题的提问方式没有什么陷阱，但是提问的内容很尖锐，回答时要注意以下几点：

第一，讲话要留有余地。

第二，不仅要充分解释没有发现投毒人异常的原因，还要详细介绍学校对员工的思想及心理教育工作，这样才能减轻责任。学校该做的能做的都做了，这是投毒人的个人行为。

第三，在任何负面突发事件中，都要将心比心、感同身受，表达痛心、悲痛等心情。

问题5：李某的鼠药来源于哪里，怎样带进食堂的，学校对此有没有相应的管理机制？

参考回答：很多媒体都很关心这个问题，因为这件事是个人犯罪的刑事案件，涉及很多的细节问题，公安机关还处于侦查阶段，包括鼠药的来源及其他方面，还有一些复杂的情况等。公安机关对案情调查清楚以后，一定会向社会公布。（没有确定性的结论前不回答）学校在食堂安装了摄像头，对食堂员工的操作和售卖过程可以无死角监控，这也是为什么我们能迅速锁定犯罪嫌疑人的原因。（介绍食堂的管理机制）当然，我们没有权力对每一位员工进食堂前搜身。（解释为什么没有发现李某把鼠药带进食堂）

回答策略分析：对这个问题的回答主要是遵循没有结论的、不确定性的问题不予回答的原则，回答“正在调查中”等类似的表述就可以了，回答时可以根据具体情况说得更加丰满、更加合理些，不能使用“可能、也许、据我推测”等不确定的词语做推测性回答，要把记者的注意力更多地引向学校已经和正在做的工作、工作的成效，以及向记者表明学校对此事的态度等。

问题6：校园集体食物中毒是突发公共安全事件，学校在这起事件中承担什么责任？

参考回答：关于责任问题，可以肯定的是，犯罪嫌疑人李某要依法承担相应的刑事责任，目前此案公安机关还在审理中。（强调事件主要是个人犯罪行为导致的，淡化学校责任）虽然此次事件是个人刑事犯罪，但是发生在我们学校，我们学校也在深刻反思，下来要进一步加强学校的各项安全工作。关于学校，无论最后责任如何认定，学校都绝不推诿。（只表态，但学校有什么具体责任不回答）

回答策略分析：关于事故责任问题，基本上是任何一起负面突发事件都绕不过去的。事实上，这起事件主要是犯罪嫌疑人的投毒行为导致的，学校没有太大责任。所以，回答时一定要运用切割法强调这是个人犯罪行为导致的。但是，也切记不能直接说学校没有责任。必须提醒的是，学校发生了任何负面突发事件，不管学校是否有责任，校方自己都不能说自己没有责任。因为学校的制度建设与执行等管理水平没有最好，只有更好，管理水平的提高永远在路上。

问题7：在发言人的情况通报里说5月3日晚学生收治，5月4日上午10点确定毒物来源，下午即向学生开放食堂，我的问题：第一，4号早餐和午餐学校近2万人的学生是怎么用餐的？4号晚上是在什么情况下就向学生开放所有的食堂？

参考回答：民以食为天，我们有几万学生，一顿饭不吃都会是很大的问题。学校对此事特别重视，经研究，我们采取了紧急的措施，主要是“三指定，一带领”，即指定工人、指定食材、指定地点，在确保安全的情况下供给学生早餐和午餐；一带领就是为了消除学生的疑虑，我们校领导和辅导员先去吃，吃了以后学生再吃。关于4日晚餐食堂就开放的问题，情况是这样的：学校对食堂进行了全面消毒，市里检查组和学校检查组对食堂的所有地方都进行了仔细检查，对所有工人也都进行了安全询问和检查，确保没有问题后才开始向学生供餐。目前，学校食堂供餐已经恢复正常，没有出现任何问题。

回答策略分析：这个问题属于事件过程情节链中的缺环，即在发言人介绍事件基本情况中没有谈到的但极易引起记者关注的环节。记者提问时会非常关注事件的细节并进行追问，这些细节问题既包括事件中当事人的情况，也包括事件的过程，此问题属于后者。回答这类问题不难，关键是事先要有所准备，对事件的基本过程、处理措施、效果等了如指掌。因此，新闻发言人应该自始至终列席或参与事件处理的全过程，对事件情况有详细的了解，回答记者提问时才能做到心中有数。

问题8：如果有中毒学生留下后遗症，学校准备赔给中毒学生多少钱？

参考回答：从医院反馈的学生情况来看，大部分学生恢复得很快，医生认为不会留下任何后遗症。少量病情严重的学生，据医生介绍，也正在朝着好的方向发展。大学生正处于青年时期，身体有活力，修复功能强，（介绍中毒学生的救治情况）让我们共同期盼和祝愿这些学生早日康复！（用美好的祝愿把记者的提问挡回去）

回答策略分析：这也是一个假如问题。假如问题就是假定一些还没有发生的情况发生了，预测学校或其他利益相关方的反应会是什么，或者让发言人根据目前的情况预测未来的状况是怎样的。对假如问题的回答原则就是不回答，即不顺着记者的假定猜测和预测可能的状况，具体怎么回答要根据问题的内容。以本问题的回答为例，把中毒学生的治疗和恢复情况介绍一下，虽然是客观描述，但也要遵循“报喜不报忧”的原则，多说希望，少讲问题和困难，最后用美好的祝愿把记者的问题挡回去，记者就不好意思再追问了。

问题9：学校是否有对所有学生的赔偿计划？如果有，赔偿的数额是多少？

参考回答：目前我们的主要工作是救治中毒学生、尽快恢复食堂供餐等，还没有涉及你所说的问题。

回答策略分析：凡是遇到记者提问赔偿的问题时，包括赔不赔、赔多少等，都要非常谨慎，最好不回答。问题9的参考回答就是“无可奉告”的婉转说法。

问题10：食堂员工的工资是多少？有传闻说是因为学校食堂员工工资太低导致李某女朋友不满意而分手。

参考回答：李某是食堂外聘员工，食堂大部分员工都是外聘合同制。据不完全统计，我们学校食堂员工的工资在本市高校中，既不是最高的，也不是最低的，属于中等水平。（不直接回答，话说两端的婉转说法）这主要是由市场决定的。我们认为，工资水平的高低不能成为李某投毒犯罪的借口。

回答策略分析：这个问题也涉及钱。涉及钱的问题还是要慎而又慎，最好不直接回答。如本例，我们可以用“话说两端”的方法，不直接具体回答工资是多少，只说外围、两端——不是最高，也不是最低，让记者去推测、估计。最后那句“工资水平的高低不能成为李某投毒犯罪的借口”提示记者不要把工资水平和犯罪动机牵扯在一起，没有必要再去关注这个问题。

案例十三　学生登山意外死亡事件

【基本事实】

5 月 1 日，应岭西省盘水市有关方面的邀请，南平大学 5 名学生组成登山队，攀登位于盘水市的大孤山。下山时，登山队员黄宏坠下悬崖。事件发生以后，登山队其他成员立即通过通信设备向当地政府求救。由于天气恶劣、地形复杂，为防止次生事故，盘水市委、市政府组织救援人员赶往现场营救，花费 5 个多小时将其他 4 名登山队员营救下山。经过搜索，在山崖下找到了黄宏同学的遗体。得知事故情况后，南平大学立即派干部和教师赶赴现场，并且与遇难学生的家人取得了联系，协助处理善后事宜。

南平大学新闻中心负责人称，此次参加登山活动的 5 名队员系该校登山爱好者社团“高峰社”成员。该社团成员为本校的学生和教师，主要活动包括体能训练、远足、登山、攀岩和科学考察。

遇难学生黄宏系广西合山市人，品学兼优。黄宏同学的父亲为矿务局工人，母亲无业，弟弟也在上大学。黄宏在大一入校时申请了助学贷款，平时的生活费主要靠在校勤工俭学和奖学金补贴。5 月 3 日，近千名南平大学学子参加了“向黄宏同学告别”的追思活动。许多师生捐款，帮助处理后事，为黄宏同学偿还助学贷款。

此事在社会上产生了较大的影响。经记者调查，此次登山为商业活动，其组织者岭西省盘水市委、市政府对山难事件具有不可推卸的责任。但当地政府认为，“这只能说是一次纯粹的意外”，“总的来说，发生这样的惨剧，登山队没有责任，我们组织者也没有责任”。另据报道，岭西省盘水市政府透露，之前市政府向登山队支付过一笔 5 万元的“生命安全费”，用于整个活动的设备、导游和人身保险费用。一些网友和媒体质疑学校是否尽到管理责任；一些网友提出学校应该加强登山管理，避免类似事件再次发生；还有许多网友提出，要教育学生珍视生命。

【主发布词】

各媒体的朋友们大家好！今天我们怀着沉痛的心情在这里举行新闻发布会，主要内容是通报我校三年级学生黄宏登山不幸意外身亡的有关情况。5月1日下午3点半，我校高峰社指导教师收到一位学生的电话，这位学生也是登山者之一，告知发生了事故，黄宏同学在登山时坠下山崖。在得知事故以后，学校立即向教育主管部门进行了汇报，与黄宏同学的家人取得了联系，并且派学生工作部和黄宏同学所在院系的干部赶赴事发当地。赶到现场的教师协助当地政府做好家属的安抚工作，并且对其他登山的同学进行了心理疏导。据初步了解，应岭西省盘水市有关方面的邀请，我校环境系三年级学生黄宏与4名同学一起攀登盘水市毛口乡板平村的大孤山，在下山时开始下雨，黄宏同学因手中所抓石块受力脱落而坠下山崖。事件发生以后，登山队的其他成员立即向当地政府部门进行汇报，盘水市委、市政府立即组织救援人员赶往现场营救，由于天气恶劣，花费5个多小时把其余4名登山队员营救下山。搜救人员在悬崖下找到了黄宏同学的遗体，经当地公安部门现场勘察和鉴定，确认为高坠身亡，排除他杀。我们对黄宏同学的不幸遇难非常痛心，对黄宏同学的家人表示深切慰问。

这次参加登山活动的队员共有5人，都是我校的学生，也是我校高峰社的成员。高峰社是以登山为中心的一个学生社团，成员为我校的学生，活动的内容包括体能训练、远足、登山、攀岩和科学考察。

根据调查，黄宏等5名同学接受盘水市有关政府邀请登山，并不是南平大学高峰社组织的登山活动，这项活动并未向学校申请、报告，也未向学校备案。意外发生以后，盘水市委、市政府立即成立了事故调查工作小组和善后处理工作小组。学校对此事也高度关注，全力协助黄宏同学的家长和当地政府妥善处理善后事宜。在我校代表的协调下，善后处理工作与遇难者家属进行了充分的沟通，双方均表现了高度的相互理解和解决问题的诚意，正在协商善后事宜。

黄宏同学遇难以后，南平大学的学生自发悼念黄宏同学。他所在的班级和高峰社举行了追思会。5 月 3 日，近千名南平大学学生参加了向黄宏同学告别的活动，许多师生捐款，帮助处理后事。同学们在悼念过程中对生命的意义和人生的价值也有了进一步的认识。很多同学表示，南平大学的学生既要做勇敢的人，也要珍惜生命，一个南平大学学子的生命可以意味着更多。今后，学校也会进一步加强学生的生命教育和安全教育工作。我要发布的内容先到这里，谢谢大家！

【媒体问题及分析】

问题 1：刚才您说花费 5 个小时营救学生下山，这个时间是不是有些长，能否介绍一下详细的营救情况。

参考回答：我不是回答这个问题的最佳人选，下一次发布会我们将邀请本次救援队的队长来介绍详细的营救情况。（婉转而负责任地表达“我不了解详细情况”的意思）这里，我就救援时间的长短做一点说明。这次救援是在地形复杂险要、气候条件恶劣多变的大孤山上开展的，救援队员面临很多困难。应该说，救援队花费 5 个小时安全、顺利地完成一次非常艰难的救援任务，救援的效率和水平还是非常高的。我们应该也曾经看到一些复杂的救援花费一整天甚至数天的时间。（充分解释说明）

回答策略分析：对于这个问题，详细的救援情况如果不了解，也不能回答不知道，在任何情况下都不能向记者说“不知道、不清楚、不了解”的类似话语。因为这样回答给记者传递的信息是不负责任，要换一种婉转的更能体现责任心的说法来表达，如上面的参考回答。对于“救援时间是否太长了”的回应，回答时入情入理、符合逻辑地解释充分、透彻就可以了。

问题 2：我在前两天的新闻通稿中看到，市政府说这是一次纯粹的意外，认为登山队没有责任，组织者也没有责任，学校也没有责任，我想问这个事情的责任人到底是谁?

参考回答：我从学校的角度来回答这个问题。这次登山活动不是由学校组织的。为了保证学生的安全，我们学校在学生参加登上活动方面有详细严格的规定。比如，所有登山活动在组织之前都必须向学校进行申报，参加登山的队员必须向家庭进行知会，取得家长同意并签署书面同意意见等。这次学生参加的社会上的登山活动，确实没有向学校申报。(婉转说明学校没责任) 当然，不管学生有没有申报，无论责任归属如何认定，遇难者是我们学校的学生，出了这样的事情，我们都感到非常痛心和难过。(表达悲痛情绪) 我们将承担自己应该承担的责任和义务，全力做好善后工作。(没有承认责任，但是表达负责的态度)

回答策略分析：追责基本上是记者一定会问到的问题。对于追责问题的回答，要把握两个原则：第一，在责任的归属没有确定性的结论之前，是不能承认责任的。第二，无论是否有责任，尤其是在学校确实没有什么责任的时候，不能对记者和公众说自己没有任何责任和工作的疏漏，这些话应该由记者、公众或第三方去说。第三，在以上两个原则的前提下，负面事件要表达将心比心、与遇难者家属感同身受的心情，同时要表达高度负责的态度。第四，尽量把记者的关注点引向我们采取的措施、处置及善后工作上。

问题 3：事故的善后工作是怎么开展的? 准备给遇难学生赔偿多少钱?

参考回答：善后处置工作是当前事件处理中非常重要的环节。我们学校已经成立了善后工作组，工作组由主管领导牵头，学工部、高峰社、有关学院相关人员作为成员，会同政府有关部门人员一起组成。对于遇难者家属，他们承受着失去亲人的巨大悲痛，我们特别安排了两个工作组，一组负责照顾遇难者家属的生活，另一组是由心理专家组成，专门对遇难者家属进行心理抚慰。对于已经营救下山的队员，心理专家对他们开展一对一心理辅导。（说充分、说细致、带感情）同时，高峰社在成立之初，学校就给每一位队员购买了保险。这次登山活动，有关部门也给队员购买了商业险，很快就会赔付到位。（这是不会引起麻烦的赔偿回答）此外，出于人道主义的考虑，学校也将给遇难者家属一定的抚恤金以抚慰生者。（学校的人道主义态度）

回答策略分析：这个问题包含两个小问题，一个是问善后，一个是问赔偿。对于前者，如实回答就可以，怎么做的就怎么说。需要注意的是，要把学校所做的工作说充分，说细致，不能有遗漏，避免做得很好很到位，但是没有说到位。同时，还要带着感情说，要表达出悲痛、惋惜、难过之情。对于后者的回答，需要一些方法和技巧，有两个原则需要牢牢记住：第一，一般不说具体的钱数，否则容易招来更多的麻烦。第二，在学校没有什么责任的情况下，给遇难者家属钱是“补偿”，而不是“赔偿”，但学校不要直接说出自己没有责任。我们给出的参考回答说到了保险公司的赔付，这个回答一般不会引起麻烦，同时表态学校对遇难者家属会有人道主义的补偿，但是不说具体的数字。

问题 4：据我了解，高峰社登山事件在以前已经发生过三次类似事情，但是没有人员伤亡，学校是不是没有在适当的时候亡羊补牢，才多次发生登山安全事故？

参考回答：登山是勇敢者的游戏，是极限运动，也是高风险的活动，即使安全措施、装备等都非常到位，也不排除因为突发恶劣天气等复杂的不可抗力因素的影响而带来人员的伤亡，世界各地的登山运动都是这样，我想这一点大家是明白的。（婉转说明登山活动很危险）正因如此，高峰社在成立之初，就充分考虑到了这一点，把队员的人身安全作为头等大事。第一，高峰社队员的选拔要经过非常严格的身体和心理测试。第二，我们聘请了国际知名登山教练对队员进行日常的科学规范的训练，所以高峰社虽是业余社团，但是他们是具备专业水平的。第三，经常对队员进行生命教育和安全教育。第四，高峰社队员参加登山活动有严格的报批程序。（详细介绍学校对安全的重视和安全措施，还可以更加详细）记者刚才所说的事故发生以后，我们都进行了回顾与反思，对所有涉及安全的环节都进行了加强。（澄清事实，并非如记者所云没有亡羊补牢）

回答策略分析：问题 4 是从另外一个角度的追责问题。回答要点有二：第一，要强调说明登山是高风险的活动，是有发生事故的概率的，这一点公众容易接受。第二，详细说明学校的安全措施及记者提到的每一次事故之后的反思。

问题 5：据我们了解，黄宏同学平时跟高峰社其他同学有矛盾，黄宏比较有个性，与其他队员有分歧。学校凭什么宣布排除他杀？

参考回答：关于黄宏同学死亡原因的鉴定是由当地公安部门经过现场勘察和鉴定、调查得出的结论，确认为高空坠亡，排除他杀，谢谢！（强调是权威部门得出的结论即可）

回答策略分析：这个问题不难回答，回答的基本原则是依法依规，强调是权威部门（公安局）经过现场勘验得出的最终结论。这样回答是令人信服的。

问题 6：是不是说学生的登山活动没有给学校汇报，学校就没有责任了？

参考回答：关于责任的问题，有关部门一定会有一个经过调查的、经得起检验和推敲的权威的结论。（婉转说明事故责任正在调查中，还没有结论）作为学校，不管最终责任如何认定，我们都将积极主动地配合有关部门的调查，尽全力做好善后及相关工作，并且采取措施进一步加强高峰社的安全工作。登山队员是我们的学生，我们一定会负责到底，绝不推诿。（表态）

回答策略分析：这也是一个追责的问题，不能直接回答“有”或“没有”。首先，既不承认责任，也不推诿责任，而是婉转地说明责任并没有确定。第二，这类问题重在表态，无论媒体以什么样的方式追问有关责任的问题，如果无法直接回答，都要回到诚恳的表态上来。

问题 7：我们了解到，黄宏同学是一个贫困生，他这次参加登山活动更多的是为了获取 5 万元生命安全奖金，学校平时是否对贫困生关心照顾得不够?

参考回答：当地政府为每位学生提供了 5 万块钱的经费，主要用于他们的路费、向导、人身保险等各项费用。从现在我们了解学生花费的情况来看，也确实用到了这一方面，不存在为登山而赚钱的情况。对于贫困生的问题，首先，我们学校有专门的贫困生认定小组和规范的程序。黄宏同学是我们学校认定的特困学生，享受的是国家一等助学金，同时还享受助学贷款。

回答策略分析：记者提问的时候，除了问事件本身，还可能会问到一些关联问题。这些问题可能与事件本身相关度看似不高，但是经常是记者和公众感兴趣和关注的问题，如负面突发事件中遇难者个人及家庭的情况等。问题 7 就是这样的事件关联问题，只要有所准备，这些问题就不难回答了。

案例十四　学生聚餐冲突事件

【基本事实】

11 月 11 日 20：00 左右，金南大学在校学生海某等在校内商业街安心餐馆聚会。聚会中，与同校学生及在此就餐的同学校外朋友等发生冲突。在冲突中，5 名学生被打伤。其中，1 名少数民族学生伤势过重，经抢救无效死亡；1 名学生伤势较重，目前仍未脱离生命危险，尚在 ICU 中救治；其他 3 名同学轻伤，目前在医院留院观察。

接到事故报告后，金南大学学校领导和相关职能部门负责人、受伤学生所在二级学院负责人立即赶到现场处理。受伤学生被救护车及时送往金南市第二人民医院救治。同时，学校积极协调、配合当地公安部门开展事件的调查工作。

由于事件发生在学校内部，死亡学生是少数民族，该学生家长带领 20 名少数民族同胞来到学校，要求学校全权负责。该事件引起学校学生高度关注，部分学生家长也通过电话、QQ、微信等方式询问事件经过，要求学校切实加强安全保护措施，保证学生的人身安全。此事件在社会上也引起了较大反响，多家媒体给予了关注。

为此，学校决定于 11 月 13 日举行“11・11 事件”新闻发布会，向社会各界通报有关情况。

【主发布词】

各位媒体朋友，今天我们怀着十分沉重的心情就“11・11 事件”召开新闻发布会。在通报事件情况之前，我代表学校对事件中因伤医治无效不幸身亡的海莉同学表示深切的哀悼，对海莉的家属表示最深切的慰问。

11 月 11 日 20 时许，我校海莉等学生在校内安心餐厅就餐期间，与在此就餐的同校学生及其校外朋友发生冲突，致使 5 名学生受伤。事后，餐厅人员立即拨打了 110 和 120 电话，在场的学生立即向学校领导及相关部门报告了此事。学校相关部门负责人及有关人员、警方、120 急救人员迅速抵达现场。受伤学生被送往医院后，海莉同学因伤势过重抢救无效，于次日 12 时不幸身亡。另一名学生受重伤尚在急救，其余 3 名学生轻伤，正在医院接受治疗。

下面通报一下学校采取的措施。接到学生报告后，学校的保卫处、学生处等人员立即赶往事发现场，积极协助 120 将受伤学生火速送往医院，并且配合协助警方控制现场，做好现场保护工作。校党委副书记某某及有关人员迅速赶往医院，看望受伤的学生，恳请医院不惜一切代价尽全力救治受伤的学生。相关学院的负责人、辅导员和学生干部也一直陪护在医院。

事发当晚 22 时许，学校党政主要领导召开紧急会议，成立了由党委副书记某某担任应急处置工作领导小组组长的工作小组，启动应急预案，形成初步处理意见：第一，与医院保持密切联系，关注受伤学生情况，学校垫付全部费用。第二，立即与家长取得联系，通告学生受伤的情况。第三，向教育厅及市委、市政府报告。第四，学校有关部门和学院做好受伤学生家长来校的接待和安抚工作。第五，做好有关学生，特别是受伤学生的心理辅导工作。第六，辅导员班主任密切关注学生的思想动态，安抚学生情绪，消除恐慌心理。

目前，金南市公安局专案组已经全面介入调查，对涉案学生、校外人员和餐馆业主已经采取相应的措施，受伤学生的家长来校后已得到妥善安排。学校教学秩序正常。

学校下一步的工作：第一，继续积极配合和协助公安机关的工作，和家属妥善处理后续事宜。第二，进一步做好家属、涉案学生及其他少数民族学生的安抚工作。第三，及时做好事件的信息公开工作。第四，加强大学生思想政治教育工作，教育学生自觉遵守法律法规。第五，进一步完善突发事件应急处置机制，开展专项培训，为进一步提升应急处置能力做准备。

我的通报就到这里，谢谢！

【媒体问题及分析】

问题1：据贵校一名大三同学反映，去年毕业离校期间，贵校也发生了汉族学生和少数民族学生的冲突，这次又是一起民族冲突，贵校为什么民族矛盾、民族冲突这么严重？

参考回答：我们学校是一个多民族的学校，少数民族学生比较多。我们在学生管理上，无论是上课、住宿，还是举行活动，从来都是各民族学生混合在一起。因此，无论是课内的学习，还是课外的活动，任何涉及学生的活动，都是各民族学生在一起的，学生之间发生矛盾，既可能是同民族的学生，也可能是不同民族的学生，这是很正常的。因此，如果看到学生冲突中有少数民族学生就把事件归到民族矛盾上来，是不妥的。

回答策略分析：这是一个非常刁钻的问题。刁钻之一，把大家的关注点引向民族矛盾这个热点、难点问题，因为凡是涉及民族问题的事情都很复杂，常常不太好回答，也特别容易引起社会的关注。刁钻之二，采用强加的方法提问，即将未经证实或未经充分论证的事情作为"既定事实"提问，问题1的"既定事实"是"贵校民族矛盾、民族冲突严重"，而且看上去这个事实似乎也是成立的、有道理的，因为去年、今年学校的两起事件都有不同民族学生参加，很容易让人认为这两起事件都是民族冲突。这个问题的回答要点是要表达清楚两个意思：第一，这不是民族矛盾；第二，为什么不是民族矛盾。

问题2：安心饭店是学校自营，还是租赁经营，经营人员是谁？

参考回答：安心饭店是租赁经营，证照齐全，是通过招标程序进入学校合法经营的餐厅，是校外人员经营的。

问题 3：学校对安心饭店经营酒水及学生在校园里饮酒有没有相关的管理规定？如果有，对涉事饭店和学生的处罚措施有哪些？

参考回答：根据我校《进一步加强校园内售酒、饮酒管理规定》，在校园内对酒水出售实行“两限”政策，即限经营地点和经营时间。限经营地点是取得学校核发的《酒水销售许可证》的经营户方可在其自主经营场所内为顾客提供酒水。限经营时间是指取得《酒水销售许可证》的经营户周日到周四的经营时间不能超过晚上 11 点；周五到周六的经营时间不能超过晚上 11 点半。同时，要求商户一律不得销售啤酒以外的酒水，学生也不得饮用除啤酒以外的酒水，严禁学生酗酒，标准是 5 瓶啤酒。

问题 4：按照刚才发言人的说法，学生在校内饮酒发生事故，学校和餐厅都没有责任了？

参考回答：我校出台《进一步加强校园内售酒、饮酒管理规定》的目的就是为了倡导健康、文明的生活方式，防止学生出现酗酒后滋事斗殴。应该说，以上规定出台后，效果非常好，没有发生过因为酗酒而引发的打架事件。但是发生了这起严重的事件，我们感到非常痛心，看来我们要就事件做进一步反思，就校园安全等方面采取更加严格的措施。

回答策略分析：以上几个问题都是追问学校在校园安全方面的管理责任的，问题之间也有着层层递进的关系，也是类似事件中记者经常会问到的问题，所以我们放在一起一并分析。问题 2 问的是关于涉事饭店经营的基本事实，只要饭店经营手续齐全，是合法经营的，就不会有太大问题，只要实事求是地回答就可以了。这也是一个追责的基础性问题。记者在这里追不到责任，就从其他方面继续问。问题 3 问的是学校关于对校内餐厅经营酒水及学生饮酒的管理办法。这个问题也是记者追责的突破点。关于于这个问题的回答有两点：第一，学校在以上方面的管理要真正到位，有具体的管理办法。第二，发言人要对有关部门和学校的相关管理规定烂熟于心，回答记者提问时把相关的规定包括执行情况讲得透彻、充分、到位。记者通过问题 2 和问题 3 的提问没有抓到什么把柄，于是问题 4 就来了。问题 4 实际上是记者设置的陷阱，如果按照记者的提问回答学校和餐厅没有责任，就等于推卸责任。这里再次提醒的是，学校出了负面突发事件，即使没有多少责任，也千万不能直接说自己没有责任，有没有责任要让调查组说，让媒体说，让第三方说，让老百姓说。作为校方，最明智的办法就是客观地描述和陈述事实。我们对问题 4 的参考回答就是遵循了陈述事实的原则，说自己的管理办法，再加上“痛心、难过”及“反思，下一步更加严格的管理”等表态的话就可以了。

问题 5：金南大学平时是否对学生开展遵纪守法教育？如果是，仍然发生了打架斗殴事件，是否说明学校的教育不到位，或者是教育效果比较差？

参考回答：金南大学一直非常重视对学生开展遵纪守法教育，第一是通过第一课堂，以思想政治理论课为主要阵地进行教育；第二，通过第二课堂，每学期在学生中开展遵纪守法的系列教育活动进行教育；第三，实行全员育人。金南大学一直以优良的校风和学风广受社会的赞誉。这次的事件非常偶然，青年学生年轻，容易头脑发热，一时冲动，一时失手。

回答策略分析：这也是一个很刁钻的很有水平的问题，问题的出发点也是追责。这个问题包含两个层面：第一，学校是否有对学生进行遵纪守法教育？如果回答没有，学校肯定有责任。问题的刁钻和水平主要表现在第二个层面上，即有遵纪守法教育按说学校没什么责任了，但是问题更进一步，教育过学生了还发生了打架斗殴事件，是不是学校的教育不得法、不到位、效果不好……总之要追你学校的责任。第一个层面的问题较好回答。第二个层面的问题，回答时正面说学校是怎么对学生开展遵纪守法教育的，对于为什么还出现打架事件，强调是发生在个别学生上的个别现象就可以了。

问题6：刚才发言人说是事情发生以后，学校才成立了应急领导小组，我们学校之前没有应急小组是吗？

参考回答：学校不同于公安局及派出所，公安局、派出所的常态工作是应对突发事件，有报警就要立即出警。学校的主要职责是教学，而不是应急，平时学校是没有应急小组的。但是，学校对各种突发事件都有应急预案，一旦发生突发事件，哪个领导挂帅，哪些部门哪些人员参加，可以瞬间成立应急小组。这个事件发生以后，我们也是按照应急预案迅速组成应急小组的。

回答策略分析：问题6也是要追究学校管理责任的。这类问题只要事先准备充分，回答时解释清楚、充分、合乎情理就可以了。

问题7：据同学反映，参与聚餐的还有一名辅导员老师和一名青年教师，那么这两名教师是否也参与了斗殴？

参考回答：根据警方的调查，参与斗殴的人员中没有教师，网上所传闻的两名教师参与斗殴不属实。（辟谣）请大家不传谣，不信谣。当然，也欢迎学校师生及社会各界向我们提供有关案件线索。（号召大家）

回答策略分析：召开新闻发布会的目的之一是澄清事实真相、战胜流言蜚语。所以，遇有不实传闻，要立即回应。此外，问题7给出的参考回答还采用了问A答A+B的方法，即回答了记者的提问，并不结束回答，而是借此多说一些自己想说的话。本参考回答多说的话就是号召大家不传谣、不信谣及欢迎提供案件线索等。

案例十五　学生打砸食堂群体事件

【基本事实】

11 月 11 日晚 10 时 10 分，双渝经贸学院大约 100 余名学生聚集在男生宿舍前的操场上高喊，抗议学校食堂饭菜质量差，价格高于本市的其他大学。已经熄灯的寝室学生闻讯也都赶了出来，最多时集结学生达到 3000 余名，有辅导员和学生干部迅速向学生处和保卫处汇报。学生处处长王鹏第一时间向院长李林进行了汇报。10 时 20 分，院长李林等相关同志迅速赶到现场。但此时集结的学生已经高呼口号，很多学生手拿棍棒分头冲进食堂、宿舍、商店，打碎玻璃，掀翻桌椅，推倒货架。校长李林带着相关同志上前制止，被学生围攻，头部被棍棒打伤。10 时 35 分左右，公安人员赶到，迅速制止事态进一步扩大，并且将领头 5 名学生带走调查。11 时左右，学生陆续散去。但事情并没有就此结束，11 时 30 分左右，男生公寓 2 号楼 5 楼有 12 个宿舍的窗户被打开，学生开始从楼上往下扔垃圾，有同学把玻璃窗都砸碎了，甚至有人点着了书本后，直接往楼下扔，点燃了宿舍楼前的一棵树。有学生发现火烧起来，赶紧往下面泼水救火。直至凌晨 2 时许，事件才慢慢平息。

据悉，此次抗议缘起于校内食堂饭菜价格高、质量差，学校商店和医务处价格明显高于市场价格，医务处甚至卖过期药品。因为学校采取封闭式管理，加之学校地处市郊，周边商业设施差，学生只能忍受。虽多次找校方解决，但都不了了之。

11 月 13 日，双渝经贸学院将召开新闻发布会，向社会各界通报事件调查及处理等相关情况。

【主动发布】

下面我将事情的经过、处理的过程等相关情况通报如下：

第一，事情的经过。11 月 11 日晚 10 时 10 分许，我校学生结束晚自习回到公寓准备休息，一些刚刚参加“双十一”活动的学生聚集在学生公寓前操场交流聊天，一度聚集近百人，整体情况平稳有序。10 时 10 分许，人群中突然传出抗议学校食堂饭菜质量差、价格高，煽动要打砸食堂的喊声，路过观望的学生越来越多。

在极少数人的煽动和带领下，有人高呼口号，手拿棍棒冲进了食堂、商店、宿舍，打砸玻璃，掀翻桌椅，推倒货架。在得到学生聚集的消息后，学校校长与学校处、保卫处等相关部门领导工作人员迅速赶到现场进行制止，不幸被学生围攻。慌乱中，校长被打。为避免事态失控出现更多的人员受伤和更大的财产损失，公安人员及时赶到，迅速制止事态扩大，带走了 5 名学生。11 时左右，学生陆续散去，部分回到宿舍的学生并没有就寝休息，11 时 30 分左右，男生公寓 2 号楼 5 楼的学生趁值班老师和宿舍管理人员离开之际，打开窗户从楼上向下扔垃圾并砸碎玻璃、点燃书本扔到楼下，引燃宿舍楼前的一棵树。在大家的共同努力下，将火扑灭。值班老师和工作人员迅速开展劝阻工作，到凌晨 2 点平息了事件。

第二，通报一下处理的过程。事件发生后，按照学校突发事件应急处理预案，主要做了这样几项工作：一是救治打砸事件中的受伤人员，在打砸事件的混乱中，校长受了轻伤，除此之外没有学生和工作人员受伤；二是配合公安人员查明真相；三是做好学生思想工作，进一步了解学生思想状况，倾听学生诉求，做好学生思想疏导工作，安抚学生情绪；四是恢复正常的工作秩序，连夜做好食堂、公寓、商店损失评估工作，将损坏的物品登记造册，学生食堂在第二天早上正常供应早餐，避免出现新的不稳定因素；五是及时向上级主管部门报告信息。

目前学校秩序良好，经初步了解，这是一起由个别学生煽动，利用学生对学校管理上漏洞的不满情绪制造的恶性事件。带头闹事的是5名学生，其中2名是刚刚被开除的学生，另外3人是在校生。他们因为个人违反校规校纪受到处理而不满，借机制造事端，发泄情绪，5人已被行政拘留，我们也通知了学生家长。

反思整个事件，第一，学校在管理上还有不到位的地方，出现这样的事件，我们诚恳地向社会和学生及家长致歉。第二，我们要进一步努力做好工作，为学生成长成才服务。尽管我们在不断克服学校地处市郊商业不发达等困难，努力为学生成长提供优越的条件，但与学生的要求和期待还有一定的差距。在学生诉求表达和信息反馈上，我们将建立更有效的反馈沟通渠道，及时解决学生们的各类问题。

感谢社会各界，尤其感谢新闻界的朋友们一直以来对我校改革发展稳定给予的支持和帮助，希望大家继续支持和帮助我们做好工作，监督我们的工作，为培养优秀人才，营造更好的氛围。谢谢大家！

【媒体问题及分析】

问题1：有人说，你们管理过程中，商户为了竞争行贿，你们是受贿抬高了物价，学生不满意，请回答是不是这样？

回答：学校食堂是学校自己管理的，没有外包和转包，不存在你所说的商户竞争行贿的问题。但是，学校食堂的服务确实与学生的期待和要求还有一定的距离。

回答策略分析：这起事件发生以后，出现了一些不实传言，因此召开新闻发布会的一个重要目的是澄清事实真相、战胜流言蜚语。问题1就是这样一个问题。对此类问题如实、准确说明情况，否认传言并做出合情合理的解释，表明学校一直在做工作的态度就可以了。

问题2：刚才院长在通报中说这起事件是个别学生利用了学校在管理上的漏洞引发的。请问学校的管理漏洞有哪些？

参考回答：针对这起群体事件，我们对自己的工作进行了深刻的反思。我们认为，学校的管理工作在细节和精细度上还需要做努力，在学生思想引导、教育管理等方面还有进一步提升的空间。在这次事件之后，我们要认真地吸取教训，在薄弱环节做有针对性的工作。

问题 3：请具体说明一下。

参考回答：就这起事件来说，我们认为，我们的后勤工作尤其是食堂的工作还需要进一步加强，我们的学生工作还不够细致。具体来说，对学生思想动态情况掌握不够及时，对学生诉求的回应比较简单粗糙，没有做好深入细致的思想工作，引发了这起大规模的学生群体事件。

对问题 2、3 的分析：在突发事件的信息发布中，凡是涉及责任的问题，回答起来要非常慎重，回答的原则是有了确定性的、一致的口径和结论才能够正面回答，在没有确定的结论之前只能间接地、技巧性地回答。从这一事件来看，学校是有责任的。在面对媒体时，学校有责任、有错误，就不能回避，错就是错，该承认就要承认。学校犯了错误虽然会产生不良的影响，但是如果态度诚恳负责，处理得好就会化危为机、转危为安。因为在主动发布环节，学校要承认学校管理上存在漏洞。发言人需要特别准备的是，学校承担什么样的责任，承认到什么程度，上级主管部门及学校内部一定要认真讨论研究，形成一致性的结论和口径统一对外发布。因为关于责任的问题一定会引起记者的强烈兴趣并进一步的追问。

问题 4：发言人谈到是学生持棍棒打砸了食堂，所以请问学生的棍棒来源于哪？是不是提前有预谋、准备好的？

参考回答：经初步核查，学生手里拿的棍棒是从打扫卫生的笤帚上拆下来的。至于涉事学生从哪里拿到的这些东西，我们正在调查中。

回答策略分析：对于这个问题的回答，需要提醒的是，一定要据实回答；对于还不掌握的情况，就说正在调查中，千万不能根据推测或想当然地回答。

问题 5：我们注意到发言人介绍事情的过程是这样的，10 时 10 分的时候百来个学生聚集，仅仅 10 分钟以后，就聚集了 3000 名学生，迅速发生后边一系列事件。为什么在短短 10 分钟时间之内有这么大的煽动力？

参考回答：这个问题我给大家做一点说明。首先，这 3000 名学生是通过目测估计的。其次，因为这一天是 11 月 11 号，是“双十一”，学生有在这一天自发举行一些活动的传统，这是一个时间点。另外一个时间点就是当时是 10 时到 10 时 30 分之间，这个时间点是学生在上完了自习回公寓的路上，所以当时学生在室外的数量很多。这 3000 人中，有一部分是路过的，有一部分是围观的。

回答策略分析：这个问题，记者提问的目的在于质疑学校的管理，背后的问题是质疑学校的学生工作做得不到位。一是学生与学校的矛盾是不是很大，学生的诉求得不到及时回应和满足；二是发生了如此规模的学生群体事件，学校竟然事先一点都不知道，辅导员班主任及学生思政工作是否存在诸多漏洞。回答这个问题的要点就是要给出合乎情理的解释，才能相对减轻和降低学校的责任。当然，我们强调，在回答记者提问前，我们要对记者可能问到的问题有所准备，尤其对这类责任问题更要准备，拿不出合理的解释就要分析学校的责任在哪里，该怎么认，认到什么程度，要统一口径。

问题 6：我在对贵校现场采访中，绝大多数同学采取了回避和沉默的态度，其中有学生表示，学校给全体学生开过会，禁止谈论该事，否则严肃处理。请问学校对此如何解释？

参考回答：事情发生以后，学生情绪处于不稳定之中，我们立即召开会议，安抚学生情绪，告诉他们将主要精力还是要投入到学习中去。（学校所做工作）因为大部分学生是围观和路过，对事情的前因后果并不太了解，事情也正处于调查之中，学生不像学校掌握这么细致和准确的情况，所以有的学生会不愿意接受采访。他们也是为了准确起见，是负责任的表现。学校并没有给学生下任何的封口令。（合理解释）

回答策略分析：问题6是一个有难度的问题。如果学校承认对学生下了封口令，就等于承认事件中有某些不可告人的情况。由此推断，这些不可告人的情况肯定涉及某些交易、黑幕等。这些必将引起记者更大的兴趣和报道的欲望，学校就会变得非常被动。这方面的实例以前也是发生过的。本文给出的参考回答的方法：第一，不承认学校封口（事实上几乎没有哪所学校非常直白地给学生下封口令）；第二，把学校所做工作的据实说清楚；第三，对一些学生不愿意接受采访的行为做出合理的解释。

问题7：根据国家有关规定，学校食堂应该是非营利性的，国家有专门的食堂补贴政策，请问贵校是如何落实此项政策的？为什么贵校食堂的饭菜价格高于同地区其他高校？

参考回答：学校严格落实国家有关食堂的补贴政策。我校每年都对食堂进行补助，一部分主要用于水电费的支出和临时工的聘任，一部分直接补贴到学生的饭卡里。学校食堂饭菜价格高于同地区其他高校是因为我们的新校区地处市郊，目前周边配套设施还不完善，食品原材料运输成本高，所以饭菜的成本较高。目前，学校正在积极协调解决这个问题。当然，可能与学生的要求还有距离，下一步我们一方面要继续平抑食堂饭菜价格，另一方面还要加强与学生的沟通，定期公开食堂食材成本，定期征求学生意见。

回答策略分析：与事件内容相关的国家有关法律法规、政策文件等材料及学校对此的执行情况是发言人必须熟悉掌握的内容，记者问到这类问题的可能性非常大。这些问题，只要准备充分、到位，回答是据实充分说明就可以了，关键是要准备到位。

问题 8：昨天晚上，我们在贵校的食堂后门口发现了一袋工业用盐，请校方解释一下工业用盐的用途，出现在食堂门口的用途。

参考回答：我们学校的食堂所用的大宗材料全部是由学校招标领导小组对社会公开招标采购的。比如，米、面、油、盐等，只有蔬菜等一些时令的原材料是通过食堂的饮食管理中心自己采购的。食堂在经营管理的过程中也是按照食品卫生有关规定执行的，还定期接受食品部门检查。我们的食堂是合格的食堂，这一点请大家放心。（说明学校食堂按照国家有关规定操作）关于食堂后门发现工业用盐的问题，情况是这样的，学校食堂后门有一块空地，相对比较开阔，所以目前正在食堂附近装修的一些建筑用品经常临时放在这里，他们只是使用了工业用盐的袋子，里面装的也不是工业用盐，而是建筑用品。（据实说明）非常感谢你提到了这个问题，谢谢你的提醒，会后我们马上清理这些东西，避免师生产生不必要的误会。（感谢记者，表明态度）

回答策略分析：这类事件确实在学校中发生过。一所学校的家长质疑学校食堂使用猪饲料给学生做饭，因为他们发现了放在食堂的印有猪饲料的袋子。后来经过调查，食堂只是使用了猪饲料的袋子，并没有用猪饲料做饭。遇到这类问题，首先，声明学校食堂严格按照国家有关规定操作；其次，做出合理解释；再次，毕竟学校放了这些袋子在食堂附近引起了误会，责任在学校，所以要表态马上整改，同时感谢记者的提醒。这样回答就比较完整了。

问题 9：刚才发言人在介绍的时候，我注意到了一个细节，那就是事件缘起是晚上的 10 时 10 分，到最后平息都凌晨 2 时了，中间 11 时 30 分的时候，楼管人员和我们相关的老师离开，趁他们离开，这个时候学生又从楼上往下扔垃圾，甚至点着了一棵树，为什么会出现这种情况？出现这么严重的事件，我们学校的学生工作人员、老师为什么要离开？

参考回答：学生回宿舍之后，准备休息了，老师们也就退出学生宿舍了，但是我们留了值班人员在楼外值守，发现学生又发生了砸玻璃、扔垃圾的行为，我们立即进行了处理。

回答策略分析：这个问题问的是事件过程中情节链的缺环，问这个问题的目的也很明确，还是追究学校的责任，学生出了这么大的事情，校方怎么不在学生宿舍留值班人员呢？回答也不难，正面、据实回答就可以了。

案例十六　实验室丢失病毒培养皿引起恐慌事件

【基本事实】

西京大学医学院是我国开展病毒研究的重点科研基地，也是我国医疗卫生领域高级专门人才的培养基地。

11月11日14时35分，学校突然接到报告，说该校医学院某实验室在开展病毒培养实验时，突然发现一个盛放传染病毒的培养皿丢失。此消息在校内迅速传开，在师生及学生家长中引起极大恐慌，很多学生纷纷要求请假离校，不少学生家长打电话给学校要求放假，相关媒体和网络平台也给予了极大的关注，此事件已成为当前的舆论热点。

针对该事件，网上各种谣言纷飞。有传言说，该实验室最近有不少研究人员往返于中非之间，正在开展“埃博拉”病毒疫苗的研制，丢失的是传染性很强的“埃博拉病毒”培养皿；也有传言说，学校已经有几十名师生出现发烧、头痛、肌肉痛、关节痛、疲倦、恶心等症状，甚至还有传言已有学生死亡。

为说明事件情况、澄清事实、稳定公众情绪，学校决定于11月13日召开新闻发布会。

【主发布词】

11月11号下午2时35分，学校党政办公室接到报告，我校医学院59号实验室发现一个用于科学实验的盛放病毒的培养皿丢失。接到报告以后，学校高度重视，立即成立本次事件的应急领导小组，启动学校突发事件应急预案，同时也向西京市公安局、西京市卫生局报告。11号下午3时左右，西京市公安局和西京市卫生局工作人员进驻校园，迅速开展调查和防御工作。学校积极配合，各项工作正在有序进行。经学校和相关部门前期调查，现向大家通报截至今天事件发生的以下有关情况：

第一，医学院实验室丢失的病毒培养皿所携带的病毒是甲型 HAV 肝炎病毒，不是埃博拉病毒。丢失的培养皿密封性很好，不容易扩散。

第二，我校近期确实有部分研究人员往返中国和非洲之间，参与世界卫生组织主导的埃博拉病毒疫苗的研制工作，但科研人员回国均按照国家有关规定经过严格的检疫、体温筛查和医学询查，没有发现携带病毒回国。

第三，网上有传言说，我校师生中有几十名师生出现发烧、头痛、肌肉酸痛、关节痛、疲倦、恶心等症状，还有传言说已有学生死亡等，我负责任地告诉大家，以上传言均不属实，从病毒培养皿丢失至今 2 日以内，经校医院核查，共有 78 名师生到医院就诊，经诊断有 10 位学生、5 位教职工患伤寒感冒，2 位学生患病毒性感冒，就诊病人当中没有出现甲型 HVA 肝炎的症状。在此期间，没有发生师生因病死亡的事件。

第四，据西京市公安局办案人员证实，已经初步掌握线索，正在全力侦破。

第五，西京市卫生防疫部门已经开展相关医学知识的普及宣传，对校内饮用水、生活用水等水源开展不间断的安全检测和其他防疫工作，做好各项应对准备工作。

各位老师、同学们，各位记者朋友，我校医学院实验室突发丢失病毒培养皿事件，给师生、公众带来不安与恐惧，我在此代表学校向大家表示真诚的歉意。目前，学校正积极主动配合公安部门开展侦破工作，协助卫生防疫部门做好水源的安全检测和防疫工作，希望广大师生和家长不要轻信网络谣言，主动协助学校传播事件真实信息，消除恐慌和疑虑，尽快恢复学校的教学和科研秩序。我们也会将事件进展的情况第一时间向社会公布，谢谢大家！

【媒体问题及分析】

问题1：刚才发言人说丢失的病毒不是埃博拉病毒，是甲肝病毒。请问埃博拉病毒和甲肝病毒的传染途径是不是一样的？是不是同样可以引起严重的后果？谢谢！

参考回答：病毒培养皿丢失的事件发生在我负责的实验室，对此，我深表歉意。对于埃博拉病毒和甲肝病毒，首先，甲肝病毒的传染途径主要是通过粪口传染，埃博拉病毒是通过血液、唾液、汗水分泌物进行传染的。（明确回答第一问）其次，这次事件之所以引起了比较大的恐慌，是因为甲肝病毒具有一定的传染性，但是我们说甲肝病毒有一个潜伏期，它的潜伏期是15—45天。目前社会上有些传言，说有很多人出现发烧的症状，有可能跟我们这次病毒失踪事件有关，这个我们也特别说明一下，从病毒培养皿丢失到现在才过去了48个小时，所以现在出现的发烧症状是绝对不会跟这次培养皿丢失有关系的。（进一步的补充回答）再次，大部分急性甲型肝炎临床发病以后，完全可以通过治疗取得很好的治疗效果，而且没有后遗症。（明确回答第二问）最后，根据世界通用的生物安全标准，从事生物安全等级的实验室分成P1、P2、P3、P4四个等级。在西京大学医学院，我们的实验室属于P2等级，P2等级的实验室通常研究的是引起中度传染病的一些物质，如像我们这次丢的失肝炎病毒，还有一般流感病毒。埃博拉病毒属于高危等级，即P4等级，我们学校目前没有这个等级的实验室，所以我们不可能有埃博拉病毒。（进一步补充回答）

回答策略分析：这个事件是一起公共卫生事件，由于丢失的是传染性病毒，所以引起了社会的恐慌和谣言的传播。在这种情况下，这场新闻发布会的两个重要目的：第一，澄清事实真相，战胜流言蜚语；第二，安抚公众心理，稳定社会情绪。问题1实际上也给了我们充分说明事实真相以达到上面两个重要目的的机会，回答时需要重点把握的就是要用通俗易懂的语言把与甲肝病毒和埃博拉病毒的相关知识（如传播途径、治疗及疗效、潜伏期等）向大家详细说明，要用老百姓听得懂的语言，讲通俗，讲透彻，以攻破谣言、消除公众的恐慌。这就要求发言人对这些知识的掌握程度达到非常专业的水准。如果发言人的专业水平达不到，直接请一位专家来回答就显得更加准确和权威。本参考回答是在课上模拟演练回答的基础上修改给出的。发言人的知识很专业，回答得也非常充分到位。

问题 2：如果像你们所说，这个病毒没有扩散的危害性，而且这个甲肝也很容易治疗，治疗以后没有后遗症，那么作为我们这么专业资深医学院的学生却产生了如此大的恐慌，为什么？

参考回答：我们学校是一所综合性大学，既有医学院，也有文科和理工科。医学院只是一部分，医学院里具备医学知识的学生并不恐慌，恐慌的主要还是与医学相关专业以外的学生。

回答策略分析：问题 2 是记者在发言人对问题 1 的回答的基础上追问的问题。“追问”也是记者常用的提问方式，多为现场即兴产生。追问问题的内容主要集中在对人物（事件的主要涉及者）、过程（尤其是过程中的细节）及对各种原因的追问。问题 2 就是对原因的追问。对于这类问题，回答起来并不难，关键还是要了解情况，能够给出合情合理的解释。

问题 3：学校研制传染病毒的人员有多少？学校平时对他们是怎么进行管理的？我了解到他们的家人都不知道他们从事的是具有传染性的工作，这件事情发生以后，他们的家人既担心，又生气，学校准备怎么处理以让他们的家人放心？

参考回答：关于实验室人员的管理，按照 P2 实验室等级管理规定，每一位在我们实验室从事病毒研究的工作人员，以及我们的研究生们，他们在进入实验室开展实验之前都经过严格的培训，都是持证上岗。（介绍学校对研究人员的管理）研究生都是成年人，有自觉行为能力，他们报考和从事这个专业的相关研究工作是基于一定的专业素养和基础上的，他们对自己从事的工作内容是非常清楚的。国家并没有规定一个成年人从事什么样的工作或研究还需要单位与他的家长签订协议，或者有告知的义务。（依法依规合理解释）当然，这位记者提到的这一点确实非常重要。（肯定和赞美记者）我们应该提醒研究人员多与家人沟通，做好家人的工作，避免家人担心和不理解。（轻度的自我批评）我们今天就此召开新闻发布会，也是为了把真实情况告诉大家。

回答策略分析：问题3，一是问到了管理制度，二是问到了家人的知情权。对于管理制度，如实回答学校对此类研究人员的管理制度即可；对于家人的知情权，重要的是依法依规说明国家没有任何制度要求必须把一个有独立行为能力的成年人自愿从事的工作告知家人及与家人签订协议。同时，作为一种缓和气氛和照顾情绪的需要，肯定记者的提醒并稍作自我批评。

问题4：教技厅2013年1号文件《关于进一步加强高等学校实验室危险化学品安全管理工作的通知》你们是否了解，文件中提到的“四无一保”和“五双”制度是怎么落实的？

参考回答：刚才这位记者提到了我们在高校里面危险化学品管理的问题。我们这个实验室是一个病毒研究室，跟高校里的危险品、化学品还有些区别。我们这个病毒实验室的管理是按照国务院在2004年颁布的《病原微生物实验室生物安全管理条例》进行规范的。刚才跟大家介绍过，我们的实验室是P2等级的，严格按照这个条例进行管理。实验室有完善的门禁系统，包括身份证识别系统。工作区域有完整规范的分区，如根据需要分成清洁区、污染区、半污染区等，区和区之间都有缓冲的通道等。学生做实验每天都要求他们做完整的实验记录，记录实验过程中所使用的实验材料、接触到的病毒，实验完成以后必须进行消毒、对垃圾进行焚烧，防止不安全物质流向社会，等等。

回答策略分析：问题 4 的参考回答是我们在进行新闻发布会模拟演练时模拟记者的真实提问和模拟发言人的真实回答。这个问题并不难，是记者常问的有关管理制度方面的问题。关键是要准备充分，事先对有关病毒实验室管理的规定了如指掌。在参考回答中，发言人首先纠正了记者的错误（把危险化学品实验室和病毒实验室的管理混为一谈），然后详细介绍了发生事故实验室的管理，非常完整。通过这个问题，我们需要再次强调的是，有关事件的所有国家、教育部及学校的政策法规、规章制度等都要准备得非常充分，这样在回答记者提问时就能做到对答如流、游刃有余。

问题 5：你们管理上的哪些漏洞导致了病毒培养皿的丢失？

参考回答：刚才我们已经介绍了学校对该实验室的管理制度和管理情况。学校一直是严格按照国家对相关实验室的各项规定对该实验室进行管理的。（介绍学校的管理）培养皿丢失究竟问题出在哪里，目前正在调查，还没有确定结论。（事故原因正在调查中）当然，从发生的这件事来看，我们还有漏洞，因为这个事的发生我们需要重新反思，重点排查我们的管理制度，接下来我们要完善管理制度，以更加严格的管理措施杜绝类似事件再次发生。（表明态度）

回答策略分析：问题 5 是利用“强加”方法给发言人设置的陷阱，即以未经证实的情况或事实作为既定事实来提问。问题 5 未经证实的情况就是“你们管理上的哪些漏洞”，意思是你们管理上存在漏洞才导致了病毒培养皿的丢失。这一表述听起来似乎有道理，但是根本经不起推敲，也站不住脚，没有经过严谨的调查，没有证据怎么能说学校实验室的管理存在漏洞？如果我们顺着问题的思路回答，列举自己学校的管理漏洞，或者回答管理上没有漏洞，都会掉进记者提问的陷阱。所以，对于“强加”问题的回答，绝对不能顺着记者的提问思路回答。如问题 5，只回答我们在相关的管理上是怎么做的，并且说明目前事件正在调查中，还没有结果。

问题 6：这个病毒培养皿到底有没有找到，如果没有找到，有没有线索？

参考回答：这是目前最重要、最紧急的工作，我们和大家一样着急。（表明态度）公安机关正在全力侦破此案件。在公安机关的帮助下，我们已经在第一时间控制了实验室的进出人员，尤其是出校门的人员。在这个范围内，我们正在抓紧排查。（介绍相关措施）病毒培养皿还在学校这个可控的范围内，没有流出学校，请大家放心。（措施的效果）

回答策略分析：在这起事件中，病毒培养皿是否找到、是否扩散是核心问题，也是引起社会恐慌的根源。所以，这个问题是躲不开、绕不过的，事先一定要有充分的准备。我们对这个问题的回答原则与要点：第一，表明态度，说明学校及相关单位也在焦急地寻找培养皿；第二，介绍目前正在采取的措施和效果，针对的问题是“培养皿是否找到”。需要提醒的是，回答的方法和技巧是说措施、说成果、说希望，而不说“没有找到”等否定性的话。

问题 7：刚才发言人公布了案情的进展情况，但是并没有说这个案情已经真正的侦查清楚破案了，只是有了一个新的线索。在这个过程中，从案发到现在已经有两天的时间了，这个培养皿究竟处于什么样的状态？它究竟在哪里？这些细节有没有搞清楚？在这些细节没有搞清楚的情况下，我们的发言人说病毒不容易扩散的证据在哪里？

参考回答：关于培养皿，刚才我们说初步判断培养皿没有出校园是有依据的，主要是根据我们前期的调查侦查情况。能够进入实验室的人员都是相关专业的教师、研究生及实验室管理人员。每天进入实验室的人员有严格的登记，能够接触病毒培养皿的人员范围也不大并有登记。事件发生以后，公安部门迅速与我们采取了措施，限制相关人员出入校门，并且对出入校门进行严格登记，同时在划定的范围内进行排查。根据前期的这些调查，我们可以负责任地告诉大家，病毒培养皿还没有流出校园。

回答策略分析：问题 7 是基于发言人在问题 6 回答的基础上的又一个追问。前文提到，追问是记者在发言人回答的基础上现场产生的即兴问题，往往涉及对事件的主要人物、事件过程及事件原因等内容的追问，是记者对发言人回答的内容中需要进一步挖掘的还有疑问的、不清楚的、不全面的、感觉理由不充分的等内容的进一步提问。这些问题指向性非常强，也常常非常刁钻和犀利。问题 7 就是这样一个在问题 6 回答基础上的更深层次的问题——校方为什么断言培养皿没有出校园。因为发言人在对问题 6 的回答中没有特别详尽地提到调查过程的细节及证据，它指向的仍然是事件的关键和核心问题——病毒培养皿的去向。这里需要提醒的是，凡是涉及对公众健康存在威胁的事件，调查的详细情况，包括调查的机构、人员、过程等细节需要发言人充分掌握，才能给记者和公众讲清楚、说充分，彻底消除公众的疑虑和恐慌。

案例十七　学生触电身亡事件

【基本事实】

10月17日凌晨1点05分，江州大学住在12号学生公寓506房间的学生王某上洗手间时，发现同寝室同学陈建峰躺在5楼公共浴室地上，浴室水龙头开启。王某首先关掉电热水器水龙头并呼喊陈某，但发现该生已无意识。闻讯赶来的该楼层几个同学分头拨打120并通知校医院值班医生赶赴现场施救，同时向辅导员电话报告了情况。辅导员薛某第一时间向校学生处和系党总支书记做了简要报告，并且在接到学生电话约3分钟后到达事发现场。值班校医紧随其后到达，发现该生脉搏和心脏已经没有跳动。1点25分左右，120救护车赶到学生宿舍对学生紧急施救，该生已无生命体征，学生即被就近送往金华医院，辅导员随行并与家长取得联系。与此同时，学生处负责人向分管学生工作的校党委副书记做了电话汇报，学校启动突发事件应急处理预案。1点30分左右，学生处、保卫处相关工作人员赶到现场。保卫处向学校所在辖区派出所报案，请求警方对事发现场进行保护；学生处负责人、心理咨询中心教师、总支书记对现场同学、公寓同学、班级同学做情绪稳定工作，同学们陆续就寝。近深夜两点，辅导员电话告知，医院确定该生已死亡，根据死者体表电击伤痕，初步判断为洗澡时触电身亡。早上7点，校后勤工作人员赶往在医院附近预订的宾馆房间，协助学生处、学生所在院系做好学生家长的安抚及善后处理准备工作。学校宣传部、教育技术中心工作人员关注网上舆情。上午10点，陈某父母及亲属10余人赶往医院，情绪十分不稳定。经辅导员及同寝室同学的安抚后，情绪稍稍稳定。陈某父亲表示要去事发现场，学校安排车辆送陈父及陈某伯父至事发地，经警方同意，对学校浴室内部设施进行拍照取证。

该事件引发了社会的广泛关注，学校决定于 10 月 19 日召开新闻发布会，通报事件的相关情况。

【主发布词】

各位媒体界的朋友，今天我们在这里召开新闻发布会，通报我们学校历史系 2013 级学生陈某触电身亡事件的有关情况。一个年轻生命的逝去，对他的家庭是难以承受之重。对此，我们感到非常难过，我首先代表学校向陈同学的家人表示最深切的慰问。

从事故的发生到现在已经过去了 58 个小时，我们注意到校内外，特别是网络媒体对此事件的关注度在不断地升级，出现了各种传言。为了澄清事实，回应社会关切，我先就该事件的有关情况做一个通报。

10 月 17 号凌晨 1 点 05 分，我校历史系 2013 级学生陈某被发现在浴室洗澡倒地不省人事，最先发现及闻讯赶来的几个同学拨打了 120，并且通知了校医院及辅导员老师。接到学生电话以后，值班医生和辅导员薛老师立即赶到事发现场。分管校领导、系领导、学生处、保卫处负责人闻讯后也在第一时间赶到了事发现场。当时，值班医生发现学生的脉搏和心跳已经停止，医生对学生进行了现场抢救。约 20 分钟以后，120 急救车赶到并组织施救。但是，该学生已经没有生命体征，我们随即把学生就近送往医院。凌晨 3 点，医院宣布该生已经死亡。根据逝者体表电击伤痕，初步判断为洗澡时触电身亡。

事故发生以后，学校迅速启动了应急预案，成立了专门工作组，召开了紧急会议，对工作进行相关部署。同时，我们也向市教委安稳办汇报了有关情况。截至目前，我们主要做了以下五项工作：

第一，通知学生家长，尽全力做好学生家属的接待和安抚工作。学生家长已经在昨天上午 10 点钟到达学校。

第二，暂停对学生公寓楼同批次热水器的安装和使用，联系有关部门对学生公寓所有热水器进行安全检测，在校内开展安全隐患拉网式排查。

第三，积极配合公安部门做好事故原因的调查工作。目前，警方已经初步排除刑事案件的可能性，认为陈同学符合电击死亡的特征。警方已经委托市计量质量检测研究院对事发正在工作的这台热水器进行质量检测。同时，我们学校也给有关职能部门提供了该批次热水器采购、安装及验收的相关文本材料，积极配合公安部门的调查。

第四，做好相关学生的安抚工作，尤其是当时在现场的部分学生。

第五，联系热水器生产厂家及保险公司，协商赔偿事宜。

目前，学校的教育教学秩序总体正常，学生家属的情绪基本稳定。

在过去的58个小时里，我和我的同事们怀着无比沉痛和惋惜的心情在处理这项工作。我们尽力把后续工作做得更实、更细、更深。当然，无论如何，这都无法弥补一个年轻生命的逝去和他的家庭的损失。

【媒体问题及分析】

问题1：据调查，出事的热水器是“我家乐”牌热水器。为什么不用更有质量保证的热水器，有没有经过严格的招投标程序？我听说这个热水器的供货商与咱们某位校领导有亲戚关系，请予说明。

参考回答：热水器的采购是暑期按照政府采购的程序，由学校采购管理部门根据市政府采购处批复的采购方式，即公开招投标的方式下达的采购单。在这一过程中，我们严格按照程序进行，欢迎媒体朋友监督检查，热水器质量符合国家规定的各项标准。（介绍采购程序和热水器质量）热水器的供货商与学校领导没有任何亲戚关系，网上的传言不属实。（明确否认供货商与学校领导存在亲戚关系，澄清不实信息）热水器厂家对此也非常重视，派了技术人员到学校，同时表示会承担应该承担的责任及相关的赔偿。（切割责任）

回答策略分析：问题1是记者经常会问到的问题，目的是追责，回答的要点：第一，据实、正面地把采购程序讲清楚即可。有关热水器质量的回答只客观回答符合国家标准就可以，不需要过多进一步地介绍如市场占有率等，或者用比较的方法说这个热水器质量多么好等，否则容易节外生枝，有做广告的嫌疑，或者引出记者更多的刁难问题，容易偏离发布会信息发布的方向。第二，要运用切割的方法把大部分责任切割给企业。学校的招投标程序严谨、公开、透明，中标企业符合国家规定的资质，产品质量符合国家标准，厂家检测合格出厂，那么出了产品质量问题，厂家要负主要责任，学校是次要责任，这样就减轻了学校的责任。

问题 2：我注意陈同学的不幸事件发生在凌晨 1 点，是在公共浴室，网络上对此事议论很多，说咱们学校引进了洗浴城的模式，校方对此怎么解释？

参考回答：我们学校的学生公寓每层都有两个公共浴室和卫生间，每个公共浴室都安装了两台热水器。为了更好地服务学生，公共浴室 24 小时开放，随时为学生提供充足的热水。洗浴城是商业娱乐场所，公共浴室是学校服务学生的场所，两者性质完全不同。（澄清事实并宣传学校服务学生的办学理念）据我们初步掌握的情况，陈同学进入大三年级后，开始准备考研，经常学习到很晚，再去公共浴室洗浴，这也是为什么在凌晨 1 点发生了这起不幸事件。（解释凌晨 1 点出事的原因）

回答策略分析：对于问题 2 回答的主要目的是澄清事实真相，战胜流言蜚语，据实回答就好。需要特别注意的是，问题 2 将学校的公共浴室模式与洗浴城的模式相提并论，非常容易激怒发言人。所以，发言人遇到这类问题，回答时一定要稳定好自己的情绪，不因为流言蜚语及记者、公众的不当言语而生气，要保持平和、理性，客观地回答问题。

问题 3：有记者对江州大学的学生宿舍进行了暗访，有学生反映，很多的报修单都是一周以前的了，目前还没有得到维修。发生这次悲剧是否与后勤维修不及时有关？

参考回答：我们学校的后勤管理有一整套明确而严格的管理制度，关于维修这一块的制度，我们的要求是要坚持定期巡查制度，水电维修组要一周小检查、一月大检查，并且要做好检查记录。对于保修单，我们有登记和维修记录，我们的要求是报修后三日内维修到位，对于特别紧急的报修，要求立即维修，每一项报修及维修都有记录。关于这次事故，我们在报修、常规检查等记录中都没有查到。目前与这次事故有关的记录我们已经提供给了警方。（介绍后勤管理制度及执行情况）因此，我们初步判断这是在两次检查中间突然发生的故障酿成的不幸，对此我们非常难过。（婉转说明这是偶发事故）接下来，我们准备采取更加严格的措施，如对重点部位进行更加密集的巡查，保证以后不再出现类似事件。（表态）

回答策略分析：问题3是一个追究责任的问题，直接指向后勤管理。回答也并不难，只要把学校的后勤管理制度规定及执行情况讲清楚、说透彻就可以了。同时，为了减轻学校的责任，婉转说明这是一次偶然发生的事故，再加上一句表态的话，即今后要进一步加强制度建设就比较完整了。

问题4：我们发现，一栋学生公寓只有一名年纪比较大的宿舍管理员。如果我们的后勤能够配备更多的服务人员，晚上在学生熄灯以后能够对学生宿舍进行巡视，是不是就能避免这个悲剧的发生？所以在这个悲剧当中，我想问一下我们的后勤部门，是不是应该承担相应的责任？

参考回答：学校的学生公寓人员配备是这样的：每楼配备一名宿舍管理员，负责日常的管理，打扫卫生配备专门的保洁员。此外，还有专门负责学生思想政治教育的住楼辅导员。我们的制度规定，值班辅导员要在学生每天晚上11点以后到第二天早晨6点巡视两次。

回答策略分析：与问题3一样，这也是一个追究责任的问题。回答的原则与策略和问题3一样，充分说明学校相关制度的规定与执行情况即可。

问题5：刚才发言人的通报里说，校医先赶到现场，发现这位同学已经没有生命体征。20分钟之后，医院的急救车赶到，采取急救措施，其间已经过去了很长时间，校医是否及时采取了急救措施，是不是导致丧失了最佳的抢救时间?

参考回答：值班校医到达事故现场以后，当时该生的心跳和呼吸都没有了。校医立即采取了心脏复苏按压的施救方式，直到救护车赶到。校医及医院的救护人员都竭尽全力要留住这个年轻的生命，但还是出现了令我们非常痛心和惋惜的结局。

回答策略分析：问题5问的是事件过程的细节，看学校在事件的处理过程中是否存在漏洞，目的还是追责。关于事件的过程、人物等也都是记者经常会问到的，所以发言人一定要对事件的过程，尤其是细节了如指掌，回答记者的提问才能得心应手。

问题6：有关触电急救的常识是这样的：接近或达到致命电流时，触电人会出现神经麻痹、呼吸中断、心脏停止跳动等征象，这时不应该认为是死亡，应该看作假死，必须迅速而持久地进行抢救，有触电者经过了4小时或更长时间的人工呼吸抢救。从触电后1分钟开始救治，90%有良好效果；触电后6分钟开始救治，10%有良好效果；触电后12分钟开始救治，救活的可能性很小。在救护车到达现场之前的这20分钟的时间里，是否因为校医缺乏相关专业知识抢救不到位而延误了抢救?

回答：首先，我再重复情况通报所介绍的当时情况：凌晨1点05分，陈同学上洗手间时听到浴室有流水的声音就来查看，发现了陈同学倒地不起。请注意，1点05分被发现，而不是1点05分触电，触电是在这个时间之前，但是究竟是什么时间触电还不掌握情况。所以，救治是在发现他触电以后，而不是触电后5分钟开始抢救。（介绍事件的细节以澄清事实）其次，当然，即便如此，我们的医务人员仍然全力抢救，直到回天无术。再次，我们学校校医院的值班医生都是全科医生，经常参与对急症病人的抢救，熟悉急救知识和方法。（正面回应记者的不实推测）

分析：首先，分析问题 6 所涵盖的内容：第一，关于触电急救的专业知识；第二，以此为基础质疑抢救效果。其次，如何回答这个问题：第一，要熟悉急救专业知识，如果有必要，应邀请医生出席；第二，善于抓住记者没有关注到的事件细节进行回应，即发现触电后开始急救，而不是触电后立即开始急救。

问题 7：贵校刚才介绍了各项安全制度和措施，如果真如你们所说，各项工作做得都非常到位了，为什么还会发生这起严重的事故？如果说事出偶然，那么偶然的背后肯定有必然，必然是什么？

回答：我从两个方面来谈这个问题。首先，我们学校是我市十所依法治校示范校之一，评判的标准中，有一个很重要的维度就是学校的安全工作。我们学校作为示范校，至少可以从一个侧面说明，在安全工作方面还是有基础的，是得到社会认可的。（用第三方的证据说明）其次，这位记者提出的问题非常有意义。（赞美记者）安全工作确实没有 100 分，永远不能存在侥幸和懈怠，我们只有始终保持一种如履薄冰的心态，力争安全工作没有盲点，没有死角，才能够把我们的安全工作做得更好。特别是这个事情发生以后，提醒我们安全工作没有止境，从来都没有尽善尽美的时候，永远在路上，我们需要对我们的安全工作不断反思，不断完善。（表态）

分析：问题 7 是一个非常尖锐和刁钻的问题，目的也是质问和追责，言外之意是你们把自己说得这么好，为什么还出事故，所以你们的工作做得没有说的那么好。这个时候回答该问题就不能仅仅自己介绍自己的管理制度和执行情况了，从自己的口中说出来，就非常容易陷入“老王卖瓜、自卖自夸”的境地。这个时候要让第三方说明自己学校的工作质量和效果。如参考回答中给出了由第三方对学校安全工作的评价（获得全市依法治校示范校的荣誉），这是比较硬性的指标，比较强有力地说明了学校的实力。这是第一点。其次，要充分说明对安全工作的深刻认识，也是对记者和公众的公开表态。在参考回答中，我们用了一些更能体现学校坦诚、负责和竭尽全力的表述，如“永远不能存在一丝的侥幸和懈怠”“始终保持一种如履薄冰的心态”“永远在路上”等。这些话要反复说、充分说，才能达到好的传播效果。同时，诚恳地赞美记者提的问题有意义也是我们回答问题时常用的策略和技巧。

问题 8：现在学生的情绪都比较恐慌，反映不敢再到学校公共淋浴房洗澡，请问学校有什么措施？

回答：第一，出事的当天，我们立即暂停了校园内所有学生公寓楼的热水器使用，同时组织有关技术人员对所有热水器进行检测，查看有没有漏电情况；第二，我们接下来还要根据不同批次型号热水器的情况加装防漏电装置，这项工作也已经启动；第三，在没有查清原因以前，对出现事故的同批次热水器停止使用；第四，在热水器没有恢复使用以前，开放学校的公共浴室供学生使用；第五，邀请有关人员讲解热水器工作原理及可能的漏电原因、如何防范、学校采取了什么样的措施等相关知识，消除学生的恐慌心理。通过采取以上措施，学校教学生活秩序正常，学生情绪基本稳定，没有受到大的影响。

分析：召开突发事件新闻发布会的重要目的之一是安抚公众心理、稳定社会情绪，问题 8 即涉及此类内容。对问题 8 的回答有两个要点：第一，关键在做。学校是否已经采取了有效的稳定学生情绪的措施，只有做了才有的说。第二，把学校采取的有关措施说充分、说透彻，说得条分缕析，是新闻发布会上要做的工作，做了不说，等于没做；不做去说，只能言之无物。

案例十八　学生秋游交通安全事故

【基本事实】

9 月 26 日，浙江农工大学发生一起学生秋游安全事故。该校环境学院 2015 级学生与健步旅行社联系，租用车牌号为浙 A35608 大巴客车组织秋游，在杭新景高速公路富阳区路段发生侧翻事故。

据了解，此次秋游活动由该班学生自行组织，共有 42 名学生自愿报名参加。当日上午 9 时许，车辆行驶至杭新景高速公路富阳区路段时，冲出路面侧翻在路边约 3 米高、45 度角的斜坡下，造成人员伤亡。经初步核实，该事故共造成 1 名学生死亡、24 名学生受伤，其中 4 名学生重伤。

事故发生后，杭州市富阳区立即启动应急预案，组织当地公安、消防、安检、交通、卫生等部门进行现场抢救。经过近一个小时的紧张抢救，全部受伤学生被送往附近的富阳人民医院。浙江农工大学组织相关部门，协助事故调查、处理相关事宜，死亡及受伤学生家长已接到学校通知并陆续赶来。此次旅游承保单位平安保险浙江分公司、“学生平安保险”承保单位人寿保险杭州分公司及事故大巴车辆承保单位人寿保险浙江分公司等企业，已逐一启动保险理赔工作。

肇事司机王某在事故中受轻伤，已被富阳警方控制。事故车辆没有超载，荷载 47 人，实载 42 人。此次事故正由交警部门进一步深入调查之中。

【主发布词】

各位媒体朋友，下面我就昨天我校发生的一起学生交通事故向大家通报有关情况。9 月 26 日上午 9 时左右，我校环境学院 2015 级环境工程专业 42 名学生组织秋游活动，所乘坐的旅行大巴在行至杭新景高速富阳区路段 30 千米处发生了侧翻事故，大巴冲出路面后，侧翻在路边约 3 米高、45 度角的斜坡下，造成了人员伤亡。

该事故共造成 1 名学生当场死亡、24 名学生受伤，其中 4 名重伤，司机受轻伤。经报事故信息后，杭州市富阳区立即启动了应急预案，组织当地公安、消防、安检、交通、卫生等部门进行现场抢救。学校也同时启动了相关的紧急预案，组织校内相关部门第一时间赶赴事故现场，协助处置和事故调查等相关事宜。经过近一个小时的紧张施救，上午 10 时左右，所有受伤的学生都被及时送往富阳区人民医院进行抢救和治疗，其余学生也于中午安全返回学校。

当天下午，4 名重伤学生被转送至杭州市浙二医院进行进一步的治疗。学生家长在接到学校通知后，已经陆续赶到学校，学校也做了妥善的安置。截至目前，4 名重伤学生伤情稳定，但还需要继续留院治疗，学校已经联系了浙二医院，恳请医院安排有关专家不惜一切代价救治重伤学生。其余受伤学生均已经出院返校，学校安排专门教师密切关注并开展心理辅导工作。目前，学生情绪稳定，相关学生的保险赔偿和丧葬事宜也在协调之中，承保的保险公司已经启动了先行赔付工作。

学校经过调查后核实，这次秋游活动是该班级学生自行组织的一个班级活动，42 名学生都是自愿报名参加，肇事司机现在已经被警方控制。经初步调查，事故车辆没有超载和司机酒驾现象。事故的具体原因，交警部门还在调查之中。

【媒体问题及分析】

问题 1：学生自行组织外出旅游活动，学校是否有保障学生安全的制度要求？

参考回答：有的。我们学校根据教育部《普通高等学校学生安全教育及管理暂行规定》《高等学校学生安全管理规定》等文件，制定了学生外出旅游及课外活动等规章制度。关于外出旅游，我们要求履行备案报批程序，包括活动的时间、地点、日程安排、交通工具、组织者等都要备案，如果是远行，委托旅行社，我们要求提供与旅行社签订正式合同及证明公司资质的材料，为每一个出行者购买外出期间的意外伤害保险等。我们审查资料完备以后，才会盖章批准学生出去。

问题 2：有没有规定必须有辅导员或班主任跟团负责？谁来负责这个旅行团的安全责任？

参考回答：根据相关法律规定，18 周岁以上的公民是成年人，具有完全民事行为能力，可以独立进行民事活动。对于年满 18 周岁的大学生，学校没有规定学生自我组织的活动必须有辅导员班主任陪同。为了保证学生的出行安全，我们规定了严格的审批程序，要求要有一名学生作为联络人，具体负责有关事情。

回答策略分析：问题 1 和 2 问的都是有关学生外出的学校管理工作，目的是看学校对此事是否存在管理责任。回答问题 1 和 2 最重要的原则：第一，依法依规，如问题 2 就是依据我国民法的规定，这样的回答就非常严谨、权威，挑不出什么毛病。问题 1 则依据了教育部的有关规定。第二，把学校相关的管理制度说完整、说透彻、说充分。

问题 3：你们的审批同意就是签个字、盖个章吗？

参考回答：不是的。我们还有出行之前的安全教育、回来以后的销假等，这在我们的制度、流程中都有规定，有关详细内容如果大家感兴趣，可以提供给你们看。

问题 4：我听下来，你们的意思是不是说学校做了上面的工作就对此事故没有责任了？

参考回答：一个负责任的学校是始终对学生包括学业、人格、潜能等方面的发展负责任的。学生只要在我们的学校学习，我们就要对他们的全面发展负责。学生的安全是实现其全面发展的基石，所以我们对安全工作历来非常重视，刚才我们也介绍了学校有关学生出行安全方面的制度。（转移话题，回答对负责任的理解）无论是出行的安全教育还是各项安全措施保障，学校都高度重视并保证执行到位。现在出了意外，这时学校的负责任就体现在事后的迅速有效处理和善后工作上，这方面的工作既有对伤者的救治、死亡学生家属的抚慰、其他学生的心理安慰，也有配合公安部门进行事故责任的认定，并且根据认定结果进行相应的处理，还包括进一步反思、梳理完善各项制度、查漏补缺等。（婉转说明事故责任还没有最终认定）

回答策略分析：问题 3 和 4 都是以追问的方式来提问的，根据发言人的回答寻找漏洞，发现新的问题。问题 3 的提问基本上没有什么陷阱，相对好回答一些，直接据实回答就可以。问题 4 就比较刁钻了，如果回答有责任，记者就一定会追问责任是什么，学校应该承担什么责任……这时发言人就必须检讨自己学校的责任，一不小心就承担了本来不是学校应该承担的责任，非常被动；如果回答没有责任，那么学校所表达的就是一种不负责任的态度，直接会被记者抓住把柄。这里需要再次特别强调的是，负面突发事件发生以后，无论学校是否有责任，即使学校没有什么责任，校方也不能说自己没责任。所以，对问题 4 的回答既不能回答有责任，也不能回答没责任。我们给出的参考回答采用了转移话题，即问 A 答 B，并不直接回答问题，而是回答的内容与问题的指向高度相关。例如，问题 4 问的是学校到底有没有责任，回答的内容是负责任的学校应该怎么做，负责任的内涵是什么，最后婉转地说明事故责任还没有认定，正在调查中。

问题 5：今后学校是否会禁止学生自行组织外出活动？

参考回答：学校始终坚持一切工作以学生为本、有利于学生全面发展的办学原则，凡是有利于学生发展的事情，我们都会去做，过去是这样，今后还会是这样。

回答策略分析：这类事件发生以后，学校经常会暂停一下类似活动，加强管理，进一步健全制度建设，对于下一步活动的开展，可能还会经过深入的研究和周密的设计以确保安全。所以，对于问题5的回答，就不便直接回答学校下一步怎么做，我们推荐采用原则回答的方法更稳妥。所谓原则回答，就是不直接回答记者的问题，而是回答处理该类问题上位的原则、立场和方法。本例给出的参考回答就是原则回答。

问题6：目前受伤学生的情况如何？尤其是4名重伤学生，现在生命体征如何？万一发生更大的不幸，学校将如何应对？

参考回答：受伤学生的情况是我们最为牵挂的。（表态）事故发生以后，受伤学生全部得到及时和妥善的救治，我们恳请医院不惜一切代价全力抢救受伤学生。医院对这次紧急抢救也非常重视，派出了相关科室的优秀专家。受伤学生目前的状况令人欣慰，轻伤学生已经全部出院返回学校，学校派了专人密切关注他们的恢复情况并开展心理辅导。4名重伤学生目前仍然在重症监护室，据医生介绍，他们正值生命力强的青年时期，求生欲望强，身体康复能力也很强，目前还在积极救治、严密观察中，学校师生也纷纷为他们祈福，让我们共同祝愿他们早日恢复健康。（介绍伤者救治和恢复情况）

回答策略分析：问题6的难点和陷阱在于假如“万一发生更大的不幸，学校将如何应该对”。假如问题是记者经常采用的提问技巧，既假设一个事件或场景的发生，让发言人预测后果会是什么。通常以“假如”“要是”“如果”等词开头，核心是让发言人预测没有发生的事情。对于这类问题的回答原则就是“不如果、不假设”，即不对假如问题做出回答，我们对问题6的回答所遵循的就是这个原则。但是，我们不能生硬地说“不回答”或“无可奉告”等不负责任的话。我们采取的策略是转移话题。回答时，首先是表态，表达我们对伤者的挂念、担心和高度的关注；其次是介绍伤者整体的受伤和救治情况，谈到重伤者的时候，我们以“报喜不报忧”的原则介绍他们的基本情况，同时以大家共同的祝愿收尾，记者也就不好意思再问下去了。

案例十九　“有毒”新公寓事件

【基本事实】

2015 年 8 月 20 日，江北电力大学 6 幢新学生公寓落成并通过相关部门检测。学生入住前，学校委托第三方检测机构对室内空气和家具分别做了检测，检测结果显示各项指标均符合相关标准。9 月 15 日，3000 余名新生入住新生寝室。其间，有个别新生家长反映室内有异味，学校为所有寝室都放了碳包和绿色植物，并且提醒大家多开窗通风。

12 月 5 日，《江北都市报》曝出一条新闻：日前，有江北电力大学学生家长在网上发帖，称多名学生 2015 年入住新装修的学生公寓后，先后出现免疫系统等方面疾病，质疑装修导致室内甲醛超标与此有关。一条《江北电力大学毒寝室害学生们终身疾病！天理难容!》的帖子引发了舆论热议，此事件迅速陷入“舆论风暴”，截至 12 月 9 日，百度搜索相关新闻 140 篇，人民网、新华网、网易新闻等各大网站纷纷转载，舆论热度持续升级。2016 年 4 月 16 日，江北电视台对此事件进行了报道，舆论热度再次升级，引发了公众和学生家长对学校新公寓空气质量的再度质疑，以及社会各界的广泛关注和讨论。为还原事实真相，回应家长和社会关切，江北电力大学决定就此事件召开新闻发布会。

【主发布词】

我校的新生公寓于 2014 年 8 月开工建设，2015 年 8 月 20 日工程验收后交付使用，2015 年 8 月 25 日家具安装完毕，2015 年 9 月 15 日安排学生入住。2015 年 8 月 10 日，在交付使用前，新建学生公寓均按相关要求委托江北市宏达建筑材料研究所进行了室内环境质量检验，检验结果均为合格。家具于 2015 年 8 月 25 日完成安装，学校在验收过程中，委托市宏达建筑材料实验所现场提取家具板材进行检测，检测结果均达到合同规定的环保一级标准。为慎重起见，8 月 26 日，学校委托本市蓝海环境检测中心对安装家具后的室内环境质量进行了检测，检测结果为合格。

2016 年 3 月，有一位张姓学生家长反映其女儿出现的咳嗽、头痛等症状及相关指标异常属于甲醛中毒，认为与学生居住的寝室空气有关。学校一方面在学习、生活方面给予了特别关照，并且协助联系医院、专家，为其治疗和家属照顾提供方便；另一方面再次委托地方独立专业检测机构对相关学生公寓进行室内环境质量抽检，环境质量检验显示符合标准要求。此后，该生家长联络其他学生家长为学生进行体检，反映一些同学的体检指标异常。4 月 1 日，该生家长在网上发帖曝光此事，随后引起媒体关注。4 月 5 日，《江北都市报》刊登新闻，称多名学生 2015 年入住新装修的学生公寓后，先后出现免疫系统等方面疾病。后期，又有江北电视台和其他一些媒体的报道。

自 2015 年 4 月 15 日起，我们联络江北市人民医院，江北市第一、第二医院，江北市中医院等 5 家医院陆续对入住新公寓的所有学生进行了体检。体检结果显示，绝大多数学生检查指标正常，个别学生检查结果显示有甲状腺结节和血液白细胞计数偏低于正常值等情况，发生概率与一般同年龄段人群发生率无明显差异。

【媒体问题及分析】

问题 1：刚刚在通报中提到，9 月 15 日学生入住时就有家长反映室内有异味，学校也为所有的寝室放了碳包和绿色植物，既然校方认为检测结果没有问题，那为什么还要放置碳包和绿色植物？如果校方已经意识到有问题，为什么还继续让学生入住？这是一个矛盾，请解释一下。

参考回答：在学生入住以前，我们已经委托市内空气质量检测机构做了检测，符合国家有关标准。但是，毕竟是新公寓，虽然检测合格，但是一些气体的含量有可能会高于老房子，所以为了更加安全起见，我们在每间宿舍都摆放了绿植和碳包，同时也是为了美化宿舍环境。放置绿植和碳包是辅助措施，是在合格的基础上锦上添花，如果室内空气质量检测不合格，我们是坚决不会让学生入住的。

回答策略分析：问题1采取了矛盾方法提问，目的是对学校提出质疑，让学校承认空气质量有问题还让学生入住。回答这个问题并不难，一是要把相关检测结果如实公布，二是把摆放绿植和碳包的原因解释清楚就可以了。

问题2：我现在手上有一份患病学生家长提供的2016年4月15号其委托中科院环境所江北分所对患病学生寝室空气质量的检测报告，检测的结果显示，患病学生寝室甲醛超标30%。请问发言人，第一，学校委托的第三方检测结构是在什么样的条件下检测的？第二，你对中科院环境所江北分所的结果做何解释？

回答：根据国家住房与城乡建设部颁布的《民用建筑工程室内环境污染控制规范》(GB50325-2010，2013年版)，室内空气检测要在建筑物竣工以后7天以后，在交付使用前进行检测，对采用自然通风的民用建筑工程，检测采样应在对外门窗关闭1小时后进行，我们委托的第三方检测机构就是按照这个要求进行检测的，检测结果符合国家要求。(介绍检测过程及所依据的国家有关政策文件)至于学生家长提供的检测报告，我们不知道出处，学生家长从未就要求检测一事与我们联系，而且学生宿舍自入住以后一直处于正常使用中，公寓门口有门卫，不知道他们是怎么进入、封闭门窗进行检测的，请有关学生家长直接与我们联系，提供相关检测材料。(婉转说明学生家长的检测报告有待确认，同时表态)

回答策略分析：涉及新竣工学生公寓、教室等建筑物环境空气质量的问题是当前非常敏感、受关注度高的话题。对于此类事件应对记者提问时要牢牢掌握国家有关建筑物空气质量的检测、验收等相关标准，做到回答记者提问时严格依法依规。问题 2 包含两问，第一问问的是关于空气质量检测的有关国家政策和标准，充分回答、解释透彻就可以了。第二问是记者拿着一份学生家长的明显不达标的检测报告质疑学生公寓的空气质量，向校方讨要说法。对于第二问，从学校的角度来说，首先的反应也是质疑该报告的准确性。当然，发言人的质疑要合乎情理、理性客观，还要表现坦诚开放和负责任的态度。

问题 3：据我所知，关于室内空气质量有两个国家标准，一个是你们刚才提到的《民用建筑工程室内环境污染控制规范》（GB50325-2010），另一个是《室内空气质量标准》（GB/T18883-2002），后者的指标要比前者严格，为什么你们有选择地使用前者的较低标准？

参考回答：正如记者所提到的，确实有两个国家标准，《民用建筑工程室内环境污染控制规范》（GB50325-2010，2013 年版）是国家的强制性标准，必须强制执行；而《室内空气质量标准》（GB/T18883-2002）是国家的推荐性标准，是非强制性的标准。前者是基本标准。我们事先对新学生公寓的室内空气情况是否会对学生健康造成伤害做了充分的讨论和估计，保证学生的健康是第一重要的事情，没有健康，就没有一切。学生公寓按照 GB50325-2010 标准检测合格以后，我们考虑到这样几点：第一，开学在即，2000 多名新生等待住宿安排；第二，学校地处亚热带地区，到 11 月份天气都属于夏季，晚上一般要开窗睡觉，所以室内空气流通不受影响，通风状态下室内空气良好，我们要求每班辅导员要特别提醒学生注意开窗通风；第三，在每间寝室摆放炭包、绿植等；第四，每个月对新建学生公寓空气质量进行检测。

回答策略分析：问题 3 问得很刁钻，直接问到了对国家室内空气标准的执行问题，这也是本案例最为核心的问题。回答这个问题，除了要对两个室内空气质量国家标准了如指掌以外，更为重要的是要对为什么执行低标准实事求是地做出充分合理的解释，我们给出的参考回答是校方做出的较为合理的解释，这些解释是要以事实为基础的。如果事实不是这样，学校为了新生按时入住，确实没有按照较高标准检测公寓空气，那学校必须承担应该承担的责任。事件应对的重点在于善后处置和表态上，处置得好，仍然可以化危为机，维护学校形象不受伤害。

问题 4：我们从工商管理部门查询到贵校委托的第三方检测机构的股东登记情况，资料显示该机构最大的股东是张某某，据可靠消息，他是贵校分管后勤副校长的亲戚，请问贵校对此有何解释？

参考回答：我们委托的第三方检测机构是按照程序招标完成的，欢迎媒体和社会各界监督检查。（说明招标程序合乎程序）不管谁是股东，依法依规办事是常态，我们的社会是一个法治社会，任何人有触碰国家有关法律的行为，都将受到严厉的追查和惩处，这一点是毋庸置疑。（原则回答）

回答策略分析：问题 4 背后的问题是学校领导在事件中是否存在腐败行为，不管是否如记者所说的那样，我们回答时贯彻两个原则：第一，依法依规，向记者解释清楚所有招投标都严格按照程序进行；第二，采用原则回答的方法，不直接回答记者的提问，而是说明处理此类事件的原则、立场和方法。对问题 4 的回答着重强调全社会对腐败问题的态度、处置措施及后果。

问题 5：据学生反映，多名入住该公寓的学生出现了身体不适，对此学校采取了哪些措施？目前这些学生的身体状况怎么样？

参考回答：学校对入住新公寓的学生的健康状况高度关注，（表态）事件发生以后，我们采取的措施：第一，刚才我在主动发布中已经通报过，针对学生出现的身体不适，自 2015 年 4 月 15 日起，我们联络江北市人民医院，江北市第一、第二医院，江北市中医院等 5 家医院陆续对入住新公寓的所有学生进行了体检。体检结果显示，绝大多数学生检查指标正常，个别学生检查结果显示有甲状腺结节和血液白细胞计数偏低于正常值等情况，发生概率与一般同年龄段人群发生率无明显差异。（回应社会关切）第二，对全体新生开展相关医学知识普及教育，加强身体健康指导，消除一些学生的紧张、恐惧情绪。第三，加强与学生及学生家长的沟通，每班建立家长和学生 QQ 群，随时与家长和学生沟通，收集意见等。（详细介绍有关措施）

回答策略分析：问题 5 问了两个方面的问题，第一是善后工作，第二是学生的健康状况。关于善后工作，危机事件发生后，不管学校是否有责任，善后处置环节都会受到媒体和公众的高度关注。如果学校有责任，抓住善后环节做足工作，不仅能够弥补过失、减轻责任，而且能够化危为机，维护和提高学校良好的形象；反之，即使学校没有什么责任，但是在善后工作中没有跟进和做到位，极易引起学生、家长及公众的不满和质疑，有可能酿成次生危机事件。有关善后工作是记者提问频率非常高的问题，对于校方来说，对善后工作所采取的措施是即使记者不问也要找机会向公众重点说明的问题。对于这类问题的回答，重点在事先做足功课、充分准备，回答记者提问时详细、准确、客观地介绍并表明认真负责的态度就可以了。关于学生的健康状况，也是社会公众牵挂和关心的重点，回应社会关切、安抚公众心理是学校及时进行信息发布的重要目的。因此，及时、准确、客观地把学生的健康情况告知公众，不仅是校方负责任的表现，还是防止谣言发生和蔓延最有效的办法。

问题 6：入住新公寓的学生中有两名查出了白血病，校方对此有何解释？

参考回答：谢谢你的提问！借此机会我对此事做一澄清，刚才记者提到的两名学生是在入住新的学生公寓以前就已经查出白血病，并非如网上传闻的那样，与入住新学生公寓没有因果关系。

回答策略分析：问题 6 就是记者用未经证实的传言向校方提出质疑。这是澄清事实真相、战胜流言蜚语的好机会，也是突发事件信息发布的重要目的之一。对问题 6 的回答，做到准确、客观、理性地说明事实真相，同时也要得理让人，不对提问者及不实传言的传播者等提出批评、贬损。

案例二十　校外学生群体性冲突事件

【基本事实】

4 月 27 日 18 时，北岸市开发区城管部门联合公安、工商等部门集中整治北岸大学北门外苏果超市门口占道经营问题。19 时左右，城管执法队员在苏果超市附近行政执法，与摆地摊的小贩发生纠纷，引起过往群众围观；19：30，围观学生与周围群众迅速聚集，约 20：00，A 大道与 B 路交通中断，警察、城管执法人员赶到苏果超市 A 大道。其间，围观人群中有人打出“城管打学生”“我们要创业”“非暴力不合作”等标语，甚至有英文标语。20：15，网上发布了一条消息，很快新浪、腾讯、人人网等有大量转载，短时间内跟帖数量达到 2 万多条，“警察抓学生”“城管殴打创业学生”等谣言迅速蔓延，BBC 等境外媒体 20 时左右迅速予以转载。21 时左右，围观人群情绪开始激动，个别围观人员硬闯北岸大学北门，鼓动正在自习、上课的学生走出校园。同时，北岸大学两幢高层楼房上的部分学生站在阳台上开始起哄。

学校保卫部门立即将学校北门事件报告给校领导，校领导迅速赶到现场。一方面，调集全体辅导员、学生工作人员、保卫队员赶赴现场，疏散围观学生，加强北门管理，只进不出；另一方面，协调公安、城管，将发生纠纷的商贩及围观群众带离校北门，分散聚集围观群众。辅导员连夜深入学生宿舍，做好学生的情绪安抚工作。22 时左右，围观学生、群众逐渐减少。24 时左右，学校北门基本恢复平静。

【主发布词】

4 月 28 号下午 18 时，北岸市开发区城管部门联合公安、工商等部门集中整治北岸大学北门外苏果超市门外占道经营问题。19 时左右，城管执法队员在苏果超市附近行政执法与摆地摊的小贩发生纠纷，引起了过往群众的围观。19 点 30 分，围观的学生与周围群众迅速聚集。约 20 时，A 大道 B 路交通中断，警察、城管执法人员赶到苏果超市 A 大道。其间，围观人群中有打出“城管打学生”“我们要创业”“非暴力不合作”等标语，甚至我们还发现有英文标语。20 点 15 分，网上发布了一条信息，很快被大量转载和跟帖。“警察抓学生”“城管殴打创业学生”等谣言迅速蔓延，BBC 等境外媒体也迅速予以转载。21 时左右，围观的人群情绪开始激动，个别围观人员硬闯北岸大学的北门，鼓动正在自习、上课的学生走出校园。同时，北岸大学校园内两栋高层建筑内的部分学生站在阳台上开始起哄。

19 点 30 分，学校保卫部门将学校北门事件报告给校领导，校领导迅速赶到现场。一方面，调集全体辅导员、学生工作人员、保卫人员赶赴现场，疏散围观的学生，加强北门的管理，只进不出；另一方面，协调市公安、城管将发生纠纷的商贩及围观群众带离北门，分散聚集的围观群众。学生辅导员连夜深入学生宿舍，做好学生情绪的安抚工作。

22 点 10 分左右，围观的学生、群众逐渐减少，24 时左右，北门基本恢复平静。24 时，学校与公安、城管等部门召开协调会，就事件的基本情况进行梳理，并且就进一步做好学生的稳定工作做出了安排。经连夜核实，我校没有学生在苏果超市门口摆摊创业，也没有学生被打，由学生辅导员就事件的基本情况向全体学生进行了通报，确保校园的安全稳定。

虽然在事发第二天网上仍然有一些消息在发布，但是学校学生情绪稳定，教学秩序正常。根据调查，长期以来，在苏果超市门外的 A 大道和 B 路上有大量的非法商贩摆摊设点，占道经营。特别是在下午和晚上，人流、车流高峰时期，经常堵塞交通，周围的居民意见很大，城管多次开展行政执法，但是效果不太明显。为了创建国家卫生城市，城管执法人员在行政执法时，由于执法跟商贩产生了一些冲突，导致出现了这样的一个事件。接下来，我们要会同有关部门一起研究，采取有力措施，彻底解决学校北门外商贩占道经营等问题。

下面请各位记者朋友提问。

【媒体问题及分析】

问题1：在这个事件过程中，刚才发言人也提到了，还有人在冲突过程中打出一些标语，同时事件发生后半小时之内就能打出标语，还有英文标语，对这一时间是否其中有什么人，是学生，还是校外人员，有预谋，有组织？

回答：我们在网上和各个渠道搜集到一共127张有标语的照片，大概有27幅可辨认文字的标语，有40多个举标语的人员。通过我们全校的辅导员和学生进行辨认排查，没有发现我校学生，这一点我们已经向公安部门进行了通报。至于这些举标语人员的身份，公安机关正在调查和认定，等有了结果会及时公布，谢谢大家！

回答策略分析：这个问题问的是关于事件的基本情况，是常常被媒体和公众关注的问题。回答这类问题时注意以下几点：

第一，正面直接回答，不躲闪，已经确认的、可以公开的事实都可以说。

第二，基本事实要准确，不能有任何模棱两可、主观臆测及估计的表述。

第三，回答时要保持客观的态度，不能表达任何有倾向性的意见和情绪。

问题2：我们了解到，在这次冲突的被打人员中，有两名是贵校学生，这两名学生当时也在学校门口摆摊卖东西。请问学校是否知道这个情况？准备怎么处理？

参考回答：事情发生后，我们组织各班班主任、辅导员及学生干部连夜进行了调查，没有发现我校有学生被打。后经公安机关调查核实，被称为我校学生的被打人员是我校已经毕业的学生，并非我校在校生。

回答策略分析：同问题 1 一样，问题 2 问的也是有关事件的基本事实中容易引起公众关注的问题。在突发事件中，一旦涉及教育领域的人和事，就更容易引起大家的关注，更容易调动媒体的兴奋点。在本案例中，记者追问被打人员的身份，一旦有学生，就容易吸引眼球。对此，发言人在应对媒体时要了解这个规律，事先做好准备，就能做到从容应答。问题 2 本身的提问方式没有什么陷阱，所以只要充分准备据实回答就可以。

问题 3：在这起事件中，当地政府都采取了哪些措施，做了哪些事情？

回答：我不是回答这个问题的最佳人选，这个问题应该请政府的有关人员来回答。（这是“不知道”的婉转而负责任的一种表达方式）但是，我愿意就我们所了解的情况向大家做一个说明。（转折语，为后面说自己想说的做铺垫）我们学校北门外由于小商贩占道经营，非常混乱，学校有关部门多次与城管协调对这一地段开展整治工作。城管部门也是加大巡查力度，多次出动治理整治。据我们了解，城管开始是对商贩进行劝说，并未没收和罚款，后来小商贩就与城管展开“游击战”，城管来了他们就跑，城管走了他们又回来了。应该说，政府在治理这条街上下了很大功夫，城管部门多次联合工商、公安等部门联合执法。就在事件发生之前，城管部门还给每个商户发了整改通知……但是确实还存在一些实际困难，整治工作还没有达到预期的效果。（委婉解释）我们也希望各位媒体朋友、广大市民朋友给我们出谋划策，如何更好地管理校园周边的环境。（发出号召）

回答策略分析：问题 3 实际上应该是由政府相关部门如城管的人来回答的，但是记者提问时确实常常会问到一些不是由我们自己分管的或我们不太了解的情况。这个时候，我们不能很生硬地说“不知道”“不了解”“不清楚”等类似的话，这些话传递出去的态度是事不关己、高高挂起、不负责任等态度。我们要以一种负责任的态度来回答，可以参考本例的回答。另外，就自己了解的情况告知记者，表达坦诚开放、愿意回答媒体记者的问题的态度，同时把问题交给记者和公众，向他们发出号召，征集意见，解决难题，既表达了坦诚开放、负责的态度，又能拉近与记者和公众的距离。

问题4：在这起事件中，学校负有什么样的责任？

参考回答：我们认为，在这起事件中，当前重要的有这样几点：第一，我们的学生没有被打；第二，学校正常的教学秩序基本没有受到影响；第三，应该进一步采取怎样的措施治理好学校北门外的环境。这是更为重要的事情。（转移话题）至于责任无论如何认定，学校都将积极配合有关部门协助调查，承担应该承担的责任与工作，绝不推诿。（表态）

回答策略分析：在这起事件中，事实上，学校没有太大的责任。第一，事情的起因是城管部门执法引发的学生围观；第二，学校处置非常及时到位；第三，没有造成严重后果。不过，即便这样，记者问起了有关学校的责任问题，校方也不能回答自己没有任何责任。在任何事件中，无论学校是否有责任，学校的发言人都绝对不能说自己没有责任、工作没有疏漏的话，类似的话最好是能由记者、第三方及公众去说。当然，自己没有什么责任也不能硬给自己检讨出什么责任来。参考回答中我们采用的方法是转移话题，把有关责任的话题转为重视当下最重要的事情，同时再以表态的方式回到责任问题上来。请大家记住，表态很重要。

问题5：据我们了解，这个事件发生以后当天晚上，贵校有学生工作的人员到学生宿舍给学生做工作，下达封口令，对此学校怎么解释，是不是在掩盖什么问题？

参考回答：事情发生之后，我校的学工部门确实派出我们的辅导员到各个宿舍、各个学院进行排查，这个排查包括我们是否有学生在此次事件当中受伤，我们是否有学生参与此次事件，排查的结果已经向各位记者通报了。在此过程中，没有给学生下达任何封口令。

回答策略分析：对于问题5的回答，如果学校没有做这件事，就一定要坚决否认。学校也不可能给学生下封口费，我们也可以回答：因为大多数学生都是路过围观者，并不了解到底发生了什么，一些学生听到了一些传言，情绪不太稳定，需要安抚。我们派辅导员深入到学生中去，了解情况、平复情绪，告诉他们不用紧张，不知道的可以不说，可以请记者找学校宣传部门，并没有下达封口令。

后　　记

10年前，我开始关注教育领域突发事件的舆论引导。本书是我10年来在国家教育行政学院开展这一领域的干部教育培训、教学、研究工作的一个阶段性总结。

感谢国家教育行政学院党委书记、常务副院长侯慧君和副院长于京天。在本书的写作过程中，我遇到了诸多困难和挑战，多次想放弃，如果没有两位领导的不断鼓励、鞭策和大力支持，这本书的写作可能会无限拖延以致不一定能完成。

感谢所有上过这门课的学员，他们在课上的积极参与为本书做出了诸多贡献。本书案例篇的所有案例都来自这门课程的教学案例。案例中的提问和参考回答，有不少是在课堂模拟演练中教师与学员、学员与学员的互动中形成的。需要特别说明的是，这些案例都是基于近年来高校发生的真实事件，根据教学需要改编和整合而成的，而案例中的校名、地名和人名都是虚构的。

本书得以完成，我要感谢一位不愿意透露姓名的老师。他是突发事件媒体应对与舆论引导领域的著名专家，经常来我院授课，我在协助和参与他的授课活动中受益匪浅。在学院主持开发的情景教学课程“高校突发事件新闻发布会模拟演练”中，我的课程的前期设计、案例研发、导学讲座、课堂点评等教学环节都是在他的悉心指导和鼓励下完成的。这门情景教学课程及与此相关的专题报告都获得了学院的“优秀教学成果奖”。

在本书写作的后期，我深感理论篇应加强有关舆情的内容。于是，我邀请我的同事舒刚博士参与了理论篇相关内容的写作。舒刚博士与我共同承担了第二章和第三章的撰写工作，并且为本书的结构框架提出了很好的修改建议。舒刚博士在网络舆情领域的研究颇有建树，理论和文字功底俱佳，他的加入使本书的理论体系更加完整，整体更加完善和充实，为本书增色不少。

最后，感谢河北大学出版社的全力支持。河北大学是我本科和硕士的母校。直到现在，我还经常梦见在母校读书时的情景。本书能在河北大学出版社出版，体现了母校对校友的关爱，也权且作为一名毕业生向母校交出的一份答卷。今年是河北大学建校 100 周年，我以母校远方儿女的身份祝福她的百岁生日，衷心祝愿河北大学和河北大学教育学院在新的征程上再创辉煌！

在本书的写作过程中，我时常感到本领恐慌。书稿虽已完成，但其中的错漏在所难免，敬请读者批评指正！

杨艳玲

2021 年 10 月 15 日于北京